edition suhrkamp 2751

Steckt die Demokratie in der Krise? Befinden wir uns in einer ähnlichen Lage wie zur Zeit der Weimarer Republik? Adam Przeworski sucht nach Antworten, indem er Demokratien unter die Lupe nimmt, die ein Abgleiten in autoritäre Verhältnisse erlebten. Er identifiziert drei Bündel von Ursachen: ökonomische wie Wohlstand und Ungleichheit, soziale, aber auch im engeren Sinn politische. Heute sei die Situation in vielen Staaten dadurch gekennzeichnet, dass Teile der Bevölkerung nicht länger am wachsenden Wohlstand partizipieren und den Glauben an eine bessere Zukunft verloren haben. Doch wenn Menschen den Eindruck bekommen, sie könnten ihr Leben durch Wahlen nicht länger positiv beeinflussen, steige die Wahrscheinlichkeit, dass sie sich gegen das System wenden.

Adam Przeworski, geboren 1940 in Warschau, gilt als einer der bedeutendsten Politikwissenschaftler der Gegenwart. Er erhielt zahlreiche Auszeichnungen, darunter den Johan-Skytte-Preis 2010, und ist Mitglied der American Academy of Arts and Sciences. Przeworski lehrt an der New York University.

Adam Przeworski

Krisen der Demokratie

Aus dem Englischen von Stephan Gebauer

Suhrkamp

Die Originalausgabe erschien 2019 unter dem Titel
Crises of Democracy bei Cambridge University Press
(Cambridge/New York). Der Text wurde in Rücksprache mit dem
Autor an einigen Stellen aktualisiert.

Erste Auflage 2020
edition suhrkamp 2751
© der deutschen Übersetzung Suhrkamp Verlag Berlin 2020
© Adam Przeworski 2019
Alle Rechte vorbehalten, insbesondere das
des öffentlichen Vortrags sowie der Übertragung
durch Rundfunk und Fernsehen, auch einzelner Teile.
Kein Teil des Werks darf in irgendeiner Form
(durch Fotografie, Mikrofilm oder andere Verfahren)
ohne schriftliche Genehmigung des Verlages
reproduziert oder unter Verwendung
elektronischer Systeme verarbeitet,
vervielfältigt oder verbreitet werden.
Satz: Satz-Offizin Hümmer GmbH, Waldbüttelbrunn
Druck: C.H.Beck, Nördlingen
Printed in Germany
ISBN 978-3-518-12751-3

Inhalt

Vorwort 7

1 Einleitung 10

Teil I Die Vergangenheit: Krisen der Demokratie 37

2 Allgemeine Muster 40
3 Ein paar Geschichten 51
4 Lehren aus der Geschichte: Wonach wir Ausschau halten sollten 95

Teil II Die Gegenwart: Was geht hier vor? 99

5 Die Anzeichen 102
6 Mögliche Ursachen 125
7 Wo sollen wir nach Erklärungen suchen? 146
8 Was ist möglicherweise historisch neu? 157

Teil III Die Zukunft? 167

9 Wie die Demokratie funktioniert 168
10 Verdeckte Subversion 198
11 Was kann und was kann nicht geschehen? 221

Literatur 238

Vorwort

Es ist ein Wagnis, ein akademisches Buch über aktuelle Ereignisse zu schreiben. Der Zeitraum zwischen dem Augenblick, in dem das Buch geschrieben wird, und dem Zeitpunkt, in dem es gelesen wird, ist lang, und das politische Leben bleibt unterdessen nicht stehen. Daher müssen viele der folgenden Ausführungen mit dem einschränkenden Hinweis »zu diesem und jenem Zeitpunkt« versehen werden. Doch wenn ein Buch irgendeinen Wert haben soll, müssen die darin enthaltenen Argumente und Schlussfolgerungen die spezifischen Ereignisse überdauern, die in der Zwischenzeit stattfinden. Das sage ich mit geringer Überzeugung: Eben das Ereignis, das mich dazu bewegte, mich auf dieses Unterfangen einzulassen, war eines, das ich nie erwartet hätte: Donald Trumps Wahlsieg. Hätte Trump die Wahl verloren, wären viele Leute, die sich jetzt beeilen, ähnliche Bücher wie dieses zu schreiben, mit anderen Aufgaben beschäftigt, und das gilt natürlich auch für mich. Doch die wirtschaftlichen, sozialen und kulturellen Bedingungen, die Trump an die Macht gebracht haben, wären dieselben. Das ist es, was ich bei der Arbeit an diesem Buch gelernt zu haben glaube: Die Ursachen der gegenwärtigen Unzufriedenheit liegen tief und wären durch kontingente Ereignisse nicht beseitigt worden. Daher müssen wir uns fragen, was geschehen wäre, wenn Hillary Clinton gewonnen hätte oder das Brexit-Referendum gescheitert wäre, und was geschehen wird, wenn es den Regierungen, die derzeit in den entwickelten Demokratien im Amt sind, nicht gelingt, das Leben der Menschen, die sie gewählt haben, zu verbessern. Was geschieht dann? Wo sollten wir nach Lösungen suchen: in der Wirtschaftspolitik, in politischen Reformen, in diskursiven Strategien zur Bekämpfung von sozialer Fragmentierung und Rassismus? Ich sehe keine offenkundigen Antworten auf diese Fragen, und deshalb gibt es kaum etwas, von dem ich meine Leser überzeugen möchte. Ich kann lediglich Fragen stellen, Möglichkeiten untersuchen und die Leser auffordern, gemeinsam nachzudenken.

Ich gebe einen Überblick über die gegenwärtige politische Lage in den gefestigten Demokratien der Welt, stelle sie in den Kontext historischer Fälle, in denen demokratische Regime scheiterten und untergingen, und spekuliere über die Zukunftsaussichten dieser Regierungsform. Es ist mir bewusst, dass einige Leser enttäuscht sein werden, weil es mir oft nicht gelingt, zu klaren Ergebnissen zu gelangen. Aber man sollte den zahlreichen Schriften nicht vertrauen, die vorgeben, alle Antworten zu kennen. Ich verstehe und teile das Bedürfnis, den Geschehnissen um uns herum einen Sinn abzugewinnen, und den Wunsch zu glauben, dass die vielfältigen Entwicklungen, die uns überraschen, irgendwie zusammenhängen, dass alles eine Ursache haben muss. Aber festzustellen, was wodurch verursacht wird und was am wichtigsten ist, ist oft sehr schwierig und manchmal unmöglich. Insbesondere in diesen gefährlichen Zeiten müssen wir uns darüber klar werden, was wir nicht wissen, bevor wir entscheiden können, was wir tun sollen. Daher hoffe ich, Skepsis gegenüber allzu schnellen Urteilen bei denen zu wecken, die dieses Buch lesen, weil sie sich Sorgen über die Zukunft der Demokratie machen. Gleichzeitig hoffe ich, dass Studierende und meine Kolleginnen und Kollegen in dieser Arbeit Anregungen für die Forschung zu Fragen finden werden, die technisch schwierig und politisch wichtig sind.

Thema dieses Buchs sind die Gefahren für die Demokratie, die in der gegenwärtigen wirtschaftlichen, kulturellen und politischen Situation lauern. Doch die größte Gefahr droht nicht der Demokratie, sondern der Menschheit: Wenn wir nicht unverzüglich einschneidende Maßnahmen ergreifen, werden unsere Kinder verbrennen oder ertrinken. Wenn diese Bedrohung zur Realität wird, werden alle Sorgen um die Demokratie bedeutungslos. Es ist tragisch, dass diese Schreckensvision lange Zeit kaum politische Aufmerksamkeit gefunden hat, und die fehlende Auseinandersetzung damit spiegelt sich auf den folgenden Seiten wider. Aber sie wirft einen beängstigenden Schatten über alles andere, das uns am Herzen liegt.

Mehrere Personen haben sich mit Teilen des Buchs auseinandergesetzt, und ihre Kommentare sind in die vorliegende Version des Textes eingeflossen. Diese Personen sind Carlos Acuña, José Antonio Aguilar Rivera, Jess Benhabib, Pierre Birnbaum, Bruce Bueno de Mesquita, Cui Zhiyuan, Daniel Cukierman, Larry Diamond, John Dunn, Joan Esteban, Roberto Gargarella, Stephen Holmes, John Ferejohn, Joanne Fox-Przeworski, Fernando Limongi, Luo Zhaotian, Boris Makarenko, Bernard Manin, José María Maravall, Andrei Melville, Patricio Navia, Gloria Origgi, Pasquale Pasquino, Molly Przeworski, John Roemer, Pacho Sánchez-Cuenca, Aleksander Smolar, Willie Sonnleitner, Milan Svolik, Juan Carlos Torre, Joshua Tucker, Jerzy J. Wiatr sowie drei anonyme Prüfer. Besonderen Dank schulde ich John Ferejohn, der mich mit beharrlichem Druck dazu bewegt hat, den analytischen Rahmen zu überarbeiten.

1
Einleitung

> Die Krise besteht gerade in der Tatsache, daß das Alte stirbt
> und das Neue nicht zur Welt kommen kann: in diesem Interregnum
> kommt es zu den unterschiedlichsten Krankheitserscheinungen.
> *Antonio Gramsci (1991 [1930]: 354)*

Es ist etwas im Gange. In vielen reifen Demokratien regen sich »populistische« Neigungen, und eine wachsende Zahl von Bürgern lehnt »das Establishment«, »das System«, »die Elite« ab. Nachdem die Politik in den demokratischen Ländern fast ein Jahrhundert lang von denselben Parteien geprägt wurde, schießen überall neue Parteien wie Pilze aus dem Boden, während der Rückhalt für die traditionellen Formationen schwindet. In vielen Ländern ist die Wahlbeteiligung auf historische Tiefstwerte gesunken. Das Vertrauen in Politiker, Parteien, Parlamente und Regierungen ist erschüttert. Sogar die Zustimmung zum demokratischen Regierungssystem an sich erodiert. Was politische Maßnahmen anbelangt, gehen die Präferenzen in den Bevölkerungen immer stärker auseinander. Und die besorgniserregenden Symptome sind nicht auf die Politik beschränkt. Zu den Institutionen, die das Vertrauen der Bürger verlieren, zählen auch Medien, Banken, Privatunternehmen und sogar Kirchen. Menschen mit unterschiedlichen politischen Ansichten, Wertvorstellungen und Kulturen betrachten sich zunehmend als Feinde und sind bereit, einander Böses anzutun.

Steckt die Demokratie in einer Krise? Haben wir es mit einer Zeitenwende zu tun? Erleben wir das Ende einer Ära? Es ist leicht, in Alarmismus zu verfallen, aber wir sollten die Dinge mit ein wenig Abstand betrachten. Immer wieder hören wir apokalyptische Ankündigungen, etwas würde »enden« (die abendländische Zivilisation, die Geschichte, die Demokratie) oder »sterben« (die Ideologien, der Nationalstaat). Solche Behauptungen mögen ein aufregendes Gruseln verursachen, aber ich kann mich nicht erinnern, dass jemals etwas vom Genannten tatsächlich geendet hätte oder gestorben wäre. Wir sollten nicht der Angst nachgeben, sondern eine gesunde Skepsis bewahren. Unsere Ausgangshypothese sollte sein, dass die Dinge kommen und gehen und dass die gegenwärtige Situation keineswegs außergewöhnlich ist. Schließlich ist es durchaus möglich, dass Krisen nichts anderes sind als »eine Intensivierung des Alltagslebens der bürgerlichen Gesellschaft«, wie der ungarische Marxist Georg Lukács einmal sagte. Halten wir uns vor Augen, dass in der Widener Library in Harvard mehr als 23 600 im 20. Jahrhundert erschienene englischsprachige Bücher stehen, in deren Titel das Wort »Krise« vorkommt (Graf/Jarausch 2017).

Viele Leute befürchten jedoch, diesmal sei es tatsächlich anders, diesmal herrschten zumindest in einigen stabilen Demokratien Bedingungen, die in der Geschichte beispiellos sind. Daher sehen sie die Gefahr, die Demokratie könne einen schleichenden Niedergang erleiden, sich zurückentwickeln oder gar sterben.

1.1 Krisen der Demokratie

Nach welchen Symptomen sollten wir Ausschau halten, wenn wir befürchten, die Demokratie sei in eine Krise geraten? Um Krisen der Demokratie identifizieren zu können, brauchen wir geeignete konzeptuelle Werkzeuge: Was ist eine Demokratie? Was ist eine Krise? Hat die Krise bereits begonnen oder steht ihr Ausbruch noch bevor? Woran können wir erkennen, dass wir bereits in der Krise stecken? Wenn sie noch nicht erkennbar ist, welche Hinweise geben Aufschluss über die zu erwartende zukünftige Entwicklung?

Wir hören oft Aussagen wie: »Wenn die Demokratie nicht X ist, ...« beziehungsweise »Wenn die Demokratie X nicht hervorbringt, ...«, aber es wird selten ausbuchstabiert, was dann eigentlich der Fall ist. Insinuiert wird jedenfalls, dass ein bestimmtes System die Bezeichnung »Demokratie« nicht verdient, wenn dieses X nicht gegeben ist, oder dass die Demokratie keinen Bestand haben wird, solange X nicht erfüllt oder eingetreten ist. Die erste Behauptung ist normativ, auch wenn sie sich oft als Definition tarnt. Beispielsweise kann ein System, in dem die Machtausübung auf wenige Personen beschränkt ist, nach Einschätzung von Quentin Skinner (1973: 303) nicht als »Demokratie« bezeichnet werden, selbst wenn es sich um eine Oligarchie mit Machtwettbewerb handelt. Pierre Rosanvallon erklärt: »Als wirklich demokratisch kann ein Staat heute nur noch dann gelten, wenn er sich Kontrollmechanismen und Validierungsverfahren aussetzt, die konkurrierend und gleichzeitig komplementär zum Mehrheitswillen wirken.« (Rosanvallon 2009, siehe auch Rosanvallon 2010) Die zweite Behauptung ist empirischer Natur, besagt sie doch, dass die Demokratie nur Bestand haben kann, wenn bestimmte Eigenschaften gegeben sind (bzw. wenn andere fehlen). Wenn die Demokratie bestimmter Voraussetzungen bedarf, um überhaupt funktionieren zu können – zum Beispiel die von John Stuart Mill (1977 [1859]: 99) genannten »hohen Löhne und eine allgemeine Alphabetisierung« –, dann droht ihr der Zusammenbruch, wenn diese Voraussetzungen fehlen. Ein gewisses Maß an wirtschaftlichem Wohlergehen, ausreichendes Vertrauen der Bürger in die politischen Institutionen oder ein Minimum an öffentlicher

Ordnung sind die plausibelsten Kandidaten für solche Bedingungen.

Einer möglichen Interpretation zufolge befindet sich die Demokratie also in einer Krise, wenn einige der Merkmale, die dieses politische System in unseren Augen per definitionem ausmachen, nicht mehr gegeben sind. Nehmen wir jenen Dreiklang, den Ginsburg und Huq (2018a) als »grundlegende Prädikate der Demokratie« bezeichnen: Wahlen mit echtem Wettbewerb, Bürgerrechte wie Meinungs- und Versammlungsfreiheit sowie Herrschaft des Gesetzes (Rechtsstaatlichkeit). Wenn wir diesen Dreiklang als definitorisch betrachten, haben wir eine fertige Checkliste der Dinge, nach denen wir Ausschau halten sollten, um Krisen der Demokratie zu erkennen: nach Wahlen ohne Wettbewerb, nach der Verletzung von Freiheitsrechten, nach Defekten der Rechtsstaatlichkeit. Freilich sind auch Situationen denkbar, in denen wir um das Überleben der Demokratie fürchten, ohne dass es in den drei genannten Bereichen Defizite gibt. Wir können die aus der Definition abgeleitete Checkliste weiterhin verwenden, haben nun aber zugleich eine Reihe von Hypothesen, die das Überleben der Demokratie mit gewissen Bedrohungen verknüpfen, und diese Hypothesen veranlassen uns dazu, die einzelnen Bedrohungen zu untersuchen. Wenn die Hypothesen zutreffen, wenn die Lebensfähigkeit der Demokratie von bestimmten Leistungsaspekten abhängt und das System die geforderten Ergebnisse nicht liefert, entsteht eine Krise: Die Demokratie ist in der Krise.

Zu beachten ist, dass einige Merkmale abwechselnd als definitorisch oder als empirisch betrachtet werden können. Bezieht man wie Rosanvallon gegenmehrheitliche (*counter-majoritarian*) Einschränkungen der Mehrheitsherrschaft (»konstitutionelle Demokratie«) in die Definition der Demokratie ein, so ist eine Erosion der Unabhängigkeit der Judikative prima facie ein Beleg dafür, dass etwas nicht in Ordnung ist. Aber man könnte auch annehmen, dass die Regierung ohne das Gegengewicht einer unabhängigen Judikative vollkommen freie Hand hat und die Freiheitsrechte verletzen oder den Wettbewerb bei Wahlen beseitigen wird. Dem Begriff der Demokratie Adjektive hinzuzufügen, ist problematisch, weil nicht alle wünschenswerten Eigenschaften Hand in Hand gehen müssen. Je mehr Merkmale – »elektoral«, »liberal«, »konstitutionell«, »repräsentativ«, »sozial« – wir zur Definition einer vollwertigen Demokratie hinzufügen, desto länger wird unsere Checkliste und desto mehr Krisen werden wir entdecken. Im Gegensatz dazu kann dieselbe Liste auch als Sammlung empirischer Hypothesen betrachtet und dazu benutzt werden, empirisch zu untersuchen, welche Bedingungen gegeben sein müssen, damit bei Wahlen Wettbewerb herrscht, damit die Freiheitsrechte gewahrt bleiben oder das Rechtsstaatlichkeitsprinzip aufrechterhalten werden kann. Wenn es stimmt, dass bei Wahlen nur dann echter Wettbewerb herrscht, wenn die Freiheitsrechte respektiert werden und das Gesetz Vorrang hat, dann könnten wir ein beliebiges dieser Merkmale als definitorisches herausgreifen und alle anderen als »Vorbedingungen« behandeln, ohne dass sich inhaltlich etwas ändern würde; sie wären dann koextensiv. Stimmt das aber nicht, sind sie also nicht koextensiv, so wird ein definitorischer Minimalismus unvermeidlich: Wir müssen eines der möglichen Merkmale als das definitorische betrachten und die anderen als hypothetische Bedingungen behandeln, unter denen das ausgewählte Merkmal als erfüllt gilt.

Was wir als Krise betrachten und wie wir die Diagnose von Krisen in Angriff nehmen sollten, hängt also davon ab, was wir unter Demokratie verstehen. Mein Verständnis der Demokratie ist »minimalistisch« und »elektoralistisch«: Die Demokratie ist eine politische Ordnung, in der die Bürgerinnen und Bürger ihre Regierung mittels Wahlen bestimmen und die Möglichkeit haben, sich einer Regierung zu entledigen, die ihnen nicht gefällt (zu den Autoren, die diese Einschätzung teilen, zählen Joseph Schumpeter, Karl Popper und Norberto Bobbio). Die Demokratie ist schlicht ein System, in dem amtierende Regierungen Wahlen verlieren und daraufhin abtreten. Folglich beschäftige ich mich mit der Gefahr, dass der Wettbewerb bei Wahlen beseitigt wird oder dass die Machthaber keinen Machtverlust durch Wahlen mehr fürchten müssen. Zu den möglichen Bedrohungen zählt der Verlust der von Robert Dahl (1971) genannten Voraussetzungen für umkämpfte Wahlen – etwa der Freiheitsrechte –, und zwar aus dem einfachen Grund, dass die amtierende Regierung ohne Ausübung dieser Rechte nicht abgewählt werden kann. Weitere Bedrohungen sind ein Zusammenbruch der Rechtsstaatlichkeit, eine Aushöhlung der Unabhängigkeit der Judikative sowie ein schwindendes Vertrauen in die repräsentativen Institutionen (Schädigung der »repräsentativen Demokratie«), akute Ungleichheit (Schädigung der »sozialen Demokratie«) oder Repressionsmaßnahmen zur Aufrechterhaltung der öffentlichen Ordnung (Schädigung der »liberalen Demokratie«). Aber ich behandle diese Gefahren als potenzielle Bedrohungen der Fähigkeit der Bürger, ihre Regierung abzuwählen, nicht als definierende Merkmale der »Demokratie«.

Die Beziehung zwischen der »Demokratie« im minimalistischen Sinn und der »Herrschaft des Gesetzes« ist besonders komplex. Erstens gibt es sowohl theoretische als auch empirische Gründe zu bezweifeln, dass übermehrheitliche (*supra-majoritarian*) Institutionen wie ein Zweikammersystem und ein präsidiales Vetorecht oder gegenmehrheitliche Einrichtungen wie Verfassungsgerichte oder unabhängige Zentralbanken notwendig sind, um die »Herrschaft des Gesetzes« zu wahren. Beispielsweise arbeitet Roberto Gargarella (2003) heraus, dass eine Mehrheit auch in Abwesenheit solcher Institutionen bereit sein kann, ihre Macht zu beschränken, und er nennt einige Mechanismen, die dazu geeignet sind. Wie Anthony McGann (2006) beobachtet, gibt es stabile Demokratien wie die britische und die schwedische, die ohne Gewaltenteilung und gerichtliche Prüfung der Verfassungsmäßigkeit politischer Entscheidungen auskommen, was nichts daran ändert, dass Mehrheiten darauf verzichten, die Freiheitsrechte der Bürger zu verletzen. Tatsächlich haben Dixit, Grossman und Gul (2000: 533) schlüssig demonstriert, dass es dort, wo es übermehrheitliche Institutionen gibt, eher zu schweren Verletzungen bürgerlicher Rechte kommt, sobald eine Regierung übermehrheitliche Unterstützung genießt.

Zweitens setze ich die »Herrschaft des Gesetzes« in Anführungsstriche, weil »das Gesetz nicht herrschen kann«, wie Ignacio Sanchez-Cuenca (2003: 62) scharfsinnig beobachtet hat: »Herrschen ist eine Handlung, und Gesetze können nicht handeln.« Was üblicherweise als Beziehung zwischen Demokratie und Herrschaft des Gesetzes betrachtet wird, ist in Wahrheit eine Beziehung zwischen Institutionen, in denen Menschen arbeiten und handeln (*populated institutions*), nämlich Exekutive und Judikative (Ferejohn/Pasquino 2003). Das Gesetz »herrscht«, wenn Politiker und Bürokraten den Gerichten gehorchen, und ob die Politiker die Anweisungen der Verfassungsrichter befolgen, hängt davon ab, ob sie elektorale Anreize dazu haben. Wie wir im Folgenden sehen werden, ist es zudem oft nahezu unmöglich festzustellen, ob von ihnen beschlossene Maßnahmen den gesetzlichen oder von der Verfassung vorgegebenen Normen entsprechen, da die einzelnen Einschätzungen einschließlich jener der Verfassungsrichter durch parteipolitische Präferenzen getrübt werden. In der Demokratie sind Wahlen das einzige wirksame

Instrument zur Disziplinierung der Politiker. Dixit, Grossman und Gul erklären: »Die herrschenden Personen müssen damit rechnen, dass ihre Macht mit einer nennenswerten Wahrscheinlichkeit enden wird. [...] Und sie müssen die Möglichkeit sehen, die Macht wiederzuerlangen, wenn sie sie einmal verloren haben.« (Dixit/Grossman/Gul 2000: 533) Es gibt zwei Möglichkeiten: (1) Politiker (und Bürokraten) gehorchen den Gerichten, weil sie andernfalls die nächste Wahl verlieren werden, womit »das Gesetz herrscht«. (2) Die Politiker gehorchen den Gerichten nicht, weil sie andernfalls die nächste Wahl verlieren werden – etwa, weil eine Mehrheit des Wahlvolks der Ansicht ist, dass Politiker den Anweisungen der Richter *nicht* folgen sollten. Die Politiker verstoßen also gegen die Rechtsstaatlichkeit, aber solange ihr Verhalten durch die Furcht vor einer Wahlniederlage motiviert ist, ist das System, gemessen an der minimalistischen Definition, trotzdem demokratisch. In diesem Fall ist die Demokratie »illiberal« – diesen von Fareed Zakaria (1997) populär gemachten Begriff verwendet der ungarische Ministerpräsident Viktor Orbán gerne –, aber sie ist trotz ihres illiberalen Charakters eine Demokratie, weil die Politiker damit rechnen müssen, Wahlen zu verlieren, wenn sie den Rechtsstaat respektieren. Wenn Politiker jedoch keine Angst vor Wahlen haben und sich nicht dem Gesetz unterwerfen, obwohl eine Mehrheit der Bürger dies wünscht, dann handelt es sich nicht länger um ein demokratisches Regierungssystem.

So verstanden ist die Demokratie ein Mechanismus zur Konfliktverarbeitung. Die politischen Institutionen bewältigen Konflikte geordnet, indem sie die Art und Weise strukturieren, wie gesellschaftliche Gegensätze politisch organisiert werden, so dass Konflikte, welche die öffentliche Ordnung bedrohen könnten, aufgefangen werden, und indem sie diese Konflikte gemäß bestimmten Regeln regulieren. Eine institutionelle Ordnung hat Bestand, wenn nur die politischen Kräfte, die einen institutionell konstituierten Zugang zum repräsentativen System haben, politischen Aktivitäten nachgehen und wenn diese Kräfte Anreize haben, ihre Interessen innerhalb der Institutionen zu verfolgen und für sie unvorteilhafte Ergebnisse zeitweilig hinzunehmen. Konflikte verlaufen namentlich dann in geregelten Bahnen, wenn alle politischen Kräfte erwarten dürfen, dass sie in der Gegenwart oder zumindest in einer nicht allzu fernen Zukunft etwas erreichen werden, indem sie ihre Interessen im institutionellen Rahmen verfolgen, während sie sich von Aktionen außerhalb der Institutionen wenig versprechen können. Die Demokratie funktioniert also gut, wenn sämtliche gesellschaftlichen Konflikte im institutionellen Rahmen ausgetragen und gelöst werden, vor allem durch Wahlen, aber auch in Tarifverhandlungen, Gerichten oder Behörden, ohne dass irgendjemand einfach aufgrund der Natur seiner Forderungen am Zugang zu diesen Institutionen gehindert wird. Einfach ausgedrückt: Die Demokratie funktioniert, wenn politische Auseinandersetzungen in Freiheit, zivilisiert und friedlich ausgetragen werden.

Die Konflikte, die in einer bestimmten Gesellschaft zu einem bestimmten Zeitpunkt ausgetragen werden, können von unterschiedlicher Intensität sein und die Gesellschaft entlang unterschiedlicher Linien spalten, je nachdem, ob über wirtschaftliche Interessen, kulturelle Werte oder symbolische Fragen gestritten wird oder ob einfach kurzfristig bestimmte Leidenschaften hochkochen. Form, Gegenstand und Intensität der Konflikte hängen vom Vorgehen der Regierung und von den Alternativen ab, die von konkurrierenden politischen Kräften angeboten werden. Wie hoch die Einsätze in den institutionellen Konflikten sind, ergibt sich nicht einfach aus der Intensität der gesellschaftlichen Gegensätze. Es hängt von den institutionellen Rahmenbedingungen ab, wie gesellschaftliche Konflikte politisch organisiert werden. Bestimmte Institutionen verschärfen, was bei politischen Entscheidungen auf dem Spiel steht, andere können ihre Brisanz reduzieren. Ich werde in Kapitel 9 argumentieren, dass die Demokratie gut funktioniert, wenn in den institutionellen Konflikten weder zu wenig noch zu viel auf dem Spiel steht (vgl. Przeworski/Rivero/Xi 2015 für eine technischere Version dieses Arguments). Es steht zu wenig auf dem Spiel, wenn der Ausgang von Wahlen keine Auswirkungen auf das Leben der Bürgerinnen und Bürger hat. Es steht zu viel auf dem Spiel, wenn das Wahlergebnis der unterlegenen Seite unerträglich hohe Kosten auferlegt. Wenn die Bürger glauben, dass sich das Ergebnis einer Wahl nicht auf ihr Leben auswirken wird, wenden sie sich vom »System« ab. Müssen die Verlierer einer Wahl feststellen, dass die siegreiche Partei in der Regierung eine Politik betreibt, die den Interessen oder Werten der unterlegenen Seite erheblichen Schaden zufügt, wächst ihre Bereitschaft, sich der Regierung mit allen Mitteln einschließlich gewaltsamer zu widersetzen, wie es das chilenische Bürgertum unter Präsident Allende tat. Daher funktioniert die Demokratie, wenn bei den Wahlen *etwas*, aber nicht *zu viel* auf dem Spiel steht.

Ein oft übersehener Bestandteil von Schumpeters (1987 [1942]: Kap. 23, Abschnitt 2) »minimalistischer« Demokratiedefinition ist die Fähigkeit und Bereitschaft der Regierung, kompetent zu regieren. Später werde ich einige historische Situationen untersuchen, in denen der institutionelle Rahmen die Regierungsfähigkeit der herrschenden Parteien beschränkte, was entweder daran lag, dass das Wahlsystem instabile Regierungsbündnisse hervorbrachte (etwa in der Weimarer Republik oder in der Vierten Republik in Frankreich), oder daran, dass eine spezifische Form der Gewaltenteilung zu einer Pattsituation zwischen Exekutive und Legislative führte (beispielsweise in Chile unter Allende). Um effektiv agieren zu können, muss eine Regierung den Mehrheitswillen erfüllen, ohne jedoch die Bedürfnisse nennenswerter Minderheiten zu missachten. Wenn in einer hochgradig polarisierten Gesellschaft intensive Konflikte ausgetragen werden, kann es schwierig oder sogar unmöglich sein, einen für alle wichtigen politischen Kräfte akzeptablen Konsens herzustellen. Auch die wohlmeinendste und kompetenteste Regierung stößt irgendwann an ihre Grenzen.

Wenn dies der Maßstab ist, wann können wir dann sagen, dass eine Demokratie »in der Krise steckt«? Der Begriff Krise hat seinen Ursprung im altgriechischen Wort *krísis*, Entscheidung. Eine Krise ist eine Situation, die definitionsgemäß nicht von Dauer sein kann, da eine Entscheidung fallen muss. Eine solche Situation entsteht, wenn der Status quo unhaltbar geworden ist, jedoch noch kein Ersatz dafür bereitsteht. Das meinen wir, wenn wir sagen, dass »die Situation einen kritischen Punkt erreicht hat«: Wenn ein Arzt erklärt, ein Patient befinde sich in einem kritischen Zustand, will er damit sagen, dass sich dieser Patient entweder erholen oder sterben wird, aber im gegenwärtigen Zustand kann er nicht bleiben. Eine Krise kann mehr oder weniger akut sein: Während in der einen ein Wendepunkt nahe ist, kann sich eine andere mit allen entsprechenden Krankheitserscheinungen über einen unbestimmten Zeitraum hinziehen.

Das Gramsci-Motto legt ein Verständnis von Krise nahe, gemäß dem die gegenwärtige Situation in mancher Hinsicht unhaltbar und die Demokratie bereits bedroht ist, die demokratischen Institutionen aber weiterhin bestehen. Während Marx erklärte, »neue höhere Produktionsverhältnisse« träten »nie an die Stelle [der alten], bevor die materiellen Existenzbedingungen derselben im Schoß der alten Gesellschaft selbst ausgebrütet worden« seien (Marx 1961 [1859]: 9), gibt es keine Gewähr dafür, dass bei einem Versagen der bestehenden Institutionen wie ein *deux es machina* andere auftauchen. Was geschieht, wenn die bestehenden Institutionen keine wünschenswerten Ergebnisse liefern, hängt von ihren Eigenschaften und denen der alternativen Institutionen – würden diese bessere Ergebnisse liefern? –, von exogenen Bedingungen und davon ab, wie sich die relevanten politischen Kräfte unter diesen Bedingungen verhalten. Die Tatsache, dass sich im Rahmen der gegebenen Institutionen eine Katastrophe ereignet, bedeutet nicht zwangsläufig, dass andere Institutionen unter diesen Bedingungen besser funktionieren würden; das war Winston Churchills Sichtweise auf die Demokratie. Aber selbst wenn Alternativen denkbar sind, besteht durchaus die Möglichkeit, dass die katastrophale Situation in Anbetracht der politischen Machtverhältnisse im Rahmen der bestehenden Institutionen andauern wird. Krisen sind also Situationen, in denen die Bedingungen im Rahmen der bestehenden Institutionen katastrophal sind; es findet keine Veränderung statt, aber sie ist möglich. Danach werden wir im Folgenden Ausschau halten: Ist die gegenwärtige Situation in bestimmten Hinsichten bedrohlich und gibt es Anzeichen dafür, dass die traditionellen repräsentativen Institutionen davon betroffen sind?

Eine gesonderte Betrachtung verdienen die »Krisen des Kapitalismus«. Der Kapitalismus – ein System, das das Privateigentum an den meisten Produktionsmitteln mit Ressourcenzuteilung und Einkommensverteilung durch den Markt verbindet – gerät von Zeit zu Zeit in eine »Krise«, wobei mit Krise hier ein Zeitraum gemeint ist, in dem die Einkommen deutlich sinken und entweder die Inflation oder die Arbeitslosigkeit steigt oder beide Entwicklungen gemeinsam auftreten, was zum Beispiel in der »Stagflationskrise«

der siebziger Jahre der Fall war, als eine durch einen deutlichen Anstieg der Rohstoffpreise verursachte hohe Inflation mit hoher Arbeitslosigkeit einherging (Bruno/Sachs 1985). Aber sind Wirtschaftskrisen »Krisen des Kapitalismus«? Diese Gleichsetzung träfe zu, wenn man annehmen könnte, dass der Kapitalismus infolge einer wirtschaftlichen Schwächephase zusammenbrechen wird oder zumindest kollabieren könnte. Eine Implosion des Kapitalismus liegt jedoch nicht im Bereich des Möglichen. Der marxistische Ökonom Michal Kalecki gab auf dem Höhepunkt der Weltwirtschaftskrise im Jahr 1932 folgende Antwort auf die Frage, ob es einen kapitalistischen Weg aus der Krise geben könne: Selbst wenn die zur Überwindung von Wirtschaftskrisen erforderlichen Anpassungen schmerzhaft seien und langwierig sein könnten, sei der Kapitalismus ein sich selbst korrigierendes System. Preise und Löhne seien möglicherweise inflexibel, aber letzten Endes würden sich Angebot und Nachfrage anpassen, die Krise komme zu einem Ende und der Kapitalismus existiere weiter. Er könne durch eine politische Revolution beseitigt werden – Kalecki zog diese Möglichkeit in Erwägung, und die Kommunisten hatten sie in die Tat umgesetzt –, aber implodieren werde er nicht (Kalecki 1972). Für das Verständnis von Krisen können wir daraus die grundsätzliche Lehre ziehen, dass einige Institutionen unempfindlich gegenüber ihren Ergebnissen sind, weshalb sich Krisen in diesen Institutionen nicht in Krisen der Institutionen selbst verwandeln.

Katastrophen in der Demokratie können sich hingegen in Krisen der Demokratie verwandeln. Unter Rückgriff auf Jürgen Habermas möchte ich Katastrophen als Situationen definieren, in denen:

- das ökonomische System das erforderliche Maß an konsumierbaren Waren nicht erzeugt, oder
- das administrative System das erforderliche Maß an rationalen Entscheidungen nicht hervorbringt, oder
- das legitimatorische System das erforderliche Maß an generalisierten Motivationen nicht hervorbringt, oder
- das soziokulturelle System das erforderliche Maß an handlungsmotivierendem Sinn nicht generiert. (Habermas 2019 [1973]: 72)

Diese Liste ist jedoch zu abstrakt, um sich als Grundlage für die Forschung zu eignen. Die beobachtbaren Kandidaten für Katastrophen sind Wirtschaftskrisen, intensive gesellschaftliche Konflikte und politische Lähmung, also Situationen, in denen die Form der demokratischen Institutionen der Regierung die Fähigkeit nimmt, ihre Funktion zu erfüllen.

Wenn uns die Situation in irgendeiner Weise bedrohlich scheint, machen wir uns auf die Suche nach Signalen – nach Vorzeichen der Veränderung. Mehrere Länder, von Kanada in den Jahren 1931-33 bis zu Uruguay in den Jahren 2001-03, machten tiefe Wirtschaftskrisen durch, ohne dass dies nennenswerte politische Auswirkungen gehabt oder die Demokratie geschwächt hätte. Aber in bestimmten Situationen können Krisen in anderen Bereichen – seien sie wirtschaftlicher, kultureller oder autonom politischer Natur (zum Beispiel Korruptionsskandale wie jener, der 1992 in Italien aufgedeckt wurde, oder wie sie in den letzten Jahren Brasilien erschütterten) – die demokratischen Institutionen erheblich schwächen. Zu den unübersehbaren Signalen für eine Krise der Demokratie zählen ein plötzlich schwindender Rückhalt für die etablierten Parteien, ein Verlust des Vertrauens in die demokratischen Institutionen und Politiker, offene Konflikte über die demokratischen Institutionen oder die Unfähigkeit der Regierung, die öffentliche Ordnung ohne Repressionsmaßnahmen aufrechtzuerhalten. Das vielleicht auffälligste Symptom einer Krise ist ein Zusammenbruch der öffentlichen

Ordnung: Wie Juan Linz erklärt, sind die schwersten Krisen jene, »in denen die Aufrechterhaltung der öffentlichen Ordnung im Rahmen der Demokratie unmöglich wird« (Linz 1978: 54). Die Demokratie steckt in einer Krise, wenn Fäuste, Steine oder Kugeln an die Stelle von Wahlzetteln treten. Entweder machen es die gegenwärtig Regierenden für die Opposition unmöglich, sie von der Macht zu entfernen, weshalb der Opposition kein anderer Ausweg als außerinstitutioneller, unter Umständen sogar gewaltsamer Widerstand bleibt, oder die Opposition erkennt die Legitimität der Regierung nicht an, worauf die Regierung mit Repression antwortet, um sich zu verteidigen, oder antagonistische politische Gruppen erkennen die Ergebnisse des institutionellen Wechselspiels der Interessen nicht an und gehen zur direkten und oft gewaltsamen Konfrontation über. Wenn sich eine solche Situation über längere Zeit hinzieht, bricht die öffentliche Ordnung zusammen, das Alltagsleben ist paralysiert, und die Gewalt gerät außer Kontrolle. Derartige Krisen nehmen einen tödlichen Verlauf, wenn die Struktur der demokratischen Institutionen wie in der Weimarer Republik oder in Chile unter Präsident Allende zu einer institutionellen Lähmung führt.

Institutionen können Ergebnisse hervorbringen, die für einen Teil der Bevölkerung unerträglich und für einen anderen wunderbar sind. Dazu kommt, dass die Menschen unterschiedliche normative Präferenzen haben: Manche messen der Freiheit größeren Wert bei als der Ordnung, während andere bereit sind, die Freiheit für pünktlich fahrende Züge zu opfern (genau das versprach Mussolini, aber der Faschismus konnte das Versprechen nicht halten). Um Krisen zu verstehen, müssen wir uns daher mit widerstreitenden Interessen und Werten beschäftigen. Die Armen sind unzufrieden, wenn ihre Einkommen stagnieren, die Reichen wollen ihr Vermögen und ihre Macht erhalten, und einige Leute, die weder reich noch arm sind, interessieren sich möglicherweise für die politische und wirtschaftliche Ungleichheit an sich. Mögliche Lösungen für die Krise sind in der Regel umstritten und Gegenstand politischer Auseinandersetzungen. Die Lösungen hängen vom Verhalten der politischen Akteure unter den gegebenen Bedingungen ab und sind daher *ex ante* unbestimmt. Wird eine Verringerung der wirtschaftlichen Ungleichheit die politische Lebensfähigkeit der Demokratie wiederherstellen? Werden Einwanderungsbeschränkungen die radikale Rechte beschwichtigen? Werden Reformen der repräsentativen Institutionen das Vertrauen der Bürgerinnen und Bürger in diese Einrichtungen wiederherstellen? Da die verschiedenen Akteure unterschiedliche Maßnahmen mit unterschiedlichen Konsequenzen ergreifen werden, können wir lediglich feststellen, was möglich ist und was nicht, und vielleicht einige gewagte Prognosen dazu anstellen, welche Entwicklung als die wahrscheinlichste gelten kann.

Wie sehen also die möglichen Endpunkte einer Krise aus? Nicht jede Krise ist verhängnisvoll: Einige enden mit der Wiederherstellung des ursprünglichen Zustands, das heißt einer Rückkehr zur »Normalität«. Manchmal verschwinden die Ursachen einer Krise praktischerweise einfach wieder. Die Demokratie kann in eine Krise geraten, wenn die Gesellschaft in eine katastrophale Wirtschaftskrise schlittert, doch wenn sich die Wirtschaft erholt, wird die Krise überwunden. Manche Krisen können durch partielle Reformen gelöst werden. Die Gruppe, die von den bestehenden Institutionen profitiert, kann den Gruppen, die am meisten darunter leiden, Zugeständnisse machen. Diese müssen glaubwürdig sein, da die begünstigten Gruppen ansonsten erwarten werden, die Konzessionen könnten wieder zurückgenommen werden, sobald die Krise vorüber ist. Daher müssen die Zugeständnisse mit institutionellen Reformen einhergehen: Das klassische Beispiel ist die Ausweitung des Wahlrechts auf die unteren Gesellschaftsschichten, mit der die Gefahr einer Revolution abgewandt wurde, indem die Position des Medianwählers in der Einkommensverteilung verändert wurde (Acemoğlu/ Robinson 2000). Was wir jedoch befürchten, wenn wir über die Demokratie nachdenken, ist die Möglichkeit, dass bestimmte politische Kräfte erfolgreich behaupten, eine bereits stattfindende Katastrophe – eine Wirtschaftskrise, eine tiefe Spaltung der Gesellschaft, der Zusammenbruch der öffentlichen Ordnung – könne nur überwunden werden, indem die Gesellschaft die politische Freiheit aufgibt, ihr Schicksal in die Hand eines starken Führers legt und die Meinungsfreiheit unterdrückt, das heißt, indem die Demokratie durch eine Autokratie, ein autoritäres Regime, eine Diktatur ersetzt wird. Der drohende Kataklysmus besteht darin, dass die Demokratie entweder zusammenbricht oder bis zur Unkenntlichkeit verstümmelt wird.

Ich würde sagen, dass wir uns gegenwärtig vor dem zuletzt genannten Schreckgespenst fürchten: vor einer graduellen, fast unmerklichen Erosion der demokratischen Institutionen und Normen, vor einer heimlichen Aushöhlung der Demokratie. Bewerkstelligt wird diese Subversion, indem »rechtliche Mechanismen, die in anerkannt demokratischen Regimen existieren, gegen die Demokratie eingesetzt werden« (Varol 2015). Wenn es keine eindeutigen Belege für den Zusammenbruch einer Demokratie gibt, trennt nur eine dünne Linie ein demokratisches von einem nichtdemokratischen System – das zeigen Etiketten wie »wahlautoritäres Regime« (Schedler 2006), »kompetitiver Autoritarismus« (Levitsky/ Way 2010), »illiberale Demokratie« (Zakaria 1997) oder »Hybridregime« (Karl 1995; Diamond 2002). »Rückentwicklung« (*backsliding*), »Dekonsolidierung« oder »Rückschritt« müssen nicht mit Verstößen gegen die Verfassung einhergehen und können die demokratischen Institutionen trotzdem schrittweise zerstören.

Wir können dieses Verständnis einer »Krise der Demokratie« schematisch folgendermaßen auf den Punkt bringen: Angesichts exogener Schocks erzeugt die Demokratie bestimmte Ergebnisse, die von Menschen mit heterogenen Präferenzen in Bezug auf diese Ergebnisse und auf die demokratischen Institutionen selbst positiv oder negativ beurteilt werden. Ergebnisse, welche den Bestand der traditionellen demokratischen Institutionen bedrohen, sind Katastrophen. Ob eine bestimmte Situation als Krise einzustufen ist, hängt vom Vorhandensein klarer Anzeichen dafür ab, dass die demokratischen Institutionen bedroht sind. Wir achten auf solche Signale, weil sie Vorboten eines Zusammenbruchs oder einer graduellen Zersetzung der Demokratie sein können. Zu den möglichen Lösungen für eine Krise zählen die Wiederherstellung des institutionellen Status quo, partielle Reformen der herkömmlichen repräsentativen Institutionen, bei denen die Demokratie erhalten bleibt, sowie die abrupte oder graduelle Zerstörung des Systems.

Warum sind Demokratien krisenanfällig? Wir dürfen nicht vergessen, dass die Demokratie bislang lediglich einen Bruchteil der Menschheitsgeschichte geprägt hat. Sie ist jung und immer noch selten. Sie wurde erst im Jahr 1788 geboren, als in den Vereinigten Staaten die erste landesweite Wahl mit individuellem Wahlrecht abgehalten wurde. Der erste Regierungswechsel infolge einer Wahl fand im Jahr 1801 ebenfalls in den Vereinigten Staaten statt. Machtwechsel wurden weiterhin häufig mit Gewalt herbeigeführt, das heißt durch Staatsstreiche oder Bürgerkriege: Zwischen 1788 und 2008 ging die Macht 544-mal durch Wahlen und 577-mal durch einen Umsturz in andere Hände über. Ein Machtverlust infolge einer Wahlniederlage war bis vor sehr kurzer Zeit selten: Im genannten Zeitraum endete nur etwa jede fünfte nationale Wahl mit einer Niederlage der Regierungspartei, und eine friedliche Machtübergabe war noch seltener. 68 Länder, darunter die Riesenreiche China und Russland, haben noch nie einen Regierungswechsel zwischen Parteien infolge einer Wahl erlebt. Die Demokratie ist ein historisches Phänomen. Sie entwickelte sich unter bestimmten Bedingungen. Sie überlebte in einigen Ländern, obwohl diese Bedingungen sich veränderten, aber kann sie unter allen Bedingungen überleben?

Zwei strukturelle Bedingungen verdienen in meinen Augen besondere Aufmerksamkeit. Die erste ist das Spannungsverhältnis zwischen der politischen Gleichheit, die als Grundlage der Demokratie betrachtet wird, und dem Kapitalismus, der ein System der wirtschaftlichen Ungleichheit ist. Die zweite ist das schiere Streben nach politischer Macht, ob dieses nun von wirtschaftlichen Interessen getrieben ist oder nicht.

1.2 Demokratie und Kapitalismus

Die Beziehung zwischen Demokratie und Kapitalismus wird sehr unterschiedlich beurteilt. Die Vertreter der einen Auffassung postulieren eine natürliche Affinität zwischen »wirtschaftlicher Freiheit« und »politischer Freiheit«. Wirtschaftliche Freiheit bedeutet, dass jeder Mensch selbst entscheiden kann, was er mit seinem Eigentum und seiner Arbeitskraft tun will. Politische Freiheit bedeutet, dass jeder Mensch seine Meinung äußern und sich an Entscheidungen über das Regierungssystem sowie an der Wahl der Personen beteiligen kann, von denen er regiert werden soll. »Freiheit« in beiden

Bereichen gleichzusetzen ist jedoch lediglich ein Wortspiel. Ein Blick auf die Geschichte zeigt, dass uns die Koexistenz von Kapitalismus und Demokratie eigentlich überraschen sollte. In Gesellschaften, in denen nur ein Teil der Menschen Produktionsmittel besitzt und in denen die Einkommen vom Markt ungleichmäßig verteilt werden, bedroht die politische Gleichheit in Kombination mit der Herrschaft der Mehrheit das Privateigentum. Beginnend mit Henry Iretons Rede in der Wahlrechtsdebatte in Putney im Jahr 1647 glaubten tatsächlich fast alle Theoretiker, die beiden Freiheiten könnten nicht nebeneinander existieren. Der konservative englische Historiker und Politiker Thomas Macaulay beschrieb die vom allgemeinen Wahlrecht ausgehende Gefahr für das Privateigentum im Jahr 1842 sehr anschaulich:

> Der Kern der [People's] Charter ist das allgemeine Wahlrecht. Enthält man es [den Chartisten] vor, so spielt es kaum eine Rolle, was man ihnen ansonsten zugesteht. Gesteht man es ihnen zu, so ist es vollkommen unerheblich, was man ihnen ansonsten vorenthält. Gesteht man es ihnen zu, so ist das Land verloren. […] Es ist meine feste Überzeugung, dass das allgemeine Wahlrecht in unserem Land nicht nur mit dieser oder jener Form von Regierung und mit allem unvereinbar ist, wofür die Regierung existiert. Es ist unvereinbar mit dem Eigentum und folglich unvereinbar mit der Zivilisation. (Macaulay 1900: 263)

Neun Jahre später äußerte Karl Marx am entgegengesetzten Ende des politischen Spektrums ebenfalls die Überzeugung, Privateigentum und allgemeines Wahlrecht seien unvereinbar:

> Die Klassen, deren gesellschaftliche Sklaverei sie verewigen soll, Proletariat, Bauern, Kleinbürger, setzt sie [die Verfassung] durch das allgemeine Stimmrecht in den Besitz der politischen Macht. Und der Klasse, deren alte gesellschaftliche Macht sie sanktioniert, der Bourgeoisie, entzieht sie die politischen Garantien dieser Macht. Sie zwängt ihre politische Herrschaft in demokratische Bedingungen, die jeden

Augenblick den feindlichen Klassen zum Sieg verhelfen und die Grundlagen der bürgerlichen Gesellschaft selbst in Frage stellen. Von den einen verlangt sie, daß sie von der politischen Emanzipation nicht zur sozialen fort-, von den anderen, daß sie von der sozialen Restauration nicht zur politischen zurückgehen. (Marx 1960 [1851]: 43)

Die Kombination von Demokratie und Kapitalismus war in Marx' Augen also eine inhärent instabile Form der gesellschaftlichen Organisation, »nur die politische Umwälzungsform der bürgerlichen Gesellschaft […] und nicht ihre konservative Lebensform« (Marx 1960 [1852]: 122). Für ihn war sie »nur ein krampfartiger, ein Ausnahmezustand der Dinge« und »als normale politische Form der Gesellschaft« unmöglich (Marx 1962: 594).

Diese düsteren Vorhersagen erwiesen sich als falsch. In einigen (genauer gesagt: in dreizehn) Ländern koexistierten Demokratie und Kapitalismus mindestens ein Jahrhundert lang ununterbrochen, und in vielen weiteren Ländern hatten sie für kürzere, jedoch ausgedehnte Zeiträume, die in den meisten Fällen bis heute andauern, nebeneinander Bestand. Die Parteien der Arbeiterklasse, die gehofft hatten, das Privateigentum an den Produktionsmitteln abschaffen zu können, mussten einsehen, dass dieses Ziel unerreichbar war, und lernten die Demokratie zu schätzen und kapitalistische Wirtschaftssysteme zu verwalten, wenn sie durch Wahlen an die Macht gelangten. Die Gewerkschaften, die ursprünglich ebenfalls als tödliche Bedrohung für den Kapitalismus gegolten hatten, mäßigten ihre Forderungen. Das Resultat war ein Kompromiss: Arbeiterparteien und Gewerkschaften fanden sich mit dem Kapitalismus ab, während die bürgerlichen Parteien und Arbeitgeberverbände ein gewisses Maß an Einkommensumverteilung akzeptierten. Die Regierungen lernten, diesen Kompromiss zu organisieren: Sie regelten die Arbeitsbedingungen, errichteten Sozialversicherungssysteme und sorgten für Chancengleichheit, wobei sie gleichzeitig Investitionen förderten und die Konjunkturzyklen zu steuern versuchten (Przeworski 1986).

Aber vielleicht ist dieser Kompromiss mittlerweile zerbrochen. Die Gewerkschaften haben ihre Fähigkeit, die Arbeitskräfte zu organisieren und zu disziplinieren, und damit ihr Machtmonopol weitgehend eingebüßt. Die sozialistischen Parteien haben ihre Wurzeln in der Arbeiterklasse und damit ihr ideologisches und politisches Alleinstellungsmerkmal verloren. Die auffälligsten Auswirkungen dieser Veränderungen sind der scharfe Rückgang des Anteils der Arbeitseinkommen an der Wertschöpfung und, zumindest in den angelsächsischen Ländern, eine deutliche Zunahme der Einkommensungleichheit. In Kombination mit einem geringeren Wirtschaftswachstum führt die zunehmende Ungleichheit dazu, dass viele Einkommen stagnieren und die Einkommensmobilität abnimmt.

Hängt die Vereinbarkeit von Demokratie und Kapitalismus von einer stetigen Verbesserung der materiellen Situation großer Bevölkerungsgruppen infolge von Wirtschaftswachstum oder zunehmender Einkommensnivellierung ab? Die Geschichte zeigt, dass die Demokratie in wirtschaftlich entwickelten Ländern fest verwurzelt und sowohl gegenüber wirtschaftlichen als auch anderen Krisen widerstandsfähig ist, selbst wenn diese Krisen erhebliche Ausmaße annehmen. Aber liefert die Geschichte zuverlässige Aufschlüsse über die zukünftige Entwicklung?

1.3 Demokratie und Machtstreben

Der zweite Grund für die Krisenanfälligkeit von Demokratien ist der politische Wettbewerb. Jeder Politiker träumt davon, Macht zu erlangen und sie nicht wieder abgeben zu müssen. Es wäre unrealistisch anzunehmen, dass konkurrierende Parteien darauf verzichten werden, alles in ihrer Macht Stehende zu tun, um sich bei Wahlen Vorteile zu verschaffen, und wir müssen damit rechnen, dass herrschende Parteien alle verfügbaren Instrumente einsetzen werden, um sich gegen den Volkswillen zu schützen. Sie können ihre Position festigen, weil sie eine Parlamentsmehrheit haben und die staatliche Bürokratie kontrollieren. Obwohl ihre Macht teilweise von unabhängigen Gerichten eingeschränkt wird, haben die Regierenden dank der Kontrolle über die Gesetzgebung die Möglichkeit, für sie vorteilhafte Rechtsvorschriften durchzusetzen; man denke nur an eine Registrierungspflicht für Wähler, Änderungen des Wahlsystems oder die Manipulation von Wahlkreisgrenzen. Die Gerichte oder andere unabhängige Institutionen können einen Teil dieser Versuche unterbinden, aber sie haben nicht immer ausreichende Gründe oder den Willen dazu: Die Grenzen von Wahlkreisen lassen sich auf ganz unterschiedliche Weisen ziehen; dies hat stets Auswirkungen auf die Ergebnisse, ohne dass dahinter notwendigerweise eindeutig diskriminierende Absichten stehen müssen. Als Dienstherren prinzipiell nicht parteilicher Bürokratien können die Machthaber die Behörden für ihre Zwecke einsetzen. Sie können die Kontrolle über den Repressionsapparat nutzen, um die Opposition teilweise oder vollkommen auszuschalten. Der Tausch von Gefälligkeiten gegen finanzielle Vergünstigungen ist eine weitere Quelle für Vorteile. Und wenn alles andere versagt, kann man immer noch auf Wahlbetrug zurückgreifen.

Die Frage ist, warum sich manche Politiker solcher Methoden bedienen, während andere bereit sind, den Wählern die Entscheidung zu überlassen und die Macht abzugeben, wenn die Bürger es so wollen. Ihre Beweggründe sind ebenso bedeutsam wie die Einschränkungen. Wenn politische Parteien hochgradig ideologisiert sind, wenn sie glauben, dass grundlegende Anliegen oder Werte auf dem Spiel stehen, betrachten sie ihre politischen Widersacher als Feinde, die mit allen Mitteln an der Machtübernahme gehindert werden müssen. In Polen ist die herrschende Partei »Recht und Gerechtigkeit« (PiS) überzeugt, dass die Werte, auf denen Polen als christliche Nation beruht, von einer in den Augen der PiS »verräterischen« Opposition bedroht werden. Der ungarische Präsident Orbán betrachtet es als seine Mission, dafür zu sorgen, dass »Europa der Kontinent der Europäer bleibt«. Beide Regierungen versuchen, die Medien zu kontrollieren, die Versammlungsfreiheit einzuschränken, die Behörden mit Gefolgsleuten zu füllen und das Wahlrecht zu manipulieren. Ihr Ziel ist es, elektorale Einschränkungen ihrer Macht zu lockern und Wahlsiege der Opposition unmöglich zu machen. Doch auch wenn diese Regierungen nicht mit parlamentarischen Einschränkungen im engeren Sinn konfrontiert sind, stoßen sie auf verschiedene Formen des gesellschaftlichen Widerstands, darunter Massenkundgebungen, politische Streiks und Unruhen. Die politischen Konflikte drohen, die institutionellen Grenzen zu sprengen, was zu einem Zusammenbruch der öffentlichen Ordnung führen könnte. Gehen Regierungen dieses Risiko ein, gerät die Demokratie in eine Krise.

1.4 Ein Ausblick

Wie können wir also feststellen, ob die Demokratie gegenwärtig in einer Krise steckt oder ob eine Krise bevorsteht?

Um in die Zukunft blicken und die in der gegenwärtigen Situation schlummernden Möglichkeiten identifizieren zu können, müssen wir zunächst herausfinden, ob sich aus der

Vergangenheit etwas lernen lässt. Unter welchen Bedingungen büßten demokratische Institutionen in der Vergangenheit die Fähigkeit ein, Konflikte zu absorbieren und friedlich zu lösen? Um diese Frage zu beantworten, werden wir in Teil I die historischen Erfahrungen aller Demokratien zusammenfassen, die zu einer bestimmten Zeit als stabil betrachtet werden konnten, weil sie mindestens zwei friedliche Machtwechsel infolge von Wahlen erlebt hatten, und die Bedingungen in gescheiterten Demokratien mit den Bedingungen in jenen vergleichen, die überlebten. Derartige Vergleiche sind jedoch unvermeidlich statisch, während die Ergebnisse, die sich unter den verschiedenen Bedingungen beobachten lassen, kontingent sind und davon abhängen, welche Akteure sich wann wie verhalten. Um unser intuitives Verständnis zu schärfen, werden wir uns vier Fälle näher ansehen: auf der einen Seite die Weimarer Republik zwischen 1928 und 1933 sowie Chile zwischen 1970 und 1973, zwei gute Anschauungsbeispiele für das Scheitern der Demokratie; auf der anderen Seite Frankreich in den Fünfzigern und die Vereinigten Staaten in den sechziger bzw. frühen siebziger Jahren als Exempel dafür, wie politische Repression und ein Zusammenbruch der Ordnung im Rahmen demokratischer Institutionen überwunden werden können.

Die Geschichte spricht jedoch nicht für sich selbst. Können wir verlässliche Lehren daraus ziehen? Die historischen Lehren sind relativ zuverlässig, wenn die gegenwärtigen Bedingungen den in einem vergangenen Zeitraum beobachteten ähneln, während wir nicht sehr viel aus der Geschichte lernen können, wenn die aktuelle Situation beispiellos ist (King/Zhang 2007). Um herauszufinden, ob sich die Geschichte als Orientierungshilfe eignet, müssen wir also die gegenwärtige Situation mit vergangenen Situationen vergleichen. Haben die heutigen Bedingungen Ähnlichkeit mit denen, unter denen frühere Demokratien zusammenbrachen bzw. überlebten? Oder sind die derzeitigen Bedingungen beispiellos? Einige Aspekte der gegenwärtigen Situation sind neuartig, darunter insbesondere die rasche Destabilisierung der traditionellen Parteiensysteme. Dasselbe gilt für die Stagnation der niedrigen Einkommen sowie für das schwindende Vertrauen in den materiellen Fortschritt. Aber es gibt keine klaren Kausalbeziehungen. Ist die gegenwärtige politische Konjunktur das Resultat wirtschaftlicher Entwicklungen oder eines kulturellen Wandels? Oder ist sie von den wirtschaftlichen und gesellschaftlichen Veränderungen unabhängig? Auf welcher Ebene sollten wir nach Erklärungen suchen: in allgemeinen Entwicklungen wie der Globalisierung oder im Verhalten bestimmter Personengruppen wie beispielsweise jener, die sich vor dem Verlust einer angemessen bezahlten Arbeit fürchten? Mit diesen Fragen werden wir uns in Teil II befassen.

Um Hinweise auf mögliche zukünftige Entwicklungen zu erhalten, müssen wir verstehen, wie die Demokratie funktioniert, wenn sie gut funktioniert. Dies ist das Thema des theoretischen Kapitels am Anfang von Teil III. So gewappnet, können wir uns der bedrohlichen und noch weitgehend unerforschten Möglichkeit einer schrittweisen Erosion der Demokratie und ihrer Subversion durch gewählte Regierungen zuwenden. Und selbst wenn wir nicht voraussagen können, was wahrscheinlich geschehen wird, können wir zumindest Vermutungen darüber anstellen, was geschehen könnte und was nicht. Könnte es auch hier geschehen?

Teil I
Die Vergangenheit: Krisen der Demokratie

Um herauszufinden, was wir aus der Geschichte lernen können, müssen wir die Erfahrungen von Demokratien untersuchen, die zumindest eine Zeit lang entsprechend den institutionellen Regeln funktionierten. Dazu zähle ich alle Demokratien, in denen die Kontrolle über die Exekutive mindestens zweimal infolge von Wahlen in andere Hände überging, ohne dass die unterlegene Seite gewaltsamen Widerstand gegen das Wahlergebnis geleistet hätte. Der Grund für die Beschränkung auf solche Fälle ist, dass wir Demokratien untersuchen müssen, in denen konkurrierende Parteien gelernt hatten, dass eine Wahlniederlage keine Katastrophe war, dass man die Macht verlieren und nach einer Weile zurückerobern konnte. Wir konzentrieren uns also auf Demokratien, in denen die hinter den Parteien stehenden politischen Kräfte die Chance hatten zu erkennen, dass sie ihre Interessen innerhalb des institutionellen Rahmens verteidigen oder durchsetzen konnten. Es hat einige solche Demokratien gegeben: Seit 1918 haben 88 Demokratien das Kriterium von mindestens zwei friedlichen Regierungswechseln erfüllt.

Dreizehn dieser Demokratien brachen eindeutig zusammen. Zu beachten ist jedoch, dass sich nicht immer klar entscheiden lässt, ob ein System demokratisch ist oder nicht. Als Alvarez et al. (1996) versuchten, Regierungssysteme den Kategorien Demokratie oder Diktatur zuzuordnen, stellten sie fest, dass diese Zuordnung in einigen Fällen unmöglich war. Das beste Beispiel für ein solches System lieferte Botswana, wo anscheinend sämtliche Freiheitsrechte respektiert wurden, aber drei (mittlerweile fast sechs) Jahrzehnte lang immer dieselbe Partei die Wahlen gewann. Die bevorzugte Lösung für dieses Problem besteht in einer dreigeteilten Klassifikation, in der neben Demokratien und Diktaturen auch »Hybridsysteme«, »semiautoritäre Systeme« oder »wahlautoritäre Systeme« erfasst werden. Aber diese Etiketten verdecken lediglich die Tatsache, dass es politische Systeme gibt, die wir schlicht nicht einordnen können. In einer Zeit, in der die Zahl der Regime, die ein gewisses Maß an Opposition dulden, gleichzeitig jedoch sicherstellen, dass sie keine Wahl verlieren können, rasch wächst, ist das Problem sehr viel drängender geworden. Die Kernaussage von Kapitel 10 ist, dass es keine klare Linie gibt, die überschritten sein muss, damit wir eindeutig von einem »Rückfall« sprechen können. Ein Blick auf die Einordnung Venezuelas in verschiedenen Indizes zeigt, dass keine Einigkeit darüber besteht, ob dieses Land noch eine Demokratie ist bzw. wann es, sofern es keine mehr ist, die Linie zur Diktatur überschritten hat. Es gibt also Fälle, in denen der Zusammenbruch der Demokratie unübersehbar ist und mit einem bestimmten Ereignis verbunden werden kann, während Staaten in anderen Fällen sukzessive in einen undemokratischen Zustand abgleiten, weshalb nicht nur klare Indizien fehlen, sondern gute Argumente für gegensätzliche Einschätzungen dazu vorgebracht werden können, ob ein bestimmtes Regierungssystem noch demokratisch ist. Ich beschäftige mich hier nur mit Zusammenbrüchen der Demokratie, die durch klar abgegrenzte, unübersehbare Ereignisse markiert wurden.

Beatriz Magaloni (2017) folgend, sollten wir bei den manifesten Untergängen der Demokratie noch zwischen verschiedenen Varianten des Zusammenbruchs unterscheiden: Manche Demokratien werden durch einen Militärputsch zerstört, während andere scheitern, weil Politiker, die durch eine Wahl an die Macht kommen, alle institutionellen Einschränkungen ihrer Macht beseitigen und jegliche organisierte Opposition ausschalten. Ein Putsch – zumindest wenn er wie in Chile im Jahr 1973 zum Tod der Demokratie führt – ist ein auffälliges Ereignis, während eine Usurpation der gesamten Macht durch eine gewählte Regierung ein langsamer und schleichender Prozess sein kann, in dem jedoch oft die entscheidenden Wendepunkte erkennbar sind. Das Ende der Weimarer Republik wurde rechtlich durch ein bestimmtes Ereignis besiegelt: Am 23. März 1933 ermächtigte der Reichstag die Regierung, sich über die Verfassung hinwegzusetzen. In Estland wurde der Zusammenbruch der Demokratie durch die Verhängung des Kriegsrechts und die Verschiebung der Parlamentswahlen durch Ministerpräsident Konstantin Päts am 12. März 1934 abgeschlossen.

Um festzustellen, ob uns die Geschichte Hinweise geben kann, worauf wir bei der Analyse der gegenwärtigen Situation achten sollten, werde ich einige beobachtbare Merkmale von Demokratien vergleichen, die in der Vergangenheit überlebten bzw. scheiterten. Ich konzentriere mich insbesondere auf die Auswirkungen verschiedener Arten von Krisen: wirtschaftlicher, kultureller und politischer. Diese Vergleiche verraten uns jedoch wenig über die kontingente Dynamik von Krisen, über den Ausgang der Entwicklungen unter verschiedenen Bedingungen. Daher werde ich genauer auf einige markante Krisen eingehen, die der Demokratie ein Ende machten oder aber bewältigt wurden. Schließlich untersuche ich, ob wir Lehren aus diesen Vorgängen ziehen können, und frage, worauf wir in der gegenwärtigen Situation achten sollten, um herauszufinden, ob sich die Vergangenheit möglicherweise wiederholt.

2
Allgemeine Muster

In diesem Kapitel werden wir untersuchen, ob Zusammenbruch und Überleben der Demokratie mit beobachtbaren Unterschieden zwischen den Ländern zusammenhängen, welche die eine oder die andere Erfahrung gemacht haben. Natürlich bin ich nicht der Erste, der diese Zusammenhänge untersucht: Die einschlägige Literatur ist umfangreich, mittlerweile sehr differenziert und auch methodisch auf einem hohen Niveau. Es herrscht weitgehend Einigkeit darüber, dass die Demokratie in wirtschaftlich entwickelten Ländern eher nicht zusammenbrechen wird, während es zahlreiche Belege dafür gibt, dass die Demokratie in weniger entwickelten Ländern anfällig für gesellschaftliche Krisen aufgrund der Einkommensungleichheit ist. Außerdem deutet vieles darauf hin, dass die Demokratie in einem Land umso stabiler sein wird, je länger sie dort bereits existiert. Umstritten ist, welchen Einfluss Faktoren wie der institutionelle Rahmen, ethnische, sprachliche oder religiöse Fragmentierung, das Bildungsniveau usw. haben (die Liste ist lang). Zwar beschränke ich mich in der vorliegenden Untersuchung auf Demokratien, die zu einem bestimmten Zeitpunkt als gefestigt betrachtet werden konnten, aber meine Analysen bestätigen dennoch einige dieser Befunde. Mein Interesse gilt insbesondere den Auswirkungen verschiedenartiger Krisen: wirtschaftlicher, politischer Krisen in einem weiteren und Krisen des Regierungssystems in einem engeren Sinn. Die folgenden statistischen Analysen sind rein deskriptiver Natur, weshalb keine Schlüsse bezüglich einer Kausalität gezogen werden sollten. In diesem Kapitel geht es lediglich darum, eine Liste von Faktoren zusam-

Tabelle 2.1: Demokratien, in denen es nach 1918 mindestens zu zwei friedlichen Machtwechseln durch Wahlen kam und die irgendwann zusammenbrachen

Land	Jahr des zweiten friedlichen Machtwechsels	Jahr des Zusammenbruchs	Regierungswechsel	Modus
Deutschland	1928	1933	3	von oben
Estland	1932	1934	2	von oben
Griechenland	1951	1967	2	Putsch
Chile	1952	1973	4	Putsch
Sri Lanka	1960	1977	3	von oben
Philippinen	1961	1965	2	von oben
Salomonen	1989	2000	2	Putsch
Peru	1990	1990	2	von oben
Ecuador	1992	2000	3	Putsch
Thailand	1996	2006	3	Putsch
Pakistan	1997	1999	2	Putsch
Bangladesch	2001	2007	2	von oben
Honduras	2005	2009	2	Putsch

Anmerkung: Gereiht nach dem Zeitpunkt des zweiten Regierungswechsels. Die Zahl der »Regierungswechsel« bezieht sich auf die Zahl der Regierungswechsel bis zum Zeitpunkt des Zusammenbruchs der Demokratie. Modus: »Von oben« bedeutet, dass die Macht von einem Regierungschef usurpiert wurde, der das Amt verfassungskonform erlangt hatte; »Putsch« bezeichnet einen Militärputsch.

Quellen: Boix/Miller/Rosato (2012) für die Klassifizierung der Regime; eigene Forschung für den Modus

menzustellen, die uns helfen kann zu bestimmen, wonach wir in der gegenwärtigen Situation Ausschau halten sollten.

Die vorübergehend gefestigten Demokratien, die zusammenbrachen, sind in Tabelle 2.1 aufgelistet. Unter denen, die weiterhin bzw. derzeit Bestand haben, finden wir vier afrikanische Länder (Benin, Kap Verde, Ghana und Mauritius), elf zentral- und südamerikanische Länder, mehrere Karibikstaaten und kleine Pazifikinseln, Indien, Indonesien, Taiwan sowie die gegenwärtigen Mitglieder der OECD.

Die übrigen Demokratien überlebten, was jedoch nicht bedeutet, dass sie keinerlei Katastrophen bewältigen mussten. Eine Reihe von Ländern, in denen die Demokratie Bestand hatte, erlebte schwere Wirtschaftskrisen – also Krisen, in denen die Pro-Kopf-Einkommen in aufeinanderfolgenden Jahren um mindestens zehn Prozent fielen –, ohne dass dieser wirtschaftliche Einbruch erhebliche politische Auswirkungen gehabt hätte: Dies gilt für Kanada (1931-33), die Vereinigten Staaten (1932-34 und 1946-48), Großbritannien (1946-47), Jamaika (1976-78), Costa Rica (1982-83), Finnland (1991-93), Venezuela (1980-85) und Uruguay (2001-03). Tatsächlich brachen nur drei gefestigte Demokratien nach so definierten Wirtschaftskrisen zusammen, nämlich Deutschland im Jahr 1933, Peru im Jahr 1990 und Ecuador im Jahr 2000. Eine wirtschaftliche Krise geht also keineswegs automatisch in eine politische über. Johannes Lindvall (2014) hat verglichen, wie sich die Wirtschaftskrisen von 1929-32 und 2008-11 auf Wahlergebnisse auswirkten, und jeweils ganz ähnliche Effekte beobachtet: In beiden Krisenphasen verloren die Amtsinhaber Stimmen, und die Rechte verzeichnete bei Wahlen unmittelbar nach der Krise Zugewinne; bei Urnengängen, die mit etwas zeitlichem Abstand stattfanden, war kein Umschwung zu beobachten oder aber einer zugunsten der Linken. Das bedeutet, dass, wenn eine Demokratie eine Wirtschaftskrise übersteht, die Auswirkungen auf die Wahlergebnisse kurzlebig sind.

Mehrere Demokratien überstanden politische Krisen. In Tabelle 2.2 zähle ich zu politischen Krisen Situationen, in denen (1) es konfligierende Ansprüche auf die Regierungsge-

Tabelle 2.2: Inzidenz von Wirtschaftskrisen und Zusammenbruch der Demokratie

Krisen	überlebt	Zusammenbruch	gesamt	Inzidenz
keine	66	10	76	1/7,6
ja	9	3	12	1/4,0
gesamt	75	13	88	1/6,8

Anmerkung: Als Krisen werden Situationen definiert, in denen das Pro-Kopf-Einkommen in aufeinanderfolgenden Jahren um mindestens 10 Prozent fällt. Die Einträge in den Zellen beziehen sich auf die Zahl der Länder.

Quellen: Maddison 2011 für Einkommensdaten; Boix/Miller/Rosato 2012 für die Klassifizierung der Regime

walt gibt, (2) die zuständigen Gerichte zu dem Schluss gelangen, die Regierung habe gegen die Verfassung verstoßen oder ihre Mitglieder seien von Rechts wegen ungeeignet, ihr Amt weiterhin auszuüben (zumeist wegen Korruptionsvorwürfen), (3) ein Konflikt zwischen verschiedenen Gewalten die Regierung handlungsunfähig macht oder (4) eine Regierung durch Druck der Straße oder des Militärs zum Rücktritt oder zur Unterdrückung der Opposition gezwungen wird, anstatt einer Entscheidung der zuständigen Einrichtung (sei es des Parlaments oder der Gerichte) zu folgen. Langwierige Verhandlungen über die Regierungsbildung in parlamentarischen Systemen – den bisherigen Rekord hält Belgien, wo die Koalitionsverhandlungen 2010/11 nicht weniger als 541 Tage dauerten – werden nicht als Krisen betrachtet, und dasselbe gilt für Amtsenthebungsverfahren in Präsidialsystemen, sofern die Nachfolge innerhalb eines angemessenen Zeitraums verfassungsgemäß erfolgt. Solche Krisen fanden in zehn gefestigten Demokratien statt, die dennoch weiterbestanden. Sie brachen in chronologischer Reihenfolge in folgenden Ländern aus: in Frankreich (1958), in den Vereinigten Staaten (1973-74), in Jamaika (1983), in der Dominikanischen Republik (1994), in Guyana (1997), Argentinien (2001-03), Rumänien (2007), in der Ukraine (2014), in Mauritius (2014) und Guatemala (2014/15). In den meisten Fällen wurde die Krise durch Wahlen beendet. Bemerkenswert ist, dass der institutionelle Status quo ante in allen Fällen mit Ausnahme von Frankreich, wo die Krise zu einer Verfassungsänderung führte, wiederhergestellt wurde. Doch wie Tabelle 2.3 zeigt, sind solche politischen Krisen gefährlich: fünf von fünfzehn betroffenen Demokratien überstanden die Entwicklung nicht.

Tabelle 2.3: Inzidenz politischer Krisen und Zusammenbruch der Demokratie

Krisen	überlebt	Zusammenbruch	gesamt	Inzidenz
keine	65	8	73	1/9,1
ja	10	5	15	1/3,0
gesamt	75	13	88	1/6,8

Anmerkung: Krisen wie im Text definiert. Die Einträge in den Zellen beziehen sich auf die Zahl der Länder.

Quellen: Eigene Forschung für Krisen; Boix/Miller/Rosato 2012 für die Klassifizierung der Regime

Was sind also die Unterschiede zwischen den Demokratien, die zusammenbrachen, und denen, die überlebten? Leider gibt es dazu kaum systematische Daten. Aber einige Muster sind durchaus erkennbar.

Der auffälligste Unterschied (der Wissenschaftlerinnen und Wissenschaftler, die sich mit Regimewechseln befassen, nicht überraschen wird) betrifft die Pro-Kopf-Einkommen. Es ist seit einiger Zeit bekannt, dass die Demokratie in wirtschaftlich entwickelten Ländern widerstandsfähig ist. Gemeinsam mit Fernando Limongi stellte ich Ende der Neunziger fest, dass die Überlebenschancen der Demokratie mit wachsenden Einkommen deutlich steigen und dass die Demokratie noch nie in einem Land zusammengebrochen war, dessen Pro-Kopf-Einkommen höher war als das Argentiniens im Jahr 1976 (Przeworski/Limongi 1997). Zwar kollabierte dann 2006 die Demokratie in Thailand bei einem geringfügig höheren Einkommensniveau, aber das ändert nichts am allgemeinen Muster, das, wie Tabelle 2.4 zeigt, auch auf die gefestigten Demokratien anwendbar ist. 69 gefestigte Demokratien mit einem höheren Einkommensniveau als Thailand 2006 haben zusammengerechnet seit 1957 Jahren Bestand.

Das Wirtschaftswachstum war in den gescheiterten Demokratien sehr viel geringer als in denen, die überlebten. Der Unterschied ist erheblich: In den Ländern, in denen die Demokratie zusammenbrach, war die Wirtschaft fast vollkommen zum Stillstand gekommen. Aus einer anderen Quelle, nämlich einer Studie von Angus Maddison (2011), die sich auf einen früheren Zeitraum bezieht und im Jahr 2008 endet, geht ein noch deutlicherer Unterschied hervor. Während kurzfristige Wirtschaftskrisen die Demokratie nicht bedrohen, kann ihr eine anhaltende Einkommensstagnation also möglicherweise gefährlich werden.

Die Zahl der Beobachtungen ist gering, aber es ist klar, dass die Einkommen in den Ländern, in denen die Demokratie zusammenbrach, ungleichmäßiger verteilt waren. Der Anteil der Einkommen aus abhängiger Arbeit war in den gescheiterten Demokratien niedriger. Der Gini-Koeffizient der Bruttoeinkommen (Markteinkommen vor Steuern und Abgaben) war in den gescheiterten Demokratien höher, und dasselbe galt für die Ungleichheit der Nettoeinkommen. Ein Vergleich dieser Indikatoren deutet darauf hin, dass in den Ländern, in denen die Demokratie überlebte, die Einkommen umverteilt wurden, während es in den Ländern, in denen die Demokratie scheiterte, keine Umverteilung gab.

Tabelle 2.4: Unterschiede zwischen Demokratien, die bis 2008 scheiterten, und solchen, die überlebten

	überlebten		scheiterten		Wahrscheinlichkeit[c]
	N	⌀	N	⌀	
BIP/Kopf[a]	1484	18 012	103	5770	1,00
Wachstum	1471	0,031	103	0,011	1,00
Lohnquote	1397	0,6	96	0,5	1,00
Gini Bruttoeinkommen	1148	42,6	64	44,6	1,00
Gini Nettoeinkommen	1148	33,8	64	44,6	1,00
Regime[b]	1739	0,55	124	1,18	1,00
Regierungskrisen[d]	1689	0,17	140	0,44	1,00
Aufstände	1689	0,53	140	0,73	0,89
Streiks	1689	0,13	140	0,26	0,99
Demonstrationen	1689	0,64	140	0,63	0,49

Anmerkung: Die Einträge entsprechen der Zahl der jährlichen Beobachtungen (bis 2014) und den Durchschnittswerten der einzelnen Variablen. (a) In kaufkraftbereinigten US-Dollar; (b) Regime: 0 = parlamentarisch, 1 = gemischt, 2 = präsidial; (c) Wahrscheinlichkeit, dass der Unterschied zwischen den Durchschnittswerten kein Zufall ist. Gestützt auf T-Test mit ungleichen Varianzen.

Quellen: PWT 9.0 für Einkommen, Wachstum und Lohnquote; SWIID 2014 für die Gini-Koeffizienten; Cheibub/Gandhi/Vreeland für die institutionellen Systeme; Banks/Wilson, CNTS (2017) für die gesellschaftliche Unruhe

Jenseits der Wirtschaft besteht ein auffälliger Unterschied bei der Krisenanfälligkeit verschiedener politischer Systeme: Wir unterscheiden zwischen parlamentarischen, gemischten (semipräsidentiellen) und Präsidialsystemen. Die Krisenanfälligkeit der Präsidialdemokratien ist offenkundig: Von 44 gefestigten parlamentarischen Demokratien brachen 6 zusammen, das heißt eine von 7,3; von 16 gemischten Systemen scheiterte eines; und von 26 Präsidialsystemen kollabierten

6, das heißt eines von 3,7. Die unterschiedlich hohen Anteile von Zusammenbrüchen sind nicht zwangsläufig auf das System an sich zurückzuführen: José Antonio Cheibub (2007: Kap. 6) zeigt, dass Präsidialdemokratien brüchig sind, wenn sie auf Militärdiktaturen folgen, nicht jedoch, wenn sie zivile Diktaturen ablösen. In Lateinamerika waren Präsidialsysteme in Anbetracht der dominierenden Rolle, die das Militär dort traditionell spielte, besonders anfällig für Krisen. Der Hauptunterschied zwischen parlamentarischen und Präsidialsystemen besteht darin, dass es in parlamentarischen Demokratien einen eingebauten Mechanismus für den Austausch einer Regierung gibt, die eine Krise nicht bewältigen kann und die Unterstützung der Bevölkerung verliert: ein Misstrauensvotum gegen die Regierung. In Präsidialsystemen wird der Regierungschef für einen feststehenden Zeitraum gewählt und ernennt sein Kabinett, wobei seine Macht höchstens dadurch eingeschränkt wird, dass das Parlament der Ernennung der Minister zustimmen muss. Solange der Präsident nicht gegen das Gesetz verstößt, bleibt er ungeachtet seiner Tauglichkeit im Amt, selbst wenn seine Popularitätswerte in den einstelligen Bereich fallen und er die Unterstützung des Parlaments verliert.

In den Demokratien, die schließlich scheiterten, waren überdies sehr viel häufiger Regierungskrisen zu beobachten, wobei diese Information mit Vorsicht zu betrachten ist: In der Quelle, dem Cross-National Time-Series Data Archive (Banks/Wilson 2017), wird nicht genau definiert, worin eine »schwere Regierungskrisen« besteht, und darauf hingewiesen, dass die Daten möglicherweise nicht zuverlässig sind.[1]

---

1 Im Folgenden nehme ich mehrfach auf das Ausmaß der »gesellschaftlichen Unruhe« Bezug. Gemeint ist die Summe von Aufruhr, Morden, Generalstreiks und regierungsfeindlichen Kundgebungen. Die Daten stammen aus dem von Arthur Banks begonnen und von Ken-

Dennoch zeigt ein Vergleich der Anteile der Demokratien, die unter verschiedenen institutionellen Systemen aufgrund von Regierungskrisen zusammenbrachen, dass Präsidialsysteme sehr verwundbar sind, wenn einmal eine Regierungskrise ausbricht. Tabelle 2.5 illustriert, dass die Auswirkungen solcher Krisen in parlamentarischen Systemen nicht statistisch signifikant sind, während dies in Systemen mit einem direkt gewählten Präsidenten sehr wohl der Fall ist.

Ein verwirrender Aspekt der in Tabelle 2.4 dargestellten Muster ist der Unterschied zwischen verschiedenen Formen der Mobilisierung der Bevölkerung gegen die Regierung. Auch hier ist Vorsicht gegenüber den Daten angebracht, aber es ist verblüffend, dass in gescheiterten Demokratien häufiger Generalstreiks und gewalttätige Unruhen zu beobachten waren, während die Zahl der friedlichen Proteste gegen die Regierung nicht höher war als in Demokratien, die überlebten. Massenkundgebungen allein sind also nicht unbedingt ein Hinweis auf eine Krise. In einigen Demokratien sind friedliche Demonstrationen ein Werkzeug der demokratischen Politik, ein normales Mittel, um der Regierung zu zeigen, dass bestimmte Themen einem Teil der Gesellschaft sehr am Herzen liegen, sei es, dass sich ihre Anliegen mit denen der Regierung decken oder deren Politik widersprechen. Die Neigung der Bürger, auf die Straße zu gehen, ist in verschiedenen Demokratien sehr unterschiedlich ausgeprägt: In Frankreich sind Massenkundgebungen häufig, während sie in Norwegen ausgesprochen selten sind; in Argentinien sind sie an

---

neth Wilson fortgesetzten Cross-National Time-Series Data Archive (CNTS). Diese Daten scheinen länderübergreifend und in der frühen Phase über die Zeit hinweg vergleichbar zu sein, dürften jedoch aufgrund der umfassenderen Medienberichterstattung in jüngerer Zeit und durch die unterschiedliche mediale Aufmerksamkeit für große und kleine Länder verzerrt sein.

Tabelle 2.5: Wahrscheinlichkeit eines Zusammenbruchs der Demokratie abhängig von der Zahl der Regierungskrisen und dem institutionellen System

Zahl der Krisen[a]	parlamentarisch	präsidial	gesamt
0	0,030 (1213)	0,097 (496)	0,048 (2184)
1	0,045 (157)	0,320 (37)	0,087 (242)
2	0,120 (33)	0,333 (9)	0,158 (57)
> 2	0,00 (7)	0,430 (7)	0,221 (23)
gesamt	0,034 (1410)	0,120 (549)	0,057 (2478)
Wahrscheinlichkeit[b]	0,115	0,000	0,000
Gamma	0,154	0,092	0,081

Anmerkung: Die Zelleinträge geben Aufschluss über die Wahrscheinlichkeit, dass die Demokratie bei der jeweiligen Anzahl von Krisen zusammenbrechen wird (in Klammern die Anzahl der Beobachtungen). (a) Zahl der Krisen in einem Jahr; (b) Wahrscheinlichkeit, dass der Wert darunter einen Schwellenwert übersteigt (statistische Signifikanz der Unterschiede).
Quellen: Eigene Forschung für Krisen; Cheibub/Gandhi/Vreeland 2010 für die institutionellen Systeme; Boix/Miller/Rosato 2012 für die Klassifizierung der Regime

der Tagesordnung, während sie in Costa Rica nicht üblich sind. Dieses Verhalten entspringt möglicherweise Unterschieden in der politischen Kultur. Die statistischen Muster deuten darauf hin, dass Protestkundgebungen gegen die Regierung in Demokratien schlicht ein Bestandteil des Alltagslebens sind. Es muss jedoch darauf hingewiesen werden, dass dies nur gilt, solange diese Demonstrationen nicht zu Gewalt führen.

Ein wesentlicher Faktor, mit dem wir uns bisher nicht beschäftigt haben, ist die frühere Erfahrung mit der Demokratie. Cornell, Møller und Skaaning (2017) warnen davor, Analogien zwischen dem Zusammenbruch von Demokratien in der Zwischenkriegszeit und der gegenwärtigen Situation herzustellen. Sie zeigen insbesondere, dass trotz der Turbulenzen in den Zwischenkriegsjahren keine der zwölf Demokratien zusammenbrach, die bereits vor dem Ersten Weltkrieg mindestens zehn Jahre Bestand gehabt hatten, während zwölf der fünfzehn Demokratien, die kurz vor oder nach dem Krieg entstanden, in der Zwischenkriegszeit wieder untergingen. In einer Studie habe ich gezeigt (Przeworski 2015), dass die Wahrscheinlichkeit des Zusammenbruchs einer Demokratie allgemein rasch sinkt, wenn ein Land Erfahrungen mit friedlichen Regierungswechseln infolge von Wahlen macht. Tatsächlich hatten von den dreizehn konsolidierten Demokratien, die zusammenbrachen (Tabelle 2.1), acht nur das Minimum von zwei friedlichen Machtwechseln erlebt, vier scheiterten nach drei friedlichen Machtwechseln infolge von Wahlen und lediglich eine (die chilenische) nach mehr als drei (nämlich vier).

Wenn wir all diese Muster zusammen betrachten, können wir folgende Lehren aus den Vergleichen zwischen gescheiterten Demokratien und solchen ziehen, die überlebten. Die Wirtschaft spielt eine bedeutende Rolle: Sowohl das Einkommen in dem Moment, in dem sich Demokratien konsolidieren, als auch das folgende Wirtschaftswachstum führen zu sehr unterschiedlichen Ergebnissen. Die Ungleichverteilung der Einkommen (sowohl auf der Ebene der einzelnen Haushalte als auch auf der Ebene der Einkommensarten, also vor allem zwischen Arbeit und Kapital) wirkt sich ebenfalls aus. Präsidialdemokratien brechen eher zusammen und leiden besonders unter Regierungskrisen. Schließlich können wir feststellen, dass Unruhen und Streiks zwar die Demokratie schwächen, sie jedoch dann kaum zerstören, wenn Proteste gegen die Regierung friedlich bleiben.

3
Ein paar Geschichten

Die Vergleiche, die wir oben angestellt haben, sind statisch: Sie fassen lediglich durchschnittliche Bedingungen in den Demokratien zusammen, die überlebten bzw. scheiterten. Die Geschichte ist jedoch eine Abfolge kontingenter Ereignisse und hängt nicht ausschließlich von den bestehenden Bedingungen ab: Nicht alles, was geschah, musste geschehen. Um der kontingenten Dynamik gerecht zu werden, möchte ich vier Geschichten erzählen: die des Zusammenbruchs der Demokratie in der Weimarer Republik und in Chile und die der institutionell bewältigten politischen Krisen in Frankreich und in den Vereinigten Staaten. Den deutschen Fall, in dem ein Politiker verfassungsgemäß die Macht erlangte und sie anschließend – ebenfalls verfassungsmäßig – usurpierte, berücksichtige ich, weil das Scheitern der Weimarer Demokratie häufig als warnendes Beispiel angeführt wird. Chile behandle ich, weil der Sturz Allendes *mutatis mutandis* als paradigmatischer Fall einer Machtübernahme des Militärs zur Verteidigung des Kapitalismus und für die Beendigung der Demokratie durch einen Putsch ist. In den politischen Krisen in Frankreich und in den USA gingen jeweils intensive Auseinandersetzungen über Kriegseinsätze im Ausland mit Konflikten um sehr umstrittene innenpolitische Fragen einher. In den Vereinigten Staaten drohte unter Richard Nixon die Usurpation der Macht durch den amtierenden Präsidenten, während in Frankreich Ende der fünfziger Jahre ein Militärputsch bevorzustehen schien, weshalb diese Fälle Parallelen zu Deutschland in der Weimarer Zeit beziehungsweise zu Chile unter Salvador Allende aufweisen. In beiden Ländern wurden die Krisen institutionell gelöst, wenn auch auf sehr unterschiedliche Art: In den Vereinigten Staaten überwanden die bestehenden Institutionen die Krise und blieben intakt, während die Lösung in Frankreich über einschneidende Reformen der vorhandenen Institutionen führte.

In jedem dieser vier Fälle beschreibe ich zunächst die Vorgeschichte einer bestimmten demokratischen Phase und analysiere ausgehend davon die Krise anhand des zuvor erläuterten Schemas. Ich identifiziere die Katastrophe(n), welche die Demokratie bedrohte(n), suche nach Hinweisen auf Schwächen der Demokratie und beschreibe schließlich die Resultate der Krise. Jede dieser Geschichten wurde von zahlreichen Forschern untersucht; auf den wenigen Seiten, die ich der Darstellung hier widmen kann, muss ich zahlreiche komplexe Zusammenhänge vereinfacht darstellen. Obendrein weckten diese dramatischen Entwicklungen nicht nur seinerzeit politische Leidenschaften, sondern werden auch heute noch kontrovers und manchmal parteilich diskutiert. Der einzige Zweck dieser Darstellung besteht darin herauszufinden, ob wir aus diesen Geschichten Lehren für die gegenwärtige politische Situation ziehen können; daher ist die Darstellung zwangsläufig knapp und schematisch. Es geht mir darum zu verstehen, wie die Krisen entstanden und wie sie bewältigt wurden: durch Gewaltanwendung oder durch einen Rückgriff auf die Institutionen.

3.1 Deutschland 1928–33

1. Demokratie. Die Demokratie, genauer gesagt die Republik, war eine improvisierte Reaktion auf den äußeren Druck zur Abschaffung der Monarchie und wurde von verschiedenen politischen Kräften von Anfang an als provisorische Lö-

sung betrachtet. Allerdings genoss sie die Unterstützung des Wahlvolks: Die aus SPD, katholischer Zentrumspartei und Demokratischer Partei (DDP) gebildete »Weimarer Koalition« erhielt bei der Parlamentswahl im Jahr 1919 76 Prozent der Stimmen. Aber verschiedene Sektoren der Rechten bevorzugten entweder die Monarchie oder ein autoritäres Regime und akzeptierten die republikanische Regierungsform nie. Die extreme Linke, zunächst die USPD (Unabhängige Sozialdemokratische Partei) und später die Kommunistische Partei, strebte eine sozialistische Revolution an, die sie gegebenenfalls gewaltsam herbeiführen wollte.

Bis 1930 gingen die Regierungen jedoch aus Wahlen hervor. Der erste Machtwechsel fand 1920 statt, als die SPD nach starken Verlusten aus der Regierung ausschied und der Zentrumspolitiker Constantin Fehrenbach Reichskanzler wurde. Im Jahr 1928 kehrte die SPD in die Regierung zurück und stellte mit Hermann Müller den Kanzler (obwohl die Zentrumspartei weiterhin der Regierung angehörte).

2. Bedrohungen. Die Weimarer Republik ging aus der Niederlage des Deutschen Reichs im Ersten Weltkrieg hervor. Während der gesamten Existenz der Republik spalteten die Bedingungen des Versailler Friedensvertrags von 1919 (Gebietsverluste, Verbot der Vereinigung mit Österreich, Verbot der Wiederbewaffnung und hohe Reparationen) die deutsche Gesellschaft.

Die Einkommensungleichheit war nicht sonderlich ausgeprägt: Nach Angaben von Florian Jung (2011: 31) lag der Gini-Koeffizient bei etwa 33, und eine Ableitung aus den Daten zu den Spitzeneinkommen (Atkinson/Piketty/Saez 2011) ergibt einen Wert von 36. Doch das Schicksal der Weimarer Republik wurde von zwei wirtschaftlichen Katastrophen geprägt: Die erste war die Hyperinflation von 1923, die zweite die Massenarbeitslosigkeit infolge der Weltwirtschaftskrise, die mit dem Börsenkrach von 1929 begann. Die Hyperinflation verteilte die Einkommen von den Sparern zu den Kreditnehmern um, das Durchschnittseinkommen fiel um 17,4 Prozent. Die Arbeitslosenrate stieg von etwa 3 Prozent im Jahr 1925 auf 12 Prozent Mitte des Jahres 1930 und 25 Prozent im Jahr 1932, wobei die Zahl der Erwerbstätigen von rund 20 Millionen im Jahr 1928 auf etwa 13 Millionen im ersten Quartal 1932 fiel (Dimsdale/Horsewood/van Riel 2004: Abbildung 1). Das Pro-Kopf-Einkommen sank zwischen 1928 und 1932 um insgesamt 18,9 Prozent. Beide Krisen verschärften die Auseinandersetzungen über die Wirtschaftspolitik, insbesondere über die Arbeitslosenunterstützung, und fachten den Streit über die Reparationszahlungen weiter an.

Die deutsche Gesellschaft war in ihrer Einstellung zu Demokratie und Kapitalismus zutiefst gespalten. Die nationalistische Rechte erkannte die Interpretation, der Mehrfrontenkrieg habe Deutschland überfordert, nicht an, sondern propagierte die »Dolchstoßlegende«, mit der sie die Schuld an der Niederlage den Sozialisten und anderen demokratischen Politikern zuwies; die Parteien, die sich mit den Bedingungen des Waffenstillstands und der Versailler Verträge abfanden, wurden als »Novemberverbrecher« angeprangert. Antidemokratische Vorstellungen, nicht nur jene der Nationalsozialisten, waren während des gesamten Zeitraums verbreitet (Sontheimer 1966). Die KPD schwankte bis 1928 zwischen einer revolutionären Strategie und wahltaktischen Erwägungen, schrieb sich dann jedoch in der Erwartung, die Wirtschaftskrise werde die Massen zu einer kommunistischen Revolution treiben, auf Anweisung der Komintern das Motto »Klasse gegen Klasse« auf die Fahnen (Flechtheim 1966). Angesichts der extremen Polarisierung erklärte ein

Zeitzeuge, in jenen Jahren sei überall nur »›Hoch‹ oder ›Nieder‹« zu hören gewesen (Haffner 2002: 37).

Die rasch wechselnden Regierungen waren instabil und oft unfähig, das Land in eine klare Richtung zu lenken. Aufgrund der politischen Spaltung und des institutionellen Systems – vor allem des Wahlsystems – war es fast unmöglich, Mehrheiten zu bilden, die homogen genug waren, um regierungsfähig zu sein. Das Verhältniswahlrecht ohne Sperrklausel führte dazu, dass sich der Reichstag mit zahlreichen Kleinparteien füllte. Die Wahl von 1919 wurde von der Weimarer Koalition beherrscht und brachte eine effektive Parteienanzahl von 4,1 hervor, aber im Jahr 1920 stieg diese Zahl auf 6,4.[1] Nach der ersten Wahl im Jahr 1924 waren es bereits 7,4, nach der zweiten Wahl im selben Jahr sank die Zahl auf 6,2. Dieselbe effektive Parteienanzahl wurde im Jahr 1928 erreicht. Im Jahr 1930 stieg der Wert auf 7,1, und als die Nationalsozialisten zur Mehrheitspartei wurden, lag sie nach der ersten Wahl im Jahr 1932 bei 4,3 und nach der zweiten Wahl bei 4,8. Die Zahl der konkurrierenden Parteien war verblüffend hoch: Sie stieg von 18 Parteien im Jahr 1919 auf 26 Parteien zwei Jahre später, 29 im Mai 1924 (im Dezember desselben Jahres sank sie geringfügig auf 28) und 41 im Jahr 1928. 1930 ging sie auf 37 zurück, bevor sie im Juli 1932 auf 62 stieg; im November desselben Jahres traten dann 61 Parteien bei den Wahlen an. Dennoch blieb die SPD bis 1932 die Mehrheitspartei. Die Deutschnationale Volkspartei (DNVP)

---

1 Die effektive Parteienanzahl ist ein Index, bei dem die Zahl die Parteien nach ihrem Stimm- oder Sitzanteil gewichtet wird. Er errechnet sich nach der Formel

$$N = \frac{1}{\sum_{i=1}^{n} p_i^2}$$

Wenn es drei Parteien gibt und diese 50, 40 und 10 Prozent erreichen, liegt die effektive Parteienzahl bei $1/(0{,}5^2 + 0{,}4^2 + 0{,}1^2) = 2{,}38$.

war bis 1930, als sie von der NSDAP und der KPD überflügelt wurde, stets die zweit- oder drittstärkste Kraft. Die Zentrumspartei nahm zu jedem Zeitpunkt den dritten oder vierten Rang in der Wählergunst ein. Die DDP (ab 1930 DStP) und die DVP (Deutsche Volkspartei) wurden ab 1930 ebenfalls durch den Vormarsch der Nationalsozialisten und Kommunisten geschwächt. Die Bayerische Volkspartei (BVP, der bayerische Ableger der Zentrumspartei) blieb von all diesen Veränderungen unberührt und hielt während des gesamten Zeitraums rund zwanzig Sitze im Reichstag. Zumindest bis 1930 war die Sitzverteilung also nicht unbedingt instabil. Die Regierungskoalitionen hingegen waren es. Zwischen dem 11. Februar 1919 und Hitlers Ernennung zum Reichskanzler am 30. Januar 1933 hatte die Weimarer Republik 21 Regierungen, die durchschnittlich 243 Tage Bestand hatten. Die kürzeste war die zweite Regierung Stresemann im Jahr 1923, die längste die von Hermann Müller nach der Wahl 1928 geführte Koalition.

Rainer M. Lepsius (1978: 41) ordnet die Parteien auf zwei Achsen ein: auf der ersten nach ihrer Affinität zu Kapitalismus bzw. Sozialismus, auf der zweiten nach ihrer Neigung zu Autoritarismus bzw. Demokratie. Die Affinität zur Demokratie war bei SPD und DDP besonders ausgeprägt, dicht gefolgt von Zentrum/BVP; eine mittlere Position nahmen DVP und DNVP ein, während KPD und schließlich NSDAP eine ausgeprägte Tendenz zum Autoritarismus hatten. Gemessen an der Affinität zu Sozialismus oder Kapitalismus war die Reihenfolge KPD, SPD, in der Mitte DDP, Zentrum/BVP und NSDAP, während DNVP und DVP kapitalistische Positionen bezogen. Die SPD bekannte sich klar zur Demokratie und bezog in wirtschaftlichen Fragen linke Positionen: Im Heidelberger Programm von 1925 verschrieb man sich der Vergesellschaftung der Produktionsmittel, und in der

Regierung setzte sich die Partei für die Rechte der Arbeiter und für sozialpolitische Maßnahmen ein. Zentrum und DDP vertraten in der Wirtschaftspolitik breit gefächerte Positionen. Die DDP war entschieden demokratisch, während es in der Zentrumspartei auch eine monarchistische Strömung gab. Die DVP war nationalistisch, fiskalkonservativ und nahm eine ambivalente Haltung gegenüber der Demokratie ein. Die DNVP war nationalistisch und stand in wirtschaftlichen Fragen nicht so weit rechts wie die DVP, lehnte jedoch die Republik ab und befürwortete die Monarchie. Zu beachten ist, dass Zentrum, DVP und DNVP um das Jahr 1930 nach rechts rückten. Die beiden Parteien, die nie an einer Koalitionsregierung teilnahmen, waren die KPD und die NSDAP.

Schaubild 3.1 zeigt, welche Position die Parteien in dem von den beiden Achsen aufgespannten Raum einnahmen. Wenn die Kartierung korrekt ist, bestanden die meisten Koalitionen aus ideologisch benachbarten Parteien; die Ausnahme war das Kabinett Marx IV (Januar 1927 bis Juni 1928), dem bis Januar 1928 auch die DDP angehörte. Die Mitte-links-Koalition, welche die SPD, das Zentrum und die DDP umfasste, hatte nach 1920 nie wieder die Mehrheit im Reichstag. Dasselbe galt für die Mitte-rechts-Koalition von Zentrum, DDP und DVP (zu der sich oft auch die BVP gesellte). Für Mehrheiten wurden die Parteien der Mitte-links-Koalition plus die DVP oder das Zentrum, die DDP, die DVP und die DNVP benötigt. Die erste Koalition wurde zweimal gebildet, nämlich in der ersten Stresemann-Regierung (August 1923 bis Oktober 1923) und in der zweiten Regierung Müller (Juni 1928 bis März 1930), aber in beiden Fällen wurden sich SPD und DVP in wirtschaftlichen Fragen nicht einig. Die zweite Koalition kam einmal zustande, nämlich in der ersten Regierung Luther (Januar bis Dezember 1925), aber die DNVP schied wieder aus, weil sie den Vertrag von Locarno ablehnte.

In wirtschaftlichen Fragen war die Entfernung zwischen SPD und DVP offenbar zu groß, und der Nationalismus trieb einen Keil zwischen Zentrumspartei und DNVP. In der Folge waren alle Koalitionen zu instabil, um eine ganze Legislaturperiode zu überdauern.

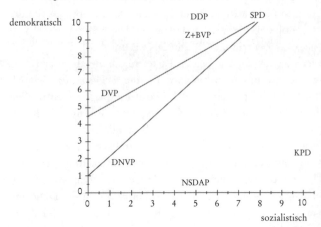

Schaubild 3.1: Ungefähre Position der Parteien auf den Achsen kapitalistisch/sozialistisch und demokratisch/autoritär

Auch intern waren die Parteien alles andere als homogen und diszipliniert. Mehrfach musste ein Kanzler bei dem Versuch, die Regierungskoalition durch einen Kompromiss zu retten, feststellen, dass ihm seine eigene Partei die Gefolgschaft verweigerte. Lepsius (1978: 44) beschreibt diese Situation sehr gut:

> Der Zusammenhalt einer Regierung wurde durch die Interaktion weniger Personen gewährleistet, die in jeder einzelnen Frage ihren Einfluss in der eigenen Partei geltend machten, um diese dazu zu bewegen, die Politik der Regierung mitzutragen. […] Die Regierung geriet

in wachsende Abhängigkeit von den Befugnissen des Reichspräsidenten und betrachtete sich als unabhängige Behörde, die das Land weiter regieren musste, indem sie angesichts der Fragmentierung des Parlaments ein unablässiges Krisenmanagement betrieb. (Vgl. auch Carr 1969: 336)

3. Anzeichen.[2] Die deutsche Demokratie ging aus der Gewalt des Ersten Weltkriegs hervor, und ihre Entstehung wurde ebenfalls von Gewalt begleitet. Von Anfang an

> legten sich einzelne Parteien bewaffnete und uniformierte Verbände zu – paramilitärische Truppen, deren Aufgabe es war, bei Parteiveranstaltungen den Saalschutz zu übernehmen, durch martialisches Auftreten auf der Straße die Öffentlichkeit zu beeindrucken und gegebenenfalls Angehörige anderer, zu anderen Parteien gehörender paramilitärischer Einheiten zu töten. Das Verhältnis zwischen Politikern und Wehrverbänden war oft spannungsgeladen, und die paramilitärischen Organisationen wahrten stets eine mehr oder minder große Unabhängigkeit. Gleichwohl stand ihre politische Ausrichtung nicht in Frage (Evans 2004: 137f.).

Politische Morde gehörten zum Alltag: 156 demokratische Politiker fielen rechtsradikalen paramilitärischen Kommandos zum Opfer. Im Jahr 1923 erreichte die politische Gewalt mit der blutigen Unterdrückung eines kommunistischen Aufstands in Hamburg, dem gescheiterten »Hitlerputsch« in München und bewaffneten Zusammenstößen im Rheinland, wo von Frankreich unterstützte Separatisten rebellierten, einen Höhepunkt. Nachdem die Jahre 1924 bis 1928 relativ geordnet und friedlich verliefen, wurde der soziale Frieden durch die Weltwirtschaftskrise von 1929/30 und das anschließende Vordringen der paramilitärischen Kampforganisation der NSDAP in den öffentlichen Raum erneut erschüttert. »Am Jahresende 1931«, erklärt William Carr (1969: 351), »verlagerte sich das politische Leben Deutschlands rasch vom Reichs-

---

2 Dieser Teilabschnitt orientiert sich an Schumann 2001.

tag und von der Reichskanzlei auf die Straßen.« Richard Evans schreibt:

> 1930 erhöhten sich die Zahlen wieder stark. Die Nationalsozialisten meldeten in diesem Jahr 17 Tote, 1931 waren es 42 und 1932 sogar 84. 1932 behaupteten die Nationalsozialisten außerdem, daß fast 10000 einfache Mitglieder bei Zusammenstößen mit dem politischen Gegner verletzt worden seien. Die Kommunisten meldeten 1930 nicht weniger als 44 Tote aus Kämpfen mit den Nationalsozialisten, 1931 waren es 51 und im ersten Halbjahr 1932 allein schon 75 Tote. Daneben starben zwischen 1929 und 1932 über 50 Reichsbanner-Leute bei Straßenschlachten mit den Nationalsozialisten. Nach amtlichen Quellen gab es in Preußen 1931 bei politischen Zusammenstößen 56 und in den ersten drei Monaten des Jahres 1932 31 Tote, eine Zahl, die bis zum Frühsommer noch einmal stark anstieg, so daß Ende August seit Jahresbeginn 155 Menschen bei solchen Zusammenstößen umgekommen waren – 86 allein im Juli. (Evans 2004: 369)

Schaubild 3.2 bietet einen Überblick über diese Ereignisse. Es gibt Aufschluss über die Häufigkeit von »gesellschaftlicher Unruhe«, also die Summe von Ausschreitungen, politischen Morden, Generalstreiks und regierungsfeindlichen Kundgebungen in den einzelnen Jahren.

Die Unterstützung für die traditionellen Parteien, das heißt für die vier stimmenstärksten Formationen im Jahr 1919, sank im Lauf der Zeit deutlich: Hatten diese vier Parteien bei der Wahl im Jahr 1919 noch 87,3 Prozent der Stimmen erhalten, so sank ihr Anteil auf 68,3 Prozent bei der ersten Wahl im Jahr 1924, auf 62,3 Prozent im Jahr 1928, auf 50,2 Prozent im Jahr 1930 und auf 44,2 in der ersten Wahl im Jahr 1932. Die Wahlbeteiligung ging von 83 Prozent im Jahr 1919 auf 75,6 Prozent im Jahr 1928 zurück. Carr bemerkt, dass das Interesse an der Parteipolitik sank: »Die Parteipolitik – ›das System‹, wie sie immer öfter genannt wurde – geriet offenkundig in Misskredit.« (Carr 1969: 337) Doch die Verschärfung der Konflikte infolge der Wirtschaftskrise führte dazu,

Schaubild 3.2: Ausmaß der gesellschaftlichen Unruhe in Deutschland 1919-33

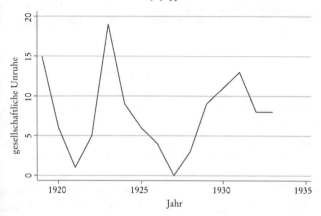

dass die Wahlbeteiligung im Jahr 1930 auf 82 Prozent zunahm, weil es den Nationalsozialisten gelang, zahlreiche Nichtwähler zu mobilisieren. Die Zahl der Wähler stieg von 31,2 Millionen im Jahr 1928 auf 35,2 Millionen im Jahr 1930, während die Stimmenzahl der NSDAP von 810 000 sprunghaft auf 6,38 Millionen kletterte. Nach Aussage von King et al. (2008) wurde die NSDAP vor allem von kleinen Selbstständigen unterstützt, während sich Arbeitslose in erster Linie den Kommunisten zuwandten.

Die extreme Instabilität des wirtschaftlichen, kulturellen und politischen Lebens in der Weimarer Republik weckte bei vielen Menschen die Neigung zu verschiedensten Wahnvorstellungen, sei es der Glaube, Kranke könnten mit Hüttenkäse geheilt werden, oder die Überzeugung, aus unedlen Metallen könne man Gold gewinnen. Ein Augenzeuge berichtete:

> Der Schock der deutschen Niederlage, die Inflation, der Aufstieg der neuen Reichen nach der Stabilisierung, der Zustrom ausländischen Geldes und die rastlose Untergrundaktivität gegen die »inneren und äußeren Feinde« hatten eine irreale Atmosphäre erzeugt, in der sich Erweckungsprediger, Quacksalber und Hochstapler entfalten konnten. (Delmer 1972: 95)

Bis 1930 war Hitler nur einer von vielen.

4. Ergebnis. Das Endergebnis ist bekannt, weshalb wir nicht ins Detail gehen müssen. Zwei Aspekte von Hitlers Aufstieg zur Macht und des folgenden Zusammenbruchs der Demokratie sollten jedoch hervorgehoben werden. Erstens kam Hitler legal an die Macht, wobei er von einer »autoritären Lücke in der Weimarer Verfassung« (Bracher 1966: 119) profitierte: Artikel 48 gab dem Reichspräsidenten die Befugnis, mittels Notverordnungen zu regieren. Dieses Vorrecht nahm Präsident Hindenburg Ende März 1930 in Anspruch, als sich der Reichstag nicht auf Maßnahmen gegen die Wirtschaftskrise einigen konnte und die vom Sozialdemokraten Müller geführte Regierung zurücktrat. Hindenburg ernannte Heinrich Brüning zum Reichskanzler und stellte klar, dass die neue Regierung auf Notverordnungen zurückgreifen könne. Als es Brüning im Juli 1930 nicht gelang, eine Mehrheit der Parteien im Reichstag hinter sich zu bringen, setzte er den Staatshaushalt per Notverordnung durch. Von da an hatte keine Regierung – weder die Brünings noch die von Papens oder Schleichers – eine Mehrheit im Reichstag, der seinen Daseinsgrund verlor und kaum noch zusammentrat. Evans hält fest:

> Zwischen 1920 und 1930 tagte der Reichstag durchschnittlich an hundert Tagen des Jahres. Zwischen Oktober 1930 und März 1931 gab es fünfzig Sitzungstage, bis zu den Wahlen im Juli 1932 trat er nur noch an 24 Tagen zusammen, in den sechs Monaten zwischen Ende Juli 1932 und Anfang Februar 1933 nur noch an drei Tagen. (Evans 2004: 376)

Am 30. Januar 1933 wurde Hitler zum Reichskanzler ernannt und genoss dieselben Machtbefugnisse wie seine drei Amtsvorgänger. Am 23. März 1933 erlangte er diktatorische Macht, als der Reichstag mit der von der Verfassung vorgeschriebenen Zweidrittelmehrheit das »Gesetz zur Behebung der Not von Volk und Reich« (das »Ermächtigungsgesetz«) verabschiedete, mit dem er die Regierung ermächtigte, von der Verfassung abweichende Verordnungen und Gesetze zu erlassen. Obwohl die kommunistischen Abgeordneten nicht an der Sitzung teilnehmen durften und einige Sozialdemokraten dem Plenarsaal aus Furcht fernblieben, bangte Hitler um die erforderliche Zweidrittelmehrheit. Er erhielt sie jedoch, weil die Zentrumspartei für das Ermächtigungsgesetz stimmte (Ermakoff 2008). Unter strikt rechtlichen Gesichtspunkten war der Todesstoß, der die Weimarer Republik beendete, also von der Verfassung gedeckt.

Der zweite wichtige Aspekt dieser Vorgänge ist, dass niemand – weder die Politiker, die Hitlers Eintritt in die Regierung ermöglichten, noch seine Gegner und anscheinend nicht einmal Hitler selbst – erwartete, dass er die Macht monopolisieren und festigen würde. Der Erfolg bei der Wahl 1930 galt zunächst weithin als Intermezzo, und die Stimmenverluste der Partei bei der zweiten Wahl im Jahr 1932 wurden als Hinweis darauf gedeutet, dass die braune Flut abebbte. Nach einer Niederlage der NSDAP bei zwei Kommunalwahlen Ende 1932 verkündete eine einflussreiche liberale Zeitung, der »gewaltige nationalsozialistische Angriff auf den demokratischen Staat« sei abgewehrt (*Frankfurter Zeitung*, zitiert nach Turner 1985: 313). Obendrein war den Nationalsozialisten in der zweiten Jahreshälfte 1932 das Geld ausgegangen, und Hitler schätzte seine Chance auf das Kanzleramt gering ein. Als sich Schleicher im Jahr 1932 entschloss, Brüning zu schwächen und eine Verständigung mit Hitler zu suchen, nahm er an, die NSDAP sei »eine gesund nationalistische Bewegung, die er zähmen und durch geschickte politische Manipulation ausnutzen« könne (Carr 1969: 352). Selbst als Hitler Reichskanzler wurde, herrschte Sefton Delmer zufolge die Einschätzung vor, Hitler sei zwar Kanzler, jedoch »ein Kanzler in Handschellen. Er ist der Gefangene von Papens, Hugenbergs und Hindenburgs.« (Delmer 1972: 117) Von Papen erklärte angeblich: »In zwei Monaten haben wir Hitler in die Ecke gedrückt, dass er quietscht!« (Zit. n. von Kleist-Schmenzin 1959: 92)

Diese beiden Merkmale der Entwicklung in Deutschland sind hilfreich für das Verständnis von Krisen der Demokratie im Allgemeinen. Sie zeigen, dass das spezifische institutionelle Design bedeutsam ist: Erstens erschwerte das Verhältniswahlrecht im repräsentativen System die Bildung durchsetzungsfähiger Regierungen, und die in der Verfassung verankerten Sonderbefugnisse für Notsituationen erleichterten das Abgleiten in den Autoritarismus. Zweitens war das Endergebnis der Entwicklungen nicht vorherbestimmt, ja es wurde nicht einmal von den Personen vorhergesehen, die es schließlich herbeiführten. Die Kontingenz und die mit ihr einhergehende Ungewissheit sind inhärente Bestandteile komplexer Konflikte.

3.2 Chile 1970-73

1. Demokratie. Die demokratische Phase, die 1973 endete, hatte im Jahr 1938 mit dem Wahlsieg von Pedro Aguirre Cerda von der Radikalen Partei begonnen. Präsident Gabriel González Videla verbot im Jahr 1946 die Kommunistische Partei, aber dieses Verbot wurde sechs Jahre später von seinem Nachfolger Carlos Ibáñez del Campo wieder aufgeho-

ben. Die Partei, die den Präsidenten stellte, wechselte in den Jahren 1952, 1958 und 1964. Im Jahr 1958 erhielt der Wahlsieger Jorge Alessandri nur 31,6 Prozent der Stimmen, doch der unterlegene Gegenkandidat Salvador Allende erkannte seine Niederlage trotzdem an. Die Bereitschaft, Wahlergebnisse zu respektieren, war in Chile also durchaus gut verankert.

2. Bedrohungen. Mitte der sechziger Jahre war die chilenische Gesellschaft wirtschaftlich tief gespalten, und die Anhänger von Kapitalismus und Sozialismus verfochten ihre ideologischen Überzeugungen leidenschaftlich. Die politische Polarisierung entlang der Klassengrenzen war ausprägt. Im Jahr 1958 wählten 93 Prozent der »Reichen« den konservativen Kandidaten Alessandri, während 73 Prozent der Arbeiter ihre Stimme dem Sozialisten Allende gaben (Prothro/Chaparro 1976: 73). Navia und Osorno (2017) verweisen jedoch auf die Bedeutung einer von der Klassenposition unabhängigen ideologischen Spaltung. Die Rolle entsprechender Ideologien haben Prothro und Chaparro dokumentiert, die berichten, dass bei der Wahl von 1964 59 Prozent der befragten Wähler rein ideologische Gründe für die Unterstützung oder Ablehnung Allendes nannten, und dasselbe galt für 45 Prozent der Anhänger des Wahlsiegers Eduardo Frei (Prothro/Chaparro 1976: 87). Die Belege sind lediglich anekdotisch, aber diese ideologische Spaltung war tief in der Gesellschaft verwurzelt: In Santiago de Chile machten Gerüchte über gutbürgerliche Väter die Runde, die ihre Töchter nicht nur wegen einer unehelichen Schwangerschaft, sondern auch dafür verstießen, dass sie die Regierung Allende unterstützten.

Die Einkommensungleichheit war in Chile traditionell sehr ausgeprägt. Nach Angabe des World Institute for Development Economics Research (UNU-WIDER 2014) lag der Gini-Koeffizient der Markteinkommen im Jahr 1964 bei 46,2 und stieg bis 1968 auf 50,3 (laut SWIID 50,5), für diese Zeit ein außergewöhnlich hoher Wert. Der Anteil der Erwerbseinkommen war mit nur 45 Prozent ausgesprochen niedrig (PWT 9.0). Nach Angaben von Karen Lambrecht (2011) erzielten die Personen im obersten Dezil der Verteilung 40,23 Prozent des Gesamteinkommens, während die Angehörigen des untersten Dezils lediglich auf einen Anteil von 1,45 Prozent kamen. Die oberen 50 Prozent der Einkommensbezieher hatten einen Anteil von 83 Prozent am Nationaleinkommen, während auf die untere Hälfte nur 17 Prozent entfielen. Eine Aufschlüsselung nach Sektoren zeigt, dass sich in der unteren Hälfte der Einkommensempfänger 80,4 Prozent der in der Landwirtschaft Beschäftigten, 41,7 Prozent der in der Industrie Beschäftigten und 40,9 Prozent der im Dienstleistungsbereich Beschäftigten befanden. 72 Prozent der Industriearbeiter verdienten weniger als das Medianeinkommen, während 89 Prozent der Angestellten mehr als das Medianeinkommen bezogen; die Selbstständigen befanden sich jeweils zur Hälfte auf der einen oder anderen Seite des Medianwerts. Zusätzlich zur Kluft zwischen Stadt und Land gab es große Unterschiede zwischen den Sektoren: Die Arbeiter in den Kupferminen und in der Industrie verdienten sehr viel besser als die wirtschaftlich marginalisierten Bewohner der neu entstandenen Armutsviertel in Santiago de Chile, die aufgrund ihres rasanten Wachstums im Volksmund nur *callampas* (»Pilze«) hießen. Der Grund für diese ausgeprägte Ungleichheit war die hohe Konzentration der chilenischen Wirtschaft – in der Industrie wie auch im Finanzsektor und in der Landwirtschaft. Im Jahr 1966 besaßen 144 Firmen mehr als 50 Prozent des industriellen Anlagevermögens; drei Banken hielten 44,5 Prozent aller Einlagen und erzielten 55,1 Prozent der Gewinne, und 9,7 Prozent der Grundeigentümer besaßen 86 Prozent des Ackerlandes.

Die Regierungskrise, die schließlich zu einer unüberwindlichen Pattsituation zwischen Präsident und Kongress führte, entwickelte sich schrittweise. Bei der Präsidentenwahl am 4. September 1970 stellte sich die gesamte Linke hinter Salvador Allende, die Rechte wurde von Jorge Alessandri (Partido Nacional, PN) vertreten, und für die Christdemokraten (PDC) ging der linksgerichtete Kandidat Radomiro Tomic ins Rennen. Der Wahlausgang war knapp: Allende erhielt 36 Prozent der Stimmen, Alessandri 35 und Tomic 28 Prozent. Da keiner der Kandidaten die absolute Mehrheit erreicht hatte, musste der Kongress entscheiden. Um Allende aufzuhalten, bemühte sich die Umgebung von Alessandri um eine Vereinbarung mit den Christdemokraten, denen für den Fall ihrer Unterstützung versprochen wurde, Alessandri werde unverzüglich zurücktreten, so dass sich der scheidende christdemokratische Präsident, Eduardo Frei, der bei einer Neuwahl wieder hätte antreten dürfen, eine weitere Amtszeit sichern könne. Frei lehnte das Angebot jedoch ab. Alessandri selbst rief die Mitglieder des Partido Nacional, der seine Kandidatur unterstützt hatte, dazu auf, für Allende zu stimmen, aber das Exekutivkomitee des PN widersetzte sich, und Alessandri erhielt in der Abstimmung im Kongress 35 Stimmen. Am 24. Oktober wurde Allende mit den Stimmen der 78 Mitglieder seiner Koalition Unidad Popular (UP) sowie von 74 Christdemokraten vom Kongress gewählt, und am 3. November trat er das Präsidentenamt an.

Allende hatte seinen knappen Sieg als Kandidat eines Bündnisses von sieben Parteien errungen. Der Unidad Popular gehörten die von der Radikalen Partei vertretene gemäßigte Linke (der Partido Radical spaltete sich im Juni 1971), die Kommunistische Partei, die ein weitreichendes revolutionäres Programm verfolgte, jedoch diszipliniert war und sich aus taktischen Gründen zurückhielt (Corvalan 2003), Allendes Sozialistische Partei und kleine Gruppierungen an, die sich in erster Linie aus Intellektuellen zusammensetzten (zu den Gegensätzen innerhalb der Linken siehe Yocelevzky 2002: Kap. 2). Der Movimiento de Izquierda Revolucionaria (MIR), eine linksradikale außerparlamentarische Gruppe, die ihre Wurzeln in den Elendsvierteln von Santiago hatte, schloss sich der Koalition nicht an. Allendes Kabinett gehörten ursprünglich vier Sozialisten, drei Kommunisten, drei Radikale, zwei Sozialdemokraten, zwei Vertreter kleinerer Parteien und ein Unabhängiger an, der das Wirtschaftsressort übernahm.

Der neue Präsident erbte eine im Jahr 1969 gewählte Abgeordnetenkammer, in der die Christdemokraten 56, der Partido Nacional 33, die Radikalen 24, die Kommunisten 22 und die Sozialisten 15 der insgesamt 150 Sitze hielten. Die Sitzverteilung im Senat war ähnlich. Die Regierungspartei war also in beiden Kammern des Kongresses in der Minderheit und auf die Kooperation der Christdemokraten angewiesen.

Um seine Vorhaben durchsetzen zu können, musste Allende einen Kompromiss mit den Christdemokraten finden, der auch für die Mitglieder seiner Regierungskoalition akzeptabel war. Es gelang ihm nicht. Allende hatte nicht einmal seine eigene Partei unter Kontrolle: Er war mit 13 Ja-Stimmen und 14 Enthaltungen zum Präsidentschaftskandidaten gekürt worden. Als Carlos Altamirano im Januar 1971 Aniceto Rodriguez als Generalsekretär der Sozialisten ablöste, vollzog die zutiefst gespaltene Partei einen radikalen Kurswechsel und wandte sich einer Strategie des Aufstands zu. Altamirano äußerte sich geringschätzig über die Möglichkeit eines »friedlichen Wegs zum Sozialismus«, weil er überzeugt war, die Bourgeoisie werde ihre Position mit Gewalt verteidigen, weshalb der Sozialismus nur durch einen bewaffneten Aufstand der Arbeiterklasse verwirklicht werden könne (Beschluss des Partido Socialista, Serena, Januar 1971; vgl. auch Altamirano 1979: 19).

Neben Umverteilungsmaßnahmen, mit denen die Wirtschaft kurzfristig angekurbelt werden sollte, beinhaltete das Programm der Unidad Popular die Verteilung von Land an die Bauern und die vollständige Verstaatlichung der Kupferförderung, zwei bereits von der Vorgängerregierung in Angriff genommene Maßnahmen, sowie die Verstaatlichung des Salpeterabbaus, des Bankensektors und einiger großer Industrieunternehmen (siehe ODEPLAN 1971). Die Bodenreform war bereits durch ein 1969 unter Eduardo Frei verabschiedetes Gesetz ermöglicht worden. Die Verstaatlichung der Kupferindustrie wurde vom Kongress einstimmig beschlossen, während die übrigen Rohstoffsektoren und die Banken schrittweise vom Staat aufgekauft wurden; die US-amerikanischen und chilenischen Eigentümer widersetzten sich, aber für diese Übernahmen mussten keine Gesetze verabschiedet werden. Für die Verstaatlichung von Industrieunternehmen bedurfte es hingegen einer gesetzlichen Grundlage. Zu beachten ist, dass die Regierung das Verstaatlichungsprogramm als begrenzt und instrumentell beschrieb, während einige Mitglieder der UP-Koalition darin einen Selbstzweck sahen. Wirtschaftsminister Pedro Vukovic erklärte, in Anbetracht der oligopolistischen Struktur der chilenischen Wirtschaft und der endemisch hohen Inflation müsse der Staat in jedem unverzichtbaren Sektor ein oder zwei große Konzerne übernehmen und die Preispolitik dieser Firmen als Instrument zur Kontrolle der Inflation einsetzen.

Die Regierung handelte eine auf vagen Kriterien beruhende Einigung mit den Christdemokraten über den Umgang mit Unternehmen in »für das Wirtschaftsleben des Landes unverzichtbaren« Bereichen aus. Je nachdem, ob sie dieses unbestimmte Kriterium erfüllten, sollten die Unternehmen verstaatlicht, in eine gemischte Eigentumsform überführt werden oder privat bleiben. Am 12. Oktober 1971 brachte die Regierung eine Gesetzesvorlage zur Umsetzung dieser Einigung ein, die Ley de las Areas. Doch kurz vor der Abstimmung im Kongress kam es zur Spaltung der Christdemokratischen Partei, was zur Folge hatte, dass sie von der ursprünglichen Vereinbarung Abstand nahm und die Gesetzesvorlage durch eine ersetzte, die es dem Kongress erlaubte, über jedes Verstaatlichungsvorhaben einzeln zu entscheiden. Die Regierung hatte ursprünglich 243 Unternehmen verstaatlichen wollen und diese Zahl später auf 91 verringert; der Kongress konnte Schätzungen zufolge höchstens acht Verstaatlichungsvorhaben pro Jahr bewältigen (Martner 1988). Dieses Gesetz wurde am 19. Februar 1972 von beiden Kammern des Kongresses verabschiedet. Es beinhaltete die Annullierung von 520 Enteignungen, die seit dem 14. Oktober 1971 durchgesetzt worden waren. Nach einer von der Linken organisierten Massenkundgebung gegen diese Version der Reform legte Allende am 11. April 1972 sein Veto dagegen ein, und am folgenden Tag demonstrierte die Opposition unter der Führung von Senatspräsident Patricio Aylwin gegen das präsidiale Veto. Das Ergebnis war eine rechtliche Pattsituation. Unter dem Druck mehrerer Mitglieder der UP und von Teilen der Arbeiterschaft griff Allende auf ein kaum bekanntes und bis dahin nie angewandtes Dekret aus dem Jahr 1932 zurück, das es dem Staat erlaubte, Unternehmen zu beschlagnahmen, die »durch Arbeitskonflikte gelähmt« wurden. Es erübrigt sich zu sagen, dass die Arbeiter in zahlreichen Unternehmen, darunter auch kleine Familienbetriebe, nur allzu gerne bereit waren, diese Firmen lahmzulegen und eine staatliche Intervention zu provozieren. Das auf diese Art heraufbeschworene Chaos erwies sich rasch als unbeherrschbar. Im Oktober 1972 wurden mehrere Fabriken in Santiago de

Chile von Arbeitern besetzt. Die formalen wirtschaftlichen und staatlichen Organisationen wurden durch spontane Formen der Selbstverwaltung ersetzt, die *cordones industriales* und die *comandos comunales* (für Einzelheiten siehe de Vylder 1974: Kap. 6).

Als das Scheitern der Ley de las Areas feststand, war die Lähmung von Exekutive und Legislative vollständig. Meines Wissens stimmte der Kongress von diesem Zeitpunkt an keinem einzigen wichtigen Gesetzgebungsvorhaben der Regierung mehr zu; der Präsident seinerseits legte sein Veto gegen alle vom Kongress verabschiedeten wichtigen Gesetze ein. In einer chilenischen Tradition, die auf das frühe 20. Jahrhundert zurückging, beschuldigte der Kongress den Präsidenten des Verfassungsbruchs und berief mehrere Minister ab, worauf Allende reagierte, indem er ihre Ressorts neu definierte und sie im Amt hielt. Am 1. September 1972 forderte Senator Juan Hamilton (PDC) den Präsidenten zum Rücktritt auf, und es wurden Rufe nach einem Amtsenthebungsverfahren laut. Dafür war jedoch eine Zweidrittelmehrheit notwendig, welche die Opposition bei den Parlamentswahlen im März 1973 verfehlte. Zu jener Zeit genoss Allende laut einer Umfrage in der Hauptstadt immer noch die Unterstützung von 49,7 Prozent der Wähler (Navia/Osorio 2017).

Die endgültige konstitutionelle Lähmung trat Ende 1972 ein. Am 23. Oktober 1972 verabschiedete der Kongress ein Gesetz, mit dem die Streitkräfte ermächtigt wurden, Orte zu durchsuchen, an denen man Waffen- oder Sprengstofflager vermutete; die Opposition behauptete, verschiedene regierungsfreundliche Organisationen legten heimlich Waffenvorräte an. Der Präsident seinerseits berief sich auf eine Rechtsvorschrift, die besagte, dass die Streitkräfte ohne seine ausdrückliche Erlaubnis keinen Zutritt zu öffentlichen Gebäuden hatten. Bis zu diesem Zeitpunkt standen die meisten Mitglieder der Armeeführung auf dem Standpunkt, die Streitkräfte müssten politisch neutral bleiben, solange die Regierung nicht gegen die Verfassung verstieß. Doch dieser Konflikt machte das Kriterium der Verfassungsmäßigkeit bedeutungslos. Am 22. August 1973 erklärte der Kongress, die Regierung verstoße gegen die Verfassung und habe ihre Legitimität verwirkt. Am Tag darauf löste Augusto Pinochet General Carlos Prats als Chef der Streitkräfte ab, womit der Weg frei war für den Militärputsch am 11. September.

3. Anzeichen.[3] Unmittelbar nach Allendes Amtsantritt startete die Rechte mit Unterstützung der Vereinigten Staaten eine »Kampagne der Angst« und beschwor das Schreckgespenst der sowjetischen Dominanz herauf. Um politische Instabilität zu erzeugen, versuchte eine Gruppe von Offizieren am 22. Oktober 1970, den Chef der Streitkräfte, General René Schneider, zu entführen, doch Schneider wurde bei der Kommandoaktion schwer verletzt und starb drei Tage später.

Die Konflikte auf dem Land und die Streiks in der Industrie nahmen sofort nach der Wahl zu. Hatte es im Jahr 1969, dem letzten Jahr der Regierung Frei, 1127 Streiks auf dem Land und 148 Besetzungen von Latifundien durch Bauern (*tomas de fundo*) gegeben, so wurden im Jahr darauf bereits 1580 Streiks und 456 Besetzungen gezählt; fast die Hälfte dieser Besetzungen, nämlich 192, fanden in den letzten drei Monaten des Jahres statt (Landsberger/McDaniel 1976). In einer anderen Quelle (Martner 1988) ist von 1758 Streiks auf dem Land im Jahr 1971 die Rede, und die Zahl der Beset-

---

3 Die Chronologie der in diesem Unterabschnitt beschriebenen Ereignisse beruht im Wesentlichen auf González Pino/Fontaine Talavera 1997.

zungen stieg demnach von 450 im Jahr 1970 auf nicht weniger als 1278 im folgenden Jahr. Sowohl der Präsident als auch der Agrarminister sprachen sich öffentlich gegen illegale Landbesetzungen aus, konnten die Bauern jedoch nicht unter Kontrolle bringen. Die Grundbesitzer schlossen sich zusammen, beschafften sich in einigen Fällen Waffen im Ausland und organisierten die gewaltsame Rückeroberung ihres Landes. Sie richteten *tribunales agrarios* ein, eine Art von Paralleljustiz, die ihre Interessen durchsetzte. Grundbesitzer, die in der Vergangenheit rechtmäßig enteignetes Land hatten abtreten müssen, schlossen sich dem Widerstand an.

Im Jahr 1969 wurden in Industrie und Bergbau 977 Streiks gezählt, an denen sich 275 000 Arbeiter beteiligten; im Jahr 1971, dem ersten vollständigen Regierungsjahr Allendes, nahmen 302 000 Arbeiter an 2709 Streiks teil, und im Jahr darauf kam es zu 3289 Streiks, an denen sich 397 000 Arbeiter beteiligten. Wie das Verhältnis von Streiks zu Teilnehmern zeigt, waren auch kleine Betriebe von diesen Streiks betroffen.

Die Rechte ging erstmals am 1. Dezember 1971 auf die Straße, als weibliche Angehörige der Mittel- und Oberschicht durch die Straßen der Hauptstadt zogen und mit leeren Töpfen lärmten (die entsprechende Protestform ist in Lateinamerika als *cacerolazo* bekannt und soll darauf hinweisen, dass die Töpfe, *cacerolas*, leer sind). Den Begleitschutz übernahmen Angehörige der faschistischen Gruppe Patria y Libertad. Die Frauen wurden von linken Gegendemonstranten mit Steinen beworfen. Zehn Monate später, im Oktober 1972, wurde das Land durch einen Streik von Speditionsunternehmern, Aussperrungen in zahlreichen Fabriken und Arbeitsniederlegungen von Freiberuflern wie beispielsweise Anwälten lahmgelegt. Um die gesellschaftliche Unruhe unter Kontrolle zu bringen, verhängte die Regierung Allende den Notstand, und im November trat das Militär erstmals in die Regierung ein, als General Prats zum Innenminister ernannt wurde. Im August 1973 traten die Lkw-Eigentümer erneut in Streik.

Die Gewalt war erstmals im Jahr 1970 eskaliert, nachdem am 2. Dezember zwei linksradikale Studenten in Concepción Schussverletzungen erlitten hatten. Am 8. Juni 1971 wurde der ehemalige Innenminister Edmundo Pérez Zujovic (PDC) durch eine wenig bekannte linksradikale Gruppe namens Vanguardia Organizada del Pueblo (Organisierte Avantgarde des Volkes, VOP) ermordet. Wenige Tage später starb der mutmaßliche Täter in einem fünfstündigen Feuergefecht mit der Polizei, sein Bruder beging Selbstmord. Am 9. Juni wurde bei einer Landbesetzung ein Bauer getötet. Am 28. Oktober 1971 berichtete die Zeitung *El Mercurio* über sieben bewaffnete Auseinandersetzungen im Zuge von Landkonflikten in Temuco, bei denen vier Menschen getötet und neunzehn verletzt wurden. Ein weiterer Konflikt über Grundbesitz kostete am 22. November 1971 ein Menschenleben, drei Personen wurden verletzt. Am 20. Mai 1972 erreichte die Gewalt die Hauptstadt, als die Polizei ein Mitglied des Movimiento de Izquierda Revolucionaria tötete. Bei einer gewalttätigen Auseinandersetzung zwischen Polizeieinheiten und Bewohnern eines Elendsviertels von Santiago am 5. August 1972 waren ein Todesopfer und mehrere Verletzte zu beklagen. Am 26. April 1973 löste der Streit über ein neues Bildungsgesetz Straßenschlachten aus, bei denen mehrere Menschen verletzt wurden. Mitte Juni 1973 waren Schießereien, Explosionen und Brände an der Tagesordnung: Supermärkte wurden geplündert, rechtsradikale paramilitärische Gruppen schossen aus Autos auf politische Gegner und legten Bomben in mehreren lokalen Zentralen der Regierungsparteien, Arbeiter des Bergwerks El Teniente marschierten hinter einem mit Dynamit beladenen Traktor nach

Santiago (Bitar/Pizarro 1989). Am 27. Juli 1973 wurde Allendes Militärberater Arturo Araya von Angehörigen von Patria y Libertad ermordet. Die Regierung bemühte sich um eine weitreichende Übereinkunft mit der Opposition, und die katholische Kirche versuchte zu vermitteln, aber es gelang nicht, die Spirale der Gewalt zu durchbrechen.

Schaubild 3.3: Ausmaß der gesellschaftlichen Unruhe in Chile 1938-73

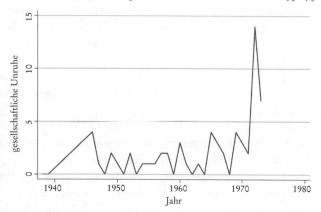

Quelle: Banks/Wilson, CNTS (2017)

Schaubild 3.3 zeigt den steilen Anstieg der gesellschaftlichen Unruhe im Jahr 1972. Diese dramatischen Ereignisse hatten jedoch keine Auswirkungen auf die Verteilung der politischen Einstellungen der Bürger. Im Jahr 1972 erklärten in Umfragen 99 Prozent der Bezieher höherer Einkommen, Dinge des täglichen Bedarfs seien »schwer zu finden«, während 75 Prozent der Angehörigen der unteren Einkommensgruppen erklärten, dies sei »einfach«. Von Prothro und Chaparro zitierte Umfragen zeigen, dass sich Angehörige der Ober- und der Unterschicht darin einig waren, dass in Chile »ein

Klima der Gewalt« herrschte; aber nur 7 Prozent der Befragten mit höheren Einkommen schrieben die Missstände ausschließlich der Opposition zu, während dies 35 Prozent der Befragten mit niedrigeren Einkommen taten (Prothro/Chaparro 1976: 102ff.). Die Stimmenanteile der fünf größten Parteien bei der Kongresswahl im März 1973 blieben gegenüber der Wahl 1969 beinahe unverändert; lediglich die Sozialisten erzielten Zugewinne. Die Wahlbeteiligung war im Jahr 1973 höher als im Jahr 1969, während die Zahl der Wahlberechtigten um etwa 40 Prozent zugenommen hatte, nachdem man das Wahlalter von 21 auf 18 Jahre gesenkt und das Wahlrecht auch auf Analphabeten ausgedehnt hatte. Es gab also keinerlei Hinweise auf Unzufriedenheit mit der Parteipolitik oder auf einen schwindenden Rückhalt für die traditionellen Parteien.

Die bedrohlichsten Signale gingen vom Militär aus. Zwar stand die Militärführung offiziell auf dem Standpunkt, die Streitkräfte würden sich aus der Politik heraushalten, solange die Regierung nicht gegen die Verfassung verstieß, aber zahlreiche Offiziere konnten es kaum erwarten, die Regierung gewaltsam abzusetzen. General Roberto Viaux, der im Oktober 1970 die Operation gegen General Schneider angeordnet hatte, hatte bereits unter Präsident Frei im Jahr 1969 eine Meuterei angezettelt, um eine bessere Bezahlung der Angehörigen der Streitkräfte durchzusetzen. Ein rangniedrigerer Offizier, Oberst Roberto Souper, leitete im Juni 1973 einen Putschversuch, der jedoch scheiterte. Im gesamten Zeitraum wurde in der chilenischen Hauptstadt über kein Thema so intensiv diskutiert wie über die Wahrscheinlichkeit eines Putsches durch bestimmte Kreise des Militärs. Nachdem es die Rechte nicht geschafft hatte, sich bei der Wahl im März 1973 die für ein Amtsenthebungsverfahren gegen Allende erforderliche Zweidrittelmehrheit im Kongress zu sichern, wurde klar, dass die mittlerweile vom späteren demokratischen Präsidenten Patricio Aylwin geführten Christdemokraten einen Putsch begrüßen würden. Im Juli 1973 lautete die einzige Frage, welche Form dieser Staatsstreich annehmen würde. Es gab die Befürchtung, es könne ein Bürgerkrieg ausbrechen, sollte eine im Süden Chiles stationierte Marineeinheit den Anfang machen. Aber die meisten Chilenen rechneten mit einem *golpe blando*, einem »weichen Putsch«, bei dem die Militärführung Allende nach Kuba ausfliegen und Neuwahlen ansetzen würde, aus denen Eduardo Frei als Sieger hervorgehen würde. Ich kenne niemanden, der erwartete, der Putsch werde so grausam und blutig verlaufen, wie es schließlich der Fall war, oder das Militär würde sechzehn Jahre lang an der Macht bleiben.

4. Ergebnis. Hutchison, Klubock und Milanich stellen fest: »Die Spannungen zwischen der gestaffelten und kontrollierten Revolution von oben und der spontaneren und lokal gespeisten Revolution von unten wurden nie beseitigt, was sich als fataler Mangel des revolutionären Prozesses in Chile erwies.« (2013: 348) Ein wichtiger Aspekt der Dynamik der Ereignisse in Chile war die Unfähigkeit der Regierung, ihre eigenen Anhänger unter Kontrolle zu bringen. Allende konnte nicht strategisch agieren, weil Gruppen innerhalb seiner eigenen Partei sowie einige andere Mitglieder seiner Koalition, zu denen bemerkenswerterweise nicht die Kommunisten zählten, undiszipliniert waren und nicht dazu gebracht werden konnten, ihre Forderungen zu mäßigen und zu demobilisieren, als die Lage das erforderte. Lord Bevan, Minister in der britischen Labour-Regierung nach dem Zweiten Weltkrieg, erklärte einmal: »Wir wollen nicht in die Situation geraten, unseren eigenen Leuten zuhören zu müssen.« Allende hatte keine Wahl: Die Bauern besetzten Land, obwohl die

Regierung versuchte, sie davon abzubringen; Teile der Koalition legten gegen den Willen der Regierung Waffenvorräte an; und eine wichtige bewaffnete linksextreme Gruppe hatte sich der Regierungskoalition gar nicht erst angeschlossen. Die ideologische Leidenschaft kochte hoch, es gab keine Hoffnung mehr auf Mäßigung.

Die Entwicklungen in Chile zeigen einmal mehr, wie wichtig der institutionelle Rahmen ist. Im Gegensatz zur Weimarer Republik hatte Chile ein reines Präsidialsystem. In diesem System kann es zu einer Lähmung der Regierung kommen, wenn Exekutive und Legislative von unterschiedlichen politischen Kräften kontrolliert werden: In den Vereinigten Staaten wird dies als »geteilte Regierung« (*divided government*) bezeichnet. Gesetzesvorhaben der Exekutive wurden von der Legislative nicht verabschiedet, und vom Kongress verabschiedete Gesetze blockierte der Präsident mit seinem Veto. Als die Lähmung akut wurde, bemühte sich der Präsident um Sonderbefugnisse, und der Kongress reagierte mit dem Versuch, den Präsidenten seines Amtes zu entheben. Gleichzeitig sanken die Einkommen, die Inflation stieg deutlich, und die Versorgungsengpässe häuften sich, während die Anhänger der gegnerischen Lager versuchten, die Straße zu erobern.

Schließlich verraten die chilenischen Ereignisse einiges über die Spannung zwischen Demokratie und Kapitalismus. Im Jahr 1886 stellte Hjalmar Branting, der Führer der schwedischen Sozialdemokraten, die Frage, ob »die Oberschicht den Volkswillen respektieren würde, selbst wenn das Volk die Beseitigung ihrer Privilegien verlangen würde« (zit. n. Tingsten 1973: 361). Die deutsche SPD verabschiedete auf ihrem Jenaer Parteitag 1905 eine von August Bebel eingebrachte Resolution, laut der zur Verteidigung bereits gewährte Zugeständnisse (namentlich das allgemeine und gleiche

Wahlrecht) »jedes geeignet erscheinende Mittel« anzuwenden sei. Allende hatte offenkundig vom Volk kein Mandat für eine weitreichende Umgestaltung von Gesellschaft und Wirtschaft erhalten: Er war mit einer knappen Mehrheit zum Präsidenten gewählt worden, und seine Koalition hatte nie eine Mehrheit im Parlament. Er kam durchaus den Regeln entsprechend an die Macht und versuchte, den Regeln entsprechend zu regieren, aber die Kräfte, die hinter ihm standen, trieben ihn dazu, die Grenzen seines Mandats zu überschreiten. Die Oberschicht, die ihre Privilegien bedroht sah, suchte Schutz beim Militär, das anfangs zögerte, sich dann jedoch bereitfand, ihre Interessen zu verteidigen.

3.3 Frankreich 1954-62 und 1968

1. Demokratie. Die Dritte Republik in Frankreich wurde im Jahr 1875 ausgerufen. Bis 1939 fanden regelmäßig Wahlen statt, und in diesen knapp 65 Jahren ging die Regierung mehrfach infolge von Wahlen in die Hände einer anderen Partei über. Unmittelbar nach dem Zweiten Weltkrieg führten eine Reihe von provisorischen Regierungen – die erste unter General Charles de Gaulle, die letzte unter Leon Blum – das Land, bis im Jahr 1946 eine neue Verfassung verabschiedet wurde, mit der die Vierte Republik gegründet wurde. Unter dieser Verfassung fanden im November 1949, im Juni 1951 und im Januar 1956 Wahlen statt.

2. Bedrohungen. In den ersten Nachkriegsjahren war die gesellschaftliche Unruhe ausgeprägt, und im Jahr 1947 kam es zu einer Reihe aufrührerischer Streiks, die blutig niedergeschlagen wurden. Im Jahr 1953 fand ein massiver Streik im öffentlichen Dienst statt, aber von da an blieben große Ar-

beitskonflikte bis zum Ende der Vierten Republik im Mai 1958 aus.

In der Nachkriegszeit war Frankreich in mehrere Kolonialkriege mit Unabhängigkeitsbewegungen verwickelt. Der Indochinakrieg endete nach der Niederlage der französischen Kolonialarmee in Dien Bien Phu mit der im Juli 1954 auf der Indochinakonferenz vereinbarten Räumung Indochinas durch die Franzosen, doch wenige Monate später brach ein Krieg in Algerien aus, der in den folgenden acht Jahren tief greifende Auswirkungen hatte. Dieser Krieg, der in Frankreich bis 1999 euphemistisch als »die algerischen Ereignisse« bezeichnet wurde, spaltete die französische Gesellschaft und löste verschiedene Auseinandersetzungen zwischen den zivilen Behörden und den in Algerien stationierten Militäreinheiten aus: Im Mai 1958 und im April 1961 kam es zu Putschversuchen, und die Kolonie wie das Mutterland wurden von zahlreichen Terroranschlägen erschüttert.

Die Instabilität und Handlungsunfähigkeit der Regierungen in der Vierten Republik hatten Ähnlichkeit mit der Situation in der Weimarer Republik. Das 1945 verabschiedete Wahlgesetz (in Frankreich ist das Wahlsystem nicht Teil der Verfassung) sah eine proportionale Repräsentation auf Ebene der Wahlkreise vor. Dieses Gesetz wurde im Jahr 1951 geringfügig modifiziert, um gewisse Elemente des Mehrheitswahlrechts einzuführen und die Bildung von Wahlkoalitionen zu ermöglichen. Ziel war es, das Gewicht von Kommunisten und Gaullisten zu verringern (Bon 1978: 68). Zwischen dem 22. Januar 1947 und dem 2. Juni 1958 wurden nicht weniger als 24 Regierungen gebildet, die durchschnittlich 173 Tage im Amt waren, womit die Regierungszeiten kürzer waren als in der Weimarer Republik (243 Tage). Die Regierungsdauer betrug zwischen zwei Tagen und sechzehn Monaten. Darüber hinaus hatte Frankreich zwischen dem 27. Oktober

1946 und dem 2. Juni 1958 an 375 Tagen, das heißt insgesamt in mehr als einem von zwölf Jahren, überhaupt keine Regierung. Sämtliche Regierungen der Vierten Republik waren Koalitionsregierungen, wobei die Zahl der Partner zwischen vier und acht Parteien schwankte. Nachdem Paul Ramadier, der erste Premierminister der Vierten Republik, im Mai 1947 die Kommunisten (PCF) aus seiner Regierung ausgeschlossen hatte, wurde die Kontinuität während der Legislaturperiode, die 1946 begonnen hatte, dadurch gewährleistet, dass drei Parteien in allen zehn Regierungen vertreten waren: die Sozialisten (SFIO), die Radikalen (MRP) und die linksbürgerlichen Radikalsozialisten (PRS). Die beiden letzten Parteien beteiligten sich auch an allen Regierungen, die nach der Wahl am 17. Juni 1951 gebildet wurden, aber die SFIO wurde in keine der acht Regierungen aufgenommen, die in dieser Legislaturperiode zustande kamen. Nachdem das Parlament Ende des Jahres 1955 aufgelöst worden war und am 2. Januar 1956 Wahlen stattgefunden hatten, beteiligten sich die Sozialisten an allen folgenden Regierungen der Vierten Republik. Die Zerbrechlichkeit der aufeinanderfolgenden Regierungen raubte ihnen die Fähigkeit, wichtige Entscheidungen zu treffen, während die Kontinuität ihrer Zusammensetzung zeigt, dass keine andere Koalition eine reale Alternative darstellte. Jean-Marie Denquin bemerkt dazu: »Die Bürger verabscheuten das politische System und nahmen es zugleich als natürlich hin.« (1988: 88)

3. Anzeichen. Keine der kurzlebigen Regierungen konnte einen mehrheitsfähigen Konsens über den Umgang mit dem Konflikt in Algerien herstellen. Ein von Pierre Mendès France (PRS) entwickelter Reformplan scheiterte in der Nationalversammlung, und seine Regierung musste am 5. Februar nach einem Misstrauensvotum zurücktreten. Die von Edgar Faure

(PRS) geführte Nachfolgeregierung verhängte den Notstand in Algerien, überlebte jedoch ebenfalls nicht lange. Die Verschärfung der Algerienkrise führte in Kombination mit der Unfähigkeit mehrerer aufeinanderfolgender Regierungen, den Konflikt zu lösen, zu immer chaotischeren Versuchen der Regierungsbildung. Als die Regierung von Guy Mollet (SFIO), die dem Militär in Algerien Sonderbefugnisse zugestand, am 21. Mai 1957 zu Fall gebracht wurde, begann ein dreiwöchiges Interregnum. Die nächste Regierung, unter der Führung von Maurice Bourgès-Maunoury (PRS), überlebte 110 Tage. Nachdem diese Regierung am 30. September 1957 gestürzt war, scheiterten zwei Versuche zur Regierungsbildung durch Antoine Pinay (CNIP) und den Sozialisten Guy Mollet, und es dauerte bis zum 6. November, bis die nächste Regierung zustande kam. Diese von Félix Gaillard von der liberalen PRS geführte Regierung schlug ein neues Rahmengesetz für Algerien vor, das jedoch ebenfalls im Parlament scheiterte, weshalb die Regierung nach 160 Tagen im Amt zurücktrat. Es dauerte 29 Tage, bis die nächste Regierung stand, die von dem Christdemokraten Pierre Pflimlin (MRP) geleitet wurde, aber nur 14 Tage Bestand hatte. Insgesamt war Frankreich nach dem Sturz der Regierung Mollet 89 Tage ohne Regierung. Die letzte Regierung der Vierten Republik bildete Charles de Gaulle am 1. Juni 1958.

Die Übernahme des Amts des Premierministers durch de Gaulle wird sehr unterschiedlich interpretiert. Ich maße mir nicht an, in dieser Kontroverse der einen oder anderen Deutung den Vorzug zu geben. Umstritten ist insbesondere die Frage, ob de Gaulle die Ereignisse steuerte, die ihn schließlich an die Macht brachten. Zwei grundlegende Tatsachen sind jedoch bekannt: Am 13. Mai 1958 besetzten Gruppen aufrührerischer Zivilisten den von der Polizei nicht entschieden verteidigten Regierungssitz in Algier. Die Rädelsführer der Rebellion, unter denen auch Gaullisten waren, richteten einen »Wohlfahrtsausschuss« ein, dessen Leitung der aktive General Jacques Massu übernahm. Die Aufrührer gaben bekannt, Algerien so lange regieren zu wollen, bis in Paris eine Regierung eingesetzt werde, die an der französischen Kontrolle über die Kolonie festhalte. Die Erhebung sollte den Amtsantritt von Pflimlin verhindern und der Nationalversammlung die Kandidatur de Gaulles aufzwingen. Am 24. Mai wurde in Korsika ebenfalls ein Wohlfahrtsausschuss eingerichtet, so dass der Eindruck entstand, die Erhebung weite sich aus und rücke dem Mutterland näher (Opération Résurrection). Pflimlin wurde am 14. Mai zum Premierminister ernannt, aber am 27. Mai brach de Gaulle sein Schweigen, meldete seine Kandidatur für das Amt an und befahl den Truppen in Algerien, den Anweisungen ihrer Vorgesetzten in Paris zu gehorchen. Die Erklärung liest sich zweifellos wie die Anmaßung von Machtbefugnissen, die der General noch nicht besaß: »Unter diesen Bedingungen drohen bei allen Handlungen jedweder Seite, welche die öffentliche Ordnung untergraben, gravierende Konsequenzen. Während ich die Umstände anerkenne, werde ich diese Handlungen nicht gutheißen.« (Zit. n. Denquin 1988: 171) Am folgenden Tag trat die Regierung Pflimlin zurück, und das Parlament setzte eine von de Gaulle geleitete Regierung ein, die auf die Unterstützung einer breiten Koalition von sechs Parteien sowie unabhängiger Abgeordneter zählen konnte und drei ehemalige Premierminister beinhaltete. Die Regierung erhielt das Mandat, sechs Monate lang mit Dekreten zu regieren und eine neue Verfassung auszuarbeiten. Während das Verfahren, das de Gaulle an die Macht brachte, also verfassungsmäßig war, war seine Ernennung eine Reaktion auf einen Staatsstreich in Algerien und auf seinen aggressiven Vorstoß.

Das Projekt einer neuen Verfassung, die ein semipräsidentielles Regierungssystem vorsah, kam rasch voran. Zunächst musste das Parlament jedoch in der Konstitution der Vierten Republik die Bestimmung über etwaige Verfassungszusätze (Artikel 90) ändern, um den Weg für eine Änderung der *gesamten* Verfassung freizumachen. Sobald das geschehen war, setzte die Regierung ein Referendum über das Verfassungsprojekt an. Vor der Abstimmung erhielten alle Haushalte Wahlzettel (um mit »Ja« oder »Nein« stimmen zu können), den Text der vorgeschlagenen Konstitution und die Abschrift einer Rede, in der de Gaulle am 4. September für die neue Verfassung geworben hatte. In Frankreich stimmten 79 Prozent der Wähler der Verfassung zu, in Algerien 95 Prozent. Am 28. September 1958 wurde sie förmlich verabschiedet, und am 21. Dezember 1958 wurde de Gaulle zum Staatspräsidenten gewählt. Sein Premierminister wurde Michel Debré. Das Gesetz über die Parlamentswahlen wurde am 13. Oktober 1958 per Dekret geändert.

Welche Vorstellung der neue Präsident von der Lösung der Algerienkrise hatte, ist ebenfalls umstritten: Hielt er die Unabhängigkeit Algeriens von Anfang an für unvermeidlich oder änderte er seine Meinung im Lauf der Zeit? Unmittelbar nach seinem Amtsantritt ließ er in einer berühmten Rede, in der er den Franzosen in Algerien »Je vous écoute« (»Ich höre euch zu«) zurief, durchblicken, dass er den kolonialen Status quo (die Algérie française) vorzog, wobei er jedoch den Algerierinnen und Algeriern umfassendere politische Rechte zugestehen und das Kolonialgebiet mit massiven Investitionen wirtschaftlich entwickeln wollte. Doch er modifizierte seine Haltung bald, was bei den Algerienfranzosen die Überzeugung reifen ließ, de Gaulle habe sie verraten. Die öffentliche Meinung Frankreichs veränderte sich ebenfalls rasch: Im Juli 1956 sprachen sich in Umfragen 45 der Franzosen für Verhandlungen mit den »Anführern der Rebellion« aus; bis

Juli 1957 stieg dieser Anteil auf 53 Prozent, und im Mai 1959 befürworteten 71 Prozent der Bürger eine Verhandlungslösung (Ageron 1976). Während de Gaulle, der ursprünglich eine »Assoziation« (mit einem teilunabhängigen Algerien) präferiert hatte, nun begann, von »Selbstbestimmung« und später von einer »Algérie algérienne« zu sprechen, brachen innerhalb der französischen Gemeinde in Algerien Konflikte aus. Am 24. Januar 1960 kam es zu einer gewaltsamen Auseinandersetzung zwischen Franzosen, die mehrere Menschen das Leben kostete. Am 15. Juni 1960 wurde die Front Algérie Française (FAF) gegründet, eine Organisation zur Verteidigung von Französisch-Algerien, die mehrere gewalttätige Demonstrationen organisierte und im Dezember desselben Jahres verboten wurde. In einem Referendum am 8. Januar 1961 sprachen sich 75,8 Prozent der Bevölkerung im Mutterland und 69,1 Prozent der Franzosen in Algerien für die Selbstbestimmung der Kolonie aus. Im Februar 1961 entstand die paramilitärische Organisation de l'armée secrète (OAS), die zahlreiche Bombenanschläge verübte und mehrere Morde beging. Am 22. April desselben Jahres verkündeten vier Generäle die Sezession Algeriens. Nach Angabe von Droz und Lever (1991: 296-313) löste dieser neue Putschversuch in Paris große Angst vor einer unmittelbar bevorstehenden Invasion des Mutterlandes aus, aber die Lage beruhigte sich wieder, weil die Soldaten den aufständischen Generälen die Gefolgschaft verweigerten. Am 18. März 1962 wurde die Vereinbarung über die Beendigung des bewaffneten Konflikts in Algerien geschlossen, und am 8. April wurde diese Einigung in einem Referendum ratifiziert.

Der Krieg verursachte gewaltige wirtschaftliche, soziale und militärische Kosten: Insgesamt kamen in Algerien 1,75 Millionen französische Soldaten zum Einsatz, darunter 1,34 Millionen Wehrpflichtige. Der Konflikt spaltete die französische Gesellschaft, und zwar nicht nur in der Kolonie, sondern auch im Mutterland; mehrfach schlugen die Sicherheitskräfte Demonstrationen gegen die Regierung gewaltsam nieder. Nachdem am 8. Februar 1962 mehrere Demonstranten getötet worden waren, gingen anlässlich ihres Begräbnisses eine halbe Million Menschen auf die Straße.

4. Ergebnis. Der Algerienkrieg war eine Katastrophe, und im institutionellen Rahmen der Vierten Republik war keine Regierung in der Lage, den Konflikt beizulegen. Zwar dauerte der Krieg nach de Gaulles Amtsantritt noch vier Jahre an, aber die Lähmung der Regierung wurde dadurch überwunden, dass dem Präsidenten umfassende Befugnisse zugestanden wurden und dass das Machtzentrum durch die institutionellen Änderungen vom Parlament in den Élysée-Palast verschoben wurde.

Lassen wir die Details einmal beiseite und sehen wir uns die Situation unter abstrakten Gesichtspunkten an: Eine Gesellschaft schlittert in eine tiefe Krise, und im gegebenen institutionellen Rahmen kommen keine Regierungen zustande, die wirksame Maßnahmen zur Überwindung dieser Krise ergreifen könnten. Das Militär tritt auf den Plan, um einer neuen Regierung einen Kurs vorzugeben. Ein General im Ruhestand, ein Kriegsheld, ergreift die Initiative und drängt sich dem Land als Regierungschef auf. Er fordert und erhält vom Parlament die Befugnis, per Dekret zu regieren und die Verfassung zu ändern. Seine Regierung kontrolliert Presse und Rundfunk, verbietet mehrere Organisationen auf beiden Seiten und lässt mehrere Personen wegen »Demoralisierung der Armee« strafrechtlich verfolgen (Denquin 1988: 150). Die Geschichte klingt vertraut und lässt Schlimmes erwarten. Doch der Krieg endet, und die Demokratie überlebt.

In der Nachkriegszeit waren die antidemokratischen Kräfte in Frankreich, darunter insbesondere die früheren Anhänger des Vichy-Regimes, geschwächt. Sie widersetzten sich de Gaulle von rechts, aber sämtliche organisierten politischen Kräfte waren entschieden demokratisch. Dieses umfassende Bekenntnis zur Demokratie war in Artikel 93 der Verfassung von 1946 festgeschrieben, in dem es hieß, die einzige Bestimmung der Verfassung, die nicht geändert werden könne, sei jene über die republikanische Regierungsform. Die rebellischen Militärs waren entschlossen, sich gegen die Regierung zu erheben, aber ihre Forderungen waren darauf beschränkt, die französische Kontrolle über Algerien aufrechtzuerhalten; sie wollten kein autoritäres Regime errichten. Tatsächlich waren viele der aufrührerischen Militärs Gaullisten. Es gibt also gute Gründe für die Annahme, dass jeder Versuch, eine Diktatur zu errichten, auf gewaltsamen Widerstand gestoßen wäre. Aber die Geschichte des Jahres 1958 kann nicht erzählt werden, ohne die Persönlichkeit von Charles de Gaulle zu berücksichtigen. Während er nicht zögerte, sämtliche verfügbaren Machtmittel einschließlich ausgesprochen repressiver Instrumente einzusetzen, um Frankreich aus dem Labyrinth des Algerienkriegs zu führen, dachte de Gaulle nie daran, eine dauerhafte Diktatur zu errichten. Tatsächlich erklärte er im Mai 1958, als die Opposition die Gefahr einer Diktatur heraufbeschwor: »Kann irgendjemand glauben, dass ich im Alter von 67 Jahren eine Karriere als Diktator beginnen werde?«

Er tat es nicht. Im Jahr 1962 wurde die Verfassung erneut geändert, um die Direktwahl des Präsidenten zu ermöglichen. Doch im Jahr 1965 musste de Gaulle die demütigende Erfahrung machen, in der ersten Runde der Präsidentschaftswahl keine absolute Mehrheit zu erreichen (in der zweiten Runde behielt er dann freilich mit 55,2 Prozent die Oberhand). Vier Jahre später, am 28. April 1969, gab er nach einer

Niederlage in einem Referendum über eine untergeordnete Frage seinen Rücktritt bekannt. Die Institutionen der Fünften Republik überlebten sein Ausscheiden aus dem Amt, und im Jahr 1981 wurde sein früherer Widersacher François Mitterrand Staatspräsident.

Die erste Lehre aus der französischen Krise betrifft erneut die Institutionen: Aufgrund der politischen Kräfteverhältnisse war keine der im konstitutionellen Rahmen der Vierten Republik gebildeten Regierungen imstande, sich im Parlament eine Mehrheit zu sichern, die es ihr ermöglicht hätte, im Angesicht der Katastrophe entschlossen zu handeln.

Überwunden wurde die Krise durch die Verfassungsänderung, mit der die Position des Chefs der Exekutive gestärkt und die Regierungen stabilisiert wurden. Dem neu gewählten Staatspräsidenten wurde vorübergehend beinahe unbegrenzte Macht zugestanden, aber er war bereit und wahrscheinlich auch gezwungen, Opposition zu dulden und die Demokratie zu erhalten. Auch in diesem Fall fördern kontrafaktische Fragen die Bedeutung der Kontingenzen zutage: Was wäre geschehen, wenn keine Person mit persönlicher Autorität über das Militär verfügbar gewesen wäre, die eine zivile Führungsposition hätte übernehmen können? Was wäre geschehen, wenn es eine solche Führungsperson gegeben hätte, diese jedoch bereit gewesen wäre, ihre verfassungsmäßig erworbenen Machtbefugnisse zu nutzen, um die demokratische Opposition auszuschalten? Es ist unmöglich, diese Fragen zu beantworten, aber sie zeigen, dass das Überleben der Demokratie in Frankreich möglicherweise ebenso ein historischer Unfall war wie ihr Scheitern in der Weimarer Republik.

5. Eine Anmerkung zum Mai 1968. Die französischen Ereignisse im Mai 1968 waren dramatisch, stellten nach meinem

Dafürhalten jedoch keine Bedrohung für die Demokratie dar. Zweifellos waren sie gewalttätig: Im Lauf der Auseinandersetzungen wurden mehrere tausend Menschen verletzt, darunter 1912 Polizisten (Le Gac/Olivier/Spina 2015: 524). In Anbetracht der Tatsache, dass Millionen Menschen auf die Straße gingen, große Streiks ausbrachen, Barrikaden errichtet und Gebäude besetzt wurden, war die Zahl der Todesopfer (je nach Zählung zwischen vier und sieben) sehr gering. Im Gefolge der Proteste entstanden keine nennenswerten terroristischen Vereinigungen. Obwohl es einige dramatische Geschehnisse gab, stabilisierte sich die Lage rasch wieder, als die Regierung die Parlamentswahlen vom 23./30. Juni 1968 klar gewann.

Um diese Geschichte abzuschließen, können wir uns die Entwicklung der gesellschaftlichen Unruhe in Frankreich zwischen 1945 und 1970 ansehen. Wie Schaubild 3.4 zeigt, erreichte sie in den Jahren 1947, 1960-64 und 1968 Höhepunkte.

3.4 Vereinigte Staaten 1964-74

1. Demokratie. Die älteste Demokratie der Welt durchlebte mehrere Krisen, die schwerste im Amerikanischen Bürgerkrieg (1861-65). Es kam zu mehreren Wellen der Repression: im angesprochenen Bürgerkrieg, im Anschluss an den Ersten Weltkrieg sowie während des und nach dem Zweiten Weltkrieg. Doch selbst der blutigste Krieg in der Menschheitsgeschichte unterbrach die normale Funktionsweise der repräsentativen Institutionen nicht: Sämtliche Wahlen fanden wie geplant statt, und der Kongress stellte seine Arbeit nie ein.

Schaubild 3.4: Ausmaß der gesellschaftlichen Unruhe in Frankreich 1945-70

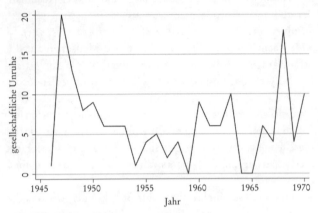

Quelle: Banks/Wilson, CNTS (2017)

2. Bedrohungen. In den sechziger Jahren war gesellschaftliche Unruhe verbreitet und kam in erster Linie in städtischem Aufruhr zum Ausdruck (in Rochester, Harlem und Philadelphia im Jahr 1964, in Watts im Jahr 1965, in Cleveland und Omaha im Jahr 1966, in Newark, Plainfield, Detroit und Minneapolis im Jahr 1967, in Chicago, Washington, D. C., Baltimore und Cleveland im Jahr 1968). Im Jahr 1968 erschütterten die politisch motivierten Morde an Martin Luther King und Robert Kennedy das Land. Die Vereinigten Staaten waren in den Vietnamkrieg verstrickt, der die Gesellschaft zutiefst spaltete. Im Jahr 1964 begannen Massenproteste gegen den Krieg, die sich während der gesamten Dauer des Konflikts fortsetzten. Der Staat reagierte häufig mit Repression. Im Jahr 1966 leitete der Ausschuss für unamerikanische Umtriebe des Repräsentantenhauses eine Untersuchung der Aktivitäten der Kriegsgegner ein. Am 4. Mai 1970 eröff-

nete die Nationalgarde auf dem Campus der Kent State University das Feuer auf Studenten, die gegen den Krieg protestierten; vier Demonstranten wurden getötet, zwölf weitere verletzt. Einige Wochen später töteten Polizisten an der Jackson State University zwei Studenten und verletzten ein Dutzend. Schaubild 3.5 zeigt die Entwicklung der Unruhen, die dann 1968 ihren Höhepunkt erreichten.

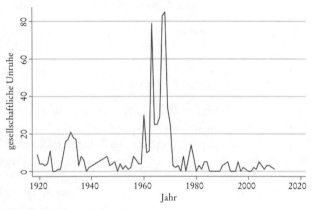

Schaubild 3.5: Ausmaß der gesellschaftlichen Unruhe in den Vereinigten Staaten 1919-2012

Quelle: Banks/Wilson, CNTS (2017)

3. Anzeichen. Richard Nixon wurde im Jahr 1968 zum 37. Präsidenten der Vereinigten Staaten gewählt, und obwohl es im Wahljahr zu gewaltsamen Zwischenfällen kam (zu nennen sind hier vor allem die Unruhen infolge der Ermordung Martin Luthers Kings am 4. April sowie die Ausschreitungen während des Demokratischen Parteitags in Chicago im August), gab es in Nixons erster Amtszeit keinerlei Hinweise auf eine Krise der demokratischen Institutionen. Doch als

die Präsidentschaftswahl von 1972 näher rückte, begann Nixon, Regierungsbehörden für seinen persönlichen Machterhalt einzusetzen: Er ordnete die Überwachung von Senator Ted Kennedy an, weil er diesen als ernsthaften Konkurrenten im Kampf um das Präsidentenamt betrachtete. Seine Mitarbeiter stellten eine Liste mit einer wachsenden Zahl von »Feinden« zusammen, die unter Einsatz von Bundesbehörden ins Visier genommen werden sollten. John Dean, einer von Nixons Beratern, beschrieb den Zweck dieser Liste:

> Gegenstand dieses Memorandums ist die Frage, wie wir die Amtsinhaberschaft in der Auseinandersetzung mit Personen, die für eine aktive Opposition gegen unsere Administration bekannt sind, optimal nutzen können – oder um es ein wenig unverblümter zu sagen, wie wir die verfügbare Maschine der Bundesbehörden einsetzen können, um unsere politischen Feinde fertigzumachen. (Memorandum von John Dean an Lawrence Higby, 16. August 1971)

Die ins Visier genommenen Gegner wurden abgehört, und das FBI, die CIA und die Steuerbehörde IRS (Internal Revenue Service) wurden eingesetzt, um sie zu schikanieren. Koordiniert wurde die Kampagne vom Committee for the Reelection of the President (Komitee für die Wiederwahl des Präsidenten), das im Volksmund den Spitznamen CREEP erhielt (das englische Verb *to creep* bedeutet so viel wie schleichen, unterlaufen; Anmerkung des Übersetzers). Nixon wurde im November 1972 wiedergewählt, aber als bekannt wurde, dass das Hauptquartier der Demokratischen Partei im Washingtoner Watergate-Gebäudekomplex im Juni desselben Jahres Ziel eines Einbruchs geworden war, verschärfte die Regierung ihre Kampagne gegen kritische Medien und Gerichte. Das Ende des US-amerikanischen Engagements in Vietnam wurde am 27. Januar 1973 besiegelt, aber der Watergate-Skandal zeigte, dass Personen aus dem Umkreis des Präsidenten in Gesetzesverstöße verwickelt waren. Die Entschlossenheit Nixons, seine Macht mit allen Mitteln zu verteidigen, wird dadurch veranschaulicht, dass im Lauf der Zeit 69 seiner Mitarbeiter angeklagt und 48 wegen illegaler Handlungen im Zusammenhang mit Watergate verurteilt wurden, darunter zwei Justizminister, der Stabschef und drei Mitarbeiter des Weißen Hauses, der Handelsminister und Nixons persönlicher Anwalt.

4. Ergebnis. Bemerkenswert am Verlauf der Krise in den Vereinigten Staaten ist, dass die repräsentativen Institutionen und das System der Gewaltenteilung weiter funktionierten, so dass der Machtmissbrauch durch den Präsidenten unterbunden werden konnte. Der Senat beschloss im Februar 1973 mit 77 zu 0 Stimmen (bei 23 Enthaltungen) die Einleitung einer Untersuchung des Watergate-Zwischenfalls, und das Repräsentantenhaus leitete anschließend Voruntersuchungen für ein Amtsenthebungsverfahren gegen Nixon ein. Es muss darauf hingewiesen werden, dass beide Kammern des Kongresses von den Demokraten kontrolliert wurden. Doch auch einige republikanische Senatoren und Abgeordnete des Repräsentantenhauses stimmten gegen den Präsidenten. Die Gerichte nahmen ebenfalls Einfluss auf die Entwicklung der Krise: Die Entscheidung des Obersten Gerichtshofs, Nixon zur Herausgabe seiner Tonbandaufnahmen zu zwingen, trieb die Regierung an den Rand des Abgrunds. Als ihm klar gemacht worden war, dass ein Amtsenthebungsverfahren sich nicht mehr vermeiden ließ, gab Nixon am 8. August 1974 seinen Rücktritt bekannt.

Die naheliegende kontrafaktische Frage lautet, ob das institutionelle System den Machtmissbrauch hingenommen hätte, wenn die Republikaner in beiden Kammern des Kongresses die Mehrheit gehabt hätten. Funktioniert das System von *checks and balances*, wie von James Madison erhofft, weil die

Mitglieder der verschiedenen Institutionen vorrangig deren Interessen vertreten? Oder funktioniert es nur, wenn sich verschiedene Parteien die Regierungsmacht teilen und die Parlamentarier die Interessen ihrer jeweiligen Partei vertreten?

4
Lehren aus der Geschichte: Wonach wir Ausschau halten sollten

> Derartige absolute Gewissheiten entziehen sich mir. Ich habe lediglich eine Reihe von Höhen und Tiefen und eine Abfolge unvorhersehbarer kontingenter Ereignisse gefunden, die allesamt nicht unvermeidlich schienen.
> *Amos Alon (2002: 11) über die Weimarer Republik*

Wenn die Vergangenheit die Gegenwart erhellt, hängt die Zukunft davon ab, ob die Bedingungen, die wir in der Gegenwart beobachten, denen in der Vergangenheit entsprechen. Daher ist es noch zu früh, um Lehren aus den gesammelten Erkenntnissen zu ziehen. Die Vergangenheit sagt uns jedoch, wonach wir Ausschau halten sollten, was auf eine Krise der Demokratie hindeutet und welche Entwicklungen tatsächlich zu ihrem Zusammenbruch führen können.

Wenn die Vergangenheit eine Orientierungshilfe ist, sollten wir uns die wirtschaftlichen Bedingungen ansehen: die Einkommen, ihre Entwicklung und Verteilung. Wir sollten die demokratische Geschichte eines Landes betrachten: Wie fest verwurzelt ist die Demokratie, wie sehr ist die Gesellschaft daran gewöhnt, ihre Regierung durch Wahlen zu ändern? Wir sollten uns genau ansehen, wie tief die gesellschaftlichen Gräben sind, das heißt sowohl das Maß an politischer Polarisierung als auch die Intensität der Feindseligkeit zwischen den Anhängern gegensätzlicher politischer Lösungen berücksichtigen.

Alle vier in Kapitel 3 beschriebenen Fälle deuten darauf hin, dass wir auch der spezifischen Form der demokratischen

Institutionen Aufmerksamkeit schenken und insbesondere untersuchen sollten, ob diese Institutionen die Bildung mehrheitsfähiger Regierungen begünstigen, die entschlossen auf eine Krise reagieren können, ohne die Möglichkeit zu haben, die Macht zu usurpieren. Kontrafaktische Spekulationen sind allerdings heikel. Hätte die Demokratie in Deutschland überlebt, wenn die Institutionen das Zustandekommen stabiler, mehrheitsfähiger Regierungen begünstigt hätten? Hätte sich der Militärputsch in Chile unter einem parlamentarischen System vermeiden lassen, das es erlaubt hätte, den Regierungschef mit institutionellen Verfahren abzusetzen? Sosehr die Politikwissenschaftler auch von der Bedeutung der Institutionen überzeugt sind: Die Konflikte in diesen beiden Demokratien waren möglicherweise so intensiv, dass sie in keinem institutionellen Rahmen friedlich hätten gelöst werden können.

Offenkundig werden unsere Einschätzungen solcher Ereignisse davon beeinflusst, was wir beobachten können. Die Erkenntnisse aus Memoiren und sogar Romanen können dabei ebenso aufschlussreich sein wie die systematische Auswertung von Daten, zeigen sie uns doch, wie einzelne Menschen die dramatischen Ereignisse wahrnahmen, an denen sie als Protagonisten beteiligt waren – und am Ende sind es ihre Handlungen, die über den Ausgang einer Krise entscheiden.

Die Bedingungen entscheiden nicht über die Ergebnisse; diese hängen davon ab, was Menschen unter den gegebenen Bedingungen tun. Die Bedingungen mögen gegeben sein, aber es gibt mehr als ein mögliches Ergebnis. Beispielsweise erklärt Fritz Stern: »Im Jahr 1932 war der Zusammenbruch der Weimarer Republik unvermeidlich geworden, aber Hitlers Triumph war es nicht.« (Stern 1966: xvii) Noch im Jahr 1925 war das Scheitern der Republik möglicherweise nicht unvermeidlich gewesen: Hätten die KPD oder die Bayerische Volkspartei in der zweiten Runde der Präsidentschaftswahl den Kandidaten der Zentrumspartei (Wilhelm Marx) unterstützt, hätte Paul von Hindenburg, ein Mann mit antidemokratischen Überzeugungen, 1933 die Macht vielleicht nicht in Hitlers Hände legen können, und die Geschichte hätte einen ganz anderen Lauf genommen. Ähnliche Gedankenspiele sind im Fall Chiles möglich: Nachdem das innere Zerwürfnis bei den Christdemokraten zu einem Führungswechsel und dazu geführt hatte, dass die Partei gegen die Ley de las Areas stimmte, war der Sturz Allendes vielleicht unvermeidlich, aber der brutale Militärputsch war es nicht. Umgekehrt können wir uns fragen, was in Frankreich geschehen wäre, wenn kein politischer Führer mit makellosen militärischen Referenzen zur Verfügung gestanden hätte oder wenn diese Person kein Demokrat gewesen wäre. Da es in meinen Augen keine endgültigen Antworten auf diese Fragen geben kann, müssen wir uns damit abfinden, dass wir nur sehr beschränkte Lehren aus der Geschichte ziehen können und dass die Zukunft nicht ausschließlich von den gegenwärtigen Bedingungen abhängt: Sie ist ungewiss.

Teil II
Die Gegenwart: Was geht hier vor?

Ein Kandidat, der sich brüstet, Milliardär zu sein, und sich für Steuersenkungen und die Kürzung von Sozialleistungen einsetzt, wird von der Arbeiterklasse unterstützt, während eine Kandidatin, die den Reichen höhere Steuern auferlegen will, das *Wall Street Journal* auf ihrer Seite hat. Ein zum dritten Mal verheirateter Mann, der mit unerwünschten sexuellen Annäherungsversuchen prahlt, erhält fast einhellige Unterstützung von religiösen Gruppen, die für »Familienwerte« eintreten.

Viele Leute glauben allen möglichen offenkundigen Unfug. Die Regierungspartei verliert ausgerechnet in einem Moment eine Wahl, in dem die wirtschaftliche Lage besser ist als zu jedem anderen Zeitpunkt in den vergangenen Jahrzehnten. Eine Wahl, bei der fast alle Parteien einschließlich der siegreichen sich den Kampf gegen »das Establishment« auf ihre Fahnen schreiben, bringt ein Parlament hervor, das noch elitärer ist als das vorhergehende. Parteien am rechten Rand des politischen Spektrums ergreifen Maßnahmen gegen die Globalisierung, gegen den freien Fluss von Gütern und Kapital. Nationalisten schmieden internationale Bündnisse. All das ergibt keinen Sinn.

Was geht hier vor und warum? Welchen Zusammenhängen müssen wir einen Sinn abgewinnen, wenn wir den Verdacht haben, die Demokratie stecke in einer Krise? Ich möchte die gegenwärtigen politischen, wirtschaftlichen, gesellschaftlichen und kulturellen Umwälzungen verstehen: Worauf laufen sie hinaus, sofern sie auf etwas hinauslaufen? Der Versuch, den Geschehnissen einen Sinn abzugewinnen, ist jedoch ein trügerisches Unterfangen, das, wie uns Pangloss in Voltaires *Candide* erklärt, auf der Annahme beruht, dass es für alles ein »Weil« gibt, dass alles logisch miteinander verknüpft ist. Die Intellektuellen suchen verborgene logische Zusammenhänge hinter den Erscheinungen. Marx schrieb dazu: »Alle Wissenschaft wäre überflüssig, wenn die Erscheinungsform und das Wesen der Dinge unmittelbar zusammenfielen.« Die Gefahr besteht jedoch darin, dass wir es übertreiben und Kausalzusammenhänge sehen, wo es keine gibt. Wir kommen nicht um die Sinnsuche herum, aber es ist stets gefährlich, einen Sinn zu finden, denn unsere Überzeugungen sind mit falschen Erkenntnissen behaftet.

Dazu kommt, dass nicht immer klar ist, welchen Gegebenheiten wir einen Sinn abgewinnen sollten, welches »die Fakten« sind. Wie es Leo Goodman einmal ausdrückte: »Faktisch sind Fakten ziemlich abstrakt.« Die Tatsachen sind konstruiert, unterliegen der Interpretation und sind oft umstritten. Welche Parteien sollten als rechtsradikal eingestuft werden? Verringert die Automatisierung die Nachfrage nach Arbeitskräften oder wird der Verlust von Tätigkeiten, die von Maschinen übernommen werden, durch neu entstehende Tätigkeiten ausgeglichen? Gibt es eine »Erosion der Mittelschicht«? Wie groß ist das Grenzprodukt eines Vorstandsvorsitzenden? Nicht nur die Interpretationen, sondern auch die Fakten selbst können keinesfalls als gegeben betrachtet werden.

Im Folgenden drehe ich das Schema um, das ich verwendet habe, um die Vergangenheit zu analysieren. Zunächst beschreibe ich die Hinweise auf eine mögliche Krise: den Niedergang der traditionellen Parteien, den Aufstieg der radikalen Rechten und die Einstellungen, die ihren Vormarsch begünstigen. Anschließend wende ich mich möglichen wirtschaftlichen, kulturellen und im engeren Sinn politischen Erklärungen zu. Sodann mache ich mich auf die Suche nach Kausalzusammenhängen, wobei ich mich auf die Mikroebene konzentriere. Abschließend stelle ich die Frage, ob und in welchem Umfang die gegenwärtigen Bedingungen historisch beispiellos sind und Unheil ankündigen.

5
Die Anzeichen

Folgende Entwicklungen deuten darauf hin, dass die Demokratie möglicherweise in einer Krise steckt: (1) eine rasch voranschreitende Erosion der traditionellen Parteiensysteme, (2) der Siegeszug fremdenfeindlicher, rassistischer und nationalistischer Parteien sowie Vorstellungen sowie (3) schwindende Zustimmung zur »Demokratie« in Meinungsumfragen.

5.1 Erosion der traditionellen Parteiensysteme

In vielen Ländern kollabieren Parteiensysteme, die fast ein Jahrhundert lang weitgehend unverändert Bestand hatten. Die Systeme, die nach dem Ersten Weltkrieg in Westeuropa und in den angelsächsischen Ländern entstanden, wurden zumeist von zwei Formationen beherrscht: einer Mittelinks- und einer Mitte-rechts-Partei. Parteien, die sich als sozialdemokratische, sozialistische oder Arbeiterparteien bezeichneten, nahmen den Raum der gemäßigten Linken ein. Rechts der Mitte waren die Kategorisierungen vielfältiger, aber in jedem Land gab es mindestens eine Großpartei, die rechts von der Mitte angesiedelt war. Diese Parteiensysteme waren noch bis vor wenigen Jahren stabil. Gelegentlich änderte eine Partei ihren Namen, verschmolz mit einer anderen oder spaltete sich, aber diese Organisationen überlebten nicht nur die Wirren der Zwischenkriegszeit und den Zweiten Weltkrieg, sondern auch den tief greifenden wirtschaftlichen, demokratischen und kulturellen Wandel in dem guten halben Jahrhundert, das folgte.

Wie auch immer wir diese Stabilität beurteilen, sie ist erstaunlich.[1] Sehr wenigen Parteien, die nicht schon bei Wahlen im Jahr 1924 (bzw. der letzten Wahl zuvor oder der ersten danach) auf mindestens 20 Prozent der Stimmen kamen, ist dies seither gelungen; die Liberale Partei in Großbritannien (1929) und die NSDAP in Deutschland (1932) waren bis 1939 die einzigen Ausnahmen. In den ersten Jahren nach dem Zweiten Weltkrieg verzeichnete die Linke deutliche Stimmenzugewinne (die KP in Frankreich im Jahr 1945, die Demokratische Union des Finnischen Volkes im selben Jahr, die Sozialisten in Japan im Jahr 1947). Zwischen 1951 und 1978 gelang es nur zwei Parteien (einer in Belgien und einer in Frankreich), erstmals die Hürde von 20 Prozent zu überwinden. Doch zwischen 1978 und dem Zeitpunkt der Fertigstellung dieses Textes im Jahr 2017 haben das 17 neue Parteien geschafft. Folgende Zahlen helfen, die langjährige Stabilität und ihre jüngste Erosion einzuordnen: Trotz der Turbulenzen in den Jahren nach dem Zweiten Weltkrieg überwand zwischen 1924 und 1977 durchschnittlich alle 7,6 Jahre eine neue Partei die 20-Prozent-Schwelle, aber seit 1978 passiert das alle 2,3 Jahre.

Eine weitere Möglichkeit, diese Entwicklung zu veranschaulichen, besteht darin, sich anzusehen, wie viele der Parteien, die bei nationalen Wahlen ab ca. 1924 auf den ersten beiden Plätzen landeten, dies auch beim nächsten Urnengang

---

[1] Für die folgenden Statistiken und Schaubilder wurden die Länder herangezogen, die im Jahr 1990 Mitglied der OECD waren, mit Ausnahme von Griechenland, Italien, Portugal, Spanien und der Türkei. In Anbetracht von Namensänderungen, Fusionen und Spaltungen muss in einigen Fällen entschieden werden, welche Parteien man als Erben bereits bestehender betrachten möchte und welche als Neugründungen einzustufen sind. Die Daten beziehen sich auf den Zeitraum bis 2014.

schafften. Sieht man von der NSDAP ab, die 1930 auf Platz zwei vorstieß und dort die DNVP ablöste, so verteidigten die beiden stimmenstärksten Parteien ihre Position in allen untersuchten Ländern während des gesamten Zeitraums bis 1945. In der Nachkriegszeit wurde ihr Status etwas wackliger, aber fast 90 Prozent der Parteien, die ca. 1924 dem Spitzenduo angehört hatten, blieben bis zum Ende des Jahrtausends in dieser Position. Eine erhebliche Destabilisierung im Jahr 1999 wurde bis 2007 im Wesentlichen überwunden, aber die Finanzkrise von 2008 erschütterte die Parteiensysteme erneut. Chiaramonte und Emanuele (2017) haben gezeigt, dass die Wählerbewegungen zwischen den Parteien in jüngster Zeit zugenommen haben und dass die Volatilität der Parteipräferenzen im Wesentlichen auf den Zu- und Abgang von Parteien zurückzuführen ist. Schaubild 5.1 veranschaulicht diese Muster.

Schaubild 5.1: Anteil der Parteien, die 1924 (oder bei der ersten nationalen Wahl nach diesem Jahr) auf einen der beiden ersten Plätze kamen und auch zu späteren Beobachtungszeitpunkten dort lagen (in Prozent)

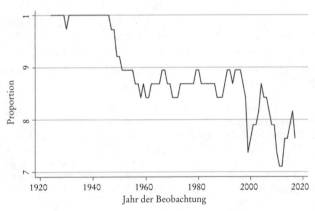

Diese Grafik gibt jedoch nur unzureichenden Aufschluss über die ursprüngliche Stabilität und ihre gegenwärtige Erosion. Die Stabilität wird unterschätzt, weil mehrere Länder ein System mit drei oder sogar vier Parteien hatten, in dem die Unterschiede zwischen den Stimmenanteilen der Parteien gering waren, weshalb sich ihre relativen Positionen eigentlich leicht hätten verschieben können. Und wenn wir statt der Programme nur die Namen der Parteien betrachten, entgeht uns die allgemeine ideologische Verschiebung nach rechts, von der sowohl die Mitte-links-Parteien als auch die Mitte-rechts-Parteien betroffen sind (siehe Maravall 2016). Würden wir die programmatische Ausrichtung berücksichtigen, so sähen wir in den letzten Jahren eine deutlichere Destabilisierung.

Schaubild 5.2: Entwicklung der effektiven Parteienzahl im Parteiensystem

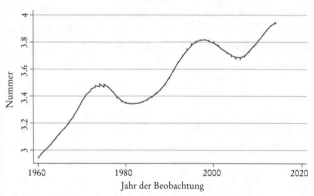

Anmerkung: Zur Länderauswahl siehe Fußnote 1 auf S. 103; Lowess-Glättung.
Quelle: Armingeon et al., CPDS (2016)

Wie Schaubild 5.2 zeigt, ist die effektive Parteienanzahl seit Anfang der achtziger Jahre gestiegen, wobei in den letzten

Jahren noch einmal ein deutlicher Zuwachs zu beobachten war.

All diese Trends deuten darauf hin, dass die traditionellen Parteiensysteme zerbröckeln. Aber man könnte argumentieren, dass dies kein Krisenzeichen, sondern lediglich eine normale parteipolitische Neuverteilung ist, die zu einer Revitalisierung der Demokratie führen wird. Es bleibt zu hoffen, dass wir im Nachhinein feststellen werden, dass dies tatsächlich der Fall gewesen ist. Aber gegenwärtig sehen wir lediglich, dass das alte Parteiensystem, das sich über ein Dreivierteljahrhundert verfestigt hatte, zerfällt und dass sich bisher kein stabiles neues Muster herauskristallisiert. Wir haben es also mit einer Krise zu tun: Das Alte stirbt, und das Neue ist noch nicht zur Welt gekommen. Obendrein wird es, sollte das System tatsächlich neu geordnet werden, zu einem Aufstieg fremdenfeindlicher Parteien kommen, die wenig für die demokratischen Normen übrighaben. Wie Thomas Piketty (2018) erklärt, könnten angesichts multidimensionaler Spaltungen des Wahlvolkes unterschiedliche Formationen entstehen. Er vermutet, dass die Neuordnung in Frankreich und den Vereinigten Staaten entlang der Grenze zwischen »Globalisten« und »Nativisten« stattfinden könnte, während in Großbritannien ein »Zwei-Eliten-Modell« (Reiche gegen Gebildete) Bestand haben dürfte. Bemerkenswert ist, dass dieses Phänomen in fast allen entwickelten Demokratien zu beobachten ist, was zeigt, dass etwas Sonderbares vor sich geht.

5.2 Der Vormarsch des rechten Populismus

Die vorherrschende Stimmung ist populistisch. Der Populismus ist ein ideologischer Zwilling des Neoliberalismus. Beide behaupten, die Gesellschaftsordnung werde spontan von einem einzelnen Demiurg geschaffen: vom »Markt« beziehungsweise vom »Volk«, wobei das zweite stets im Singular steht: *le peuple*, *el pueblo*, *lud*. Beide sprechen den Institutionen jeglichen Nutzen ab: Spontaneität genügt. Kein Wunder, dass sie gemeinsam auf der historischen Bühne auftreten.

Viele neue Parteien behaupten, »das System«, »das Establishment« oder »die Eliten« zu bekämpfen. Sie sind insofern »populistisch«, als sie die Politik als Domäne einer »Elite« – als »Kaste« (*casta*) im Sprachgebrauch der linkssozialistischen spanischen Unidas Podemos, als »Sumpf« (*swamp*) in den Worten Donald Trumps – betrachten, die ein in sich nicht weiter differenziertes »Volk« betrügt, missbraucht oder ausnutzt (Mudde 2004: 543). Solche Behauptungen werden sowohl bei der Linken als auch bei der Rechten erhoben (Rooduijn/Akkerman 2017). Wie die französische Wahl von 2017 gezeigt hat, können sie ihren Ursprung sogar in der Mitte haben, auch wenn das Parlament, das aus jener Wahl hervorging, noch elitärer war als das vorhergehende und lediglich eine geringere Zahl von Berufspolitikern enthielt. Die populistischen Parteien sind insofern nicht antidemokratisch, als sie nicht verlangen, Wahlen durch eine andere Methode zur Bestimmung der Regierung zu ersetzen. Selbst wenn sie eine Sehnsucht nach starken Führern hegen, wollen sie, dass diese Führer gewählt werden. Zwar gibt es politische Kräfte, welche die Demokratie infrage stellen, aber sie sind vollkommen marginalisiert. Die populistischen Parteien links wie rechts behaupten, die traditionellen repräsentativen Institutionen unterdrückten die Stimme »des Volkes«, und rufen nach einer neuen Form der »direkten« Demokratie, die eher geeignet sei, die »Volkssouveränität« zu verwirklichen (Pasquino 2008) und die Regierung »dem Volk« näherzubringen (Canovan 2002). Ihr bevorzugtes Instrument sind auf Initiative von Bürgern vorangetriebene Referenden, ansonsten sind ihre Vorhaben für Verfassungsreformen jedoch eher unbestimmt. Die populistischen Parteien sind also antiinstitutionell, aber nicht antidemokratisch. Als der mittlerweile amtierende mexikanische Präsident Andrés Manuel López Obrador 2006 die Wahl verloren hatte, rief er aus: »Zur Hölle mit euren Institutionen!« (»Al diablo con vuestras instituciones!«)

In wirtschaftlichen Fragen sind die linken populistischen Parteien entschieden egalitär. Die Haltung der Rechtsparteien ist ambivalenter: Sie wollen die Unterstützung des traditionellen Kleinbürgertums nicht verlieren, das Steuersenkungen und einen flexiblen Arbeitsmarkt fordert, gleichzeitig jedoch Industriearbeiter für sich gewinnen, die einen besseren Schutz ihrer Arbeitsplätze und eine umfassendere Einkommensumverteilung verlangen (Iversflaten 2005). Beide Extreme sind ausgesprochen protektionistisch (Guiso et al. 2017; Rodrik 2017). Sie widersetzen sich der Globalisierung und lehnen die europäische Einigung ab. Zumindest in einigen Ländern führt das dazu, dass sich die Wirtschaftspolitik der radikalen Linken nicht allzu sehr von jener der radikalen Rechten unterscheidet. Beispielsweise zeigt ein Vergleich der Wahlprogramme des radikal linken Kandidaten Jean-Luc Mélenchon und der radikal rechten Marine Le Pen bei den französischen Präsidentschaftswahlen 2017, dass sie ähnliche Vorstellungen in Bezug auf Wirtschaft, Sozialstaat, Arbeitnehmerrechte und Protektionismus hatten (vgl. z. B. N. N. 2017a).

Doch hier enden die Gemeinsamkeiten. Deutliche Unterschiede gibt es in Bezug auf Einwanderung, Fremdenfeindlichkeit und Rassismus. Einige linkspopulistische Parteien – Unidas Podemos in Spanien, Syriza in Griechenland – stehen der Koexistenz verschiedener Kulturen positiv gegenüber, betrachten Einwanderer als Gewinn für die Wirtschaft und lehnen den Rassismus entschieden ab. Im Gegensatz dazu sind die Parteien, die üblicherweise der »extremen« oder »radikalen« Rechten zugeordnet werden, nationalistisch und fremdenfeindlich oder »nativistisch«. Sie neigen auch zu rassistischen Vorstellungen und befürworten eine repressive Law-and-Order-Politik. In Wahlkämpfen konzentrieren sie sich auf die Zuwanderung (Arzheimer 2013). Sie verteidigen »nationale Werte« – einer der Lieblingsausdrücke von Marine Le Pen –, wollen Zuwanderer von Sozialleistungen ausschließen, fordern eine nationalistische Indoktrination in der Bildung, ein Verbot von Halal-Speisen in Schulmensen, eine Kleiderordnung für Schüler usw. Insofern sind sie autoritär. Trotz Vorbehalten verwende ich in Anlehnung an Matt Golder zur Beschreibung solcher Parteien das Etikett »rechtsradikal«.

Während sich über die Einstufung einzelner Parteien diskutieren lässt, können kaum Zweifel am allgemeinen Trend bestehen. Schaubild 5.3 zeigt den Aufstieg rechtsradikaler Parteien in europäischen und angelsächsischen Demokratien bis 2014.[2] Doch hinter diesem Bild verbergen sich erhebliche Unterschiede zwischen den einzelnen Ländern.

Die höchsten Stimmenanteile haben rechtsradikale Parteien in jüngster Zeit in der Schweiz, in Österreich und in Dänemark errungen, wo sie bei Wahlen mehr als 20 Prozent erreicht haben. In Frankreich haben es Jean-Marie (2002) und Marine Le Pen (2017) in die zweite Runde von Präsidentschaftswahlen geschafft, in Österreich scheiterte der Kandidat der Freiheitlichen Volkspartei (FPÖ) 2016 nur knapp.

---

2 Armingeon et al. (2016) verwenden die Bezeichnung »populistische Rechte« und fassen zusammen, wo Golder (2016) zwischen »rechtsextrem« und »rechtsradikal« unterscheidet. Sie stufen die ungarische Fidesz, die polnische PiS und die britische Ukip nicht als »rechte« Parteien ein, während ich das sehr wohl tue. Die Datenreihe endet im Jahr 2014.

Schaubild 5.3: Durchschnittlicher jährlicher Stimmenanteil der radikalen Rechten bis 2014

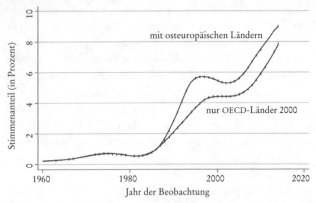

Quelle: Armingeon et al., CPDS (2016), mit Modifikationen für Ungarn und Polen; Lowess-Glättung

Auf der anderen Seite gibt es in fünf der uns hier interessierenden Länder gegenwärtig keine solche Partei bzw. keine mit nennenswertem Zuspruch seitens der Wähler. Die Trends sind einmal mehr nicht einheitlich: In Norwegen, Schweden, Deutschland und Spanien haben rechtsradikale Parteien erst in jüngster Zeit Zulauf erhalten, während sie in Belgien und Italien relativ früh Erfolge hatten und dann stagnierten, um zuletzt wieder stärker zu werden.

Offen bleibt, wie man traditionelle Mitte-rechts-Parteien einordnen soll, die sich radikalisiert haben, also beispielsweise die ungarische Fidesz, die polnische PiS oder die Republikanische Partei in den Vereinigten Staaten. Auch wenn Armingeon et al. (2016) sie nicht so kategorisieren, erfüllen sie mittlerweile sämtliche Kriterien, die von den meisten Forschern herangezogen werden, um Parteien als rechtsradikal einzustufen.

Tabelle 5.1: Stimmenanteil radikal rechter Parteien (in Prozent)

Land	maximaler Anteil vor der jüngsten Wahl[a]	bei den letzten Parlamentswahlen	bei den letzten Präsidentschaftswahlen[b]
Belgien	14,0	3,7	
Dänemark	21,1	21,1	
Deutschland	4,7	12,6	
Finnland	19,1	17,7	9,4
Frankreich	14,9	14,4[c]	26,0[c]
Griechenland	14,4	10,7[d]	
Großbritannien	3,1	1,8	
Island	3,0	0,0	
Italien	25,8	4,1	
Japan	14,9	2,1	
Luxemburg	2,3	0,0	
Niederlande	17,0	13,1	
Norwegen	16,3	15,2	
Österreich	28,2	26,8	35,1
Spanien	2,1	0,0	
Schweden	5,7	12,9	
Schweiz	28,9	26,6	

Anmerkung: Daten bis 15. Oktober 2017. In Australien, Kanada, Irland, Neuseeland und Portugal haben rechtsradikale Parteien nie nennenswerte Stimmenanteile erreicht. (a) Zum Unterhaus, sofern es mehrere Kammern gibt; für Frankreich werden Wahlergebnisse in der ersten Runde angegeben; (c) Front National + Debout La France; (d) Goldene Morgenröte + ANEL.

Quelle: Armingeon et al., Comparative Political Data Set (CPDS) (2016); anhand eigener Recherchen aktualisiert

Die traditionellen Parteien verlieren Rückhalt bei potenziellen Wählerinnen, während rechtsradikale Parteien wachsenden Zulauf erhalten. Aber liegt das daran, dass die Polarisierung der politischen Meinungen zunimmt und die Wähler Parteien mit extremen Positionen zuneigen, oder ist der Grund darin zu suchen, dass die traditionellen Parteien den Kontakt zu ihren Anhängern verloren haben? Der Niedergang der traditionellen Parteien muss nicht unbedingt mit einer Erosion gemäßigter politischer Positionen in der Bevölkerung zusammenhängen, sondern kann seine Ursache einfach in der Enttäuschung über diese Parteien haben. Wenn die Bürger glauben, dass die Politiker »alle gleich sind«, dass sämtliche Berufspolitiker eigennützig, unaufrichtig oder korrupt sind, dann wenden sie sich unabhängig davon, ob sie sich als links, rechts oder gemäßigt betrachten, von diesen Politikerinnen ab. Das bedeutet, dass der Abstieg der traditionellen Parteien nicht zwangsläufig darauf hindeutet, dass die politische Mitte zusammenschmilzt.

Der Niedergang der traditionellen Parteien ist unübersehbar. Schaubild 5.4 gibt Aufschluss über die Entwicklung des Stimmenanteils der führenden sozialdemokratischen, konservativen, liberalen, religiösen und kommunistischen Parteien gemäß der Einstufung von Armingeon et al., die unterste Linie zeigt den Aufstieg rechtsradikaler Parteien. Es überrascht möglicherweise, dass der schwindende Rückhalt für die traditionellen und der Aufstieg neuer Parteien mit einem deutlichen Rückgang der Wahlbeteiligung einhergeht (Schaubild 5.5).

Das ist kein Zufall. Guiso et al. (2017) haben darauf hingewiesen, dass man, wenn die Entscheidung, zur Wahl zu gehen, und die Entscheidung für eine populistische Partei gemeinsame Ursachen haben, eine negative Korrelation zwischen dem Anteil der Nichtwähler und dem Stimmenanteil rechts-

Schaubild 5.4: Jährlicher Stimmenanteil der jeweiligen Parteien

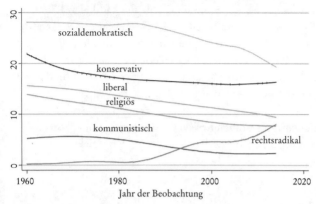

Anmerkung: Zur Länderauswahl siehe Fn. 1 auf S. 103 ; Lowess-Glättung.
Quelle: Armingeon et al., CPDS (2016)

Schaubild 5.5: Entwicklung der Wahlbeteiligung

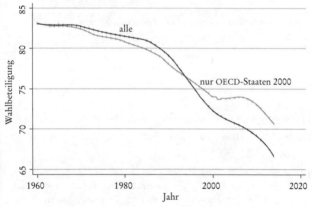

Anmerkung: Zur Länderauswahl siehe Fn. 1 auf S. 103 ; Lowess-Glättung.
Quelle: Armingeon et al., CPDS (2016)

radikaler Parteien erwarten sollte. Länderspezifische Regressionsanalysen der Stimmenanteile der radikalen Rechten in Relation zur Wahlbeteiligung (Schaubild 5.6) zeigen, dass Dänemark in der Gruppe jener zehn Länder, die im Jahr 1990 OECD-Mitglieder waren und nennenswerte rechtsradikale Parteien beherbergen, das einzige Land ist, in dem dieses Verhältnis positiv war.[3]

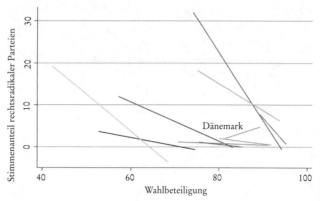

Schaubild 5.6: Wahlbeteiligung und Stimmenanteil rechtsradikaler Parteien in zehn entwickelten Demokratien

Quelle: Armingeon et al., CPDS (2016); linearer Ausgleich

Die verfügbaren Daten geben keinen Aufschluss darüber, inwieweit der Anstieg des Stimmenanteils der rechtsradikalen

---

[3] Für die gepoolten Daten aller untersuchten Länder ergibt eine KQ-Regression mit festen Effekten einen Koeffizienten von [−0,168, −0,095; N = 1571] im Konfidenzintervall. Da es in mehreren Ländern keine rechtsradikalen Parteien gibt, habe ich auch eine Tobit-Regression mit zufälligen Effekten geschätzt, die einen noch deutlicher negativen Koeffizienten ergibt: [−0,487, −0,274; 453 nicht zensierte Beobachtungen].

Parteien auf einen Anstieg der Zahl ihrer Anhänger oder darauf zurückzuführen ist, dass die Wahlbeteiligung zentristischer Wähler sinkt. Doch es ist sehr wohl denkbar, dass Letzteres der Fall ist.

Aber warum gehen Bürgerinnen, die der politischen Mitte zuzuordnen sind, nicht zur Wahl? Es gibt zwei mögliche Erklärungen, die einander nicht unbedingt widersprechen. Die erste lautet: Die Stagflationskrise der siebziger Jahre und die Wahlsiege Thatchers und Reagans drängten die traditionellen Mitte-rechts-Parteien weiter nach rechts. Aus irgendeinem Grund, vielleicht aufgrund des wirtschaftlichen Fiaskos im ersten Regierungsjahr von François Mitterrand, vollzogen die Sozialisten und Sozialdemokraten ebenfalls einen »Rechtsschwenk« und eigneten sich die Sprache der »Abwägung« zwischen Gleichheit und Effizienz, der Haushaltsdisziplin und der flexiblen Arbeitsmärkte an. Die Folge war, dass die ideologische Distanz zwischen den großen Mittelinks- und Mitte-rechts-Parteien der Nachkriegszeit deutlich schrumpfte; lediglich nach der Finanzkrise von 2008 kam es möglicherweise zu einer geringfügigen Zunahme der Distanz, wie Schaubild 5.7 zeigt.

Die Konvergenz der Parteiprogramme auf der Links/rechts-Skala ist jedoch nicht die einzige plausible Erklärung. Bereits Seymour Martin Lipset (1960) war der Ansicht, die politischen Einstellungen seien zweidimensional, wobei die zweite Dimension der »Autoritarismus« sei.[4] Jeremy Albright beobachtet »eine stetig sinkende Fähigkeit [der Dimension links/rechts] zur Erfassung des Verhaltens der Parteien« (Albright 2010: 714). Wirtschaftliche Fragen sind in den

---

4 Siehe allgemein zu Fragen der Zweidimensionalität und zu Parteistrategien im Umgang mit einer zweiten Dimension die Sonderausgabe von *Party Politics* (21/6 2015) und dort die Einleitung von Elias/Szocsik/Zuber 2015.

Schaubild 5.7: Entwicklung der ideologischen Distanz zwischen den Parteien in der politischen Mitte

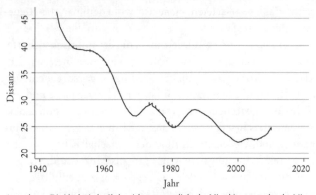

Anmerkung: Die ideologische Skala reicht von –100 links der Mitte bis +100 rechts der Mitte. Berücksichtigt sind die westeuropäischen Länder sowie Australien, Israel, Japan und Neuseeland; Lowess-Glättung.

Quelle: Manifestos Project, mit freundlicher Genehmigung von José Mariá Maravall

meisten Ländern immer noch die wichtigste Dimension, in der die Parteien miteinander konkurrieren (Huber/Inglehart 1995; Wagner 2012), aber seit den siebziger Jahren haben soziale und kulturelle Fragen an Bedeutung gewonnen (Inglehart/Flanagan 1987). Darüber hinaus weisen einige Autoren darauf hin, dass die kulturelle und die wirtschaftliche Dimension in vielen Ländern nicht klar miteinander korrelieren, weshalb der politische Raum nicht mit einer einzigen Links-rechts-Achse erfasst werden könne, sondern als zweidimensional dargestellt werden müsse (Kitschelt 1994; Kriesi et al. 2006, 2012; Marks et al. 2006). Beispielsweise haben Brady, Ferejohn und Papano in einer Studie über sieben Länder festgestellt, dass die traditionellen Parteien eine einwanderungsfreundlichere Politik betreiben, als sich ihre Anhänger wünschen; die Autoren schreiben die Schwächung dieser

Parteien der in dieser Hinsicht wachsenden Distanz zu ihrer Wählerschaft zu: »[D]ie Einwanderung hat einen Keil zwischen die Großparteien – jene, die regelmäßig an der Regierung beteiligt sind – und ihre Anhänger getrieben, und in die so entstandene Kluft stoßen Bewegungen innerhalb oder außerhalb der existierenden Parteien vor.« (Brady/Ferejohn/Papano 2017: 2) Lange Zeit behaupteten radikal rechte Parteien, die Ausländer nähmen »uns unsere Arbeitsplätze weg«, aber in jüngster Zeit ist daraus die Behauptung geworden, wir müssten »für sie bezahlen«, schließlich bezahle die »Mittelschicht« für die Armen, genauer gesagt für die Einwanderer und insbesondere für jene mit einer anderen Hautfarbe. »Wenn Haushalte illegaler Einwanderer sehr viel mehr Sozialleistungen von der Bundesregierung – als ›einheimische [*native*] amerikanische Haushalte⁵ – bekommen, stimmt eindeutig mit dem System etwas nicht«, schrieb Trump im Jahr 2016 in einem Facebook-Post. »Ich werde das in Ordnung bringen.« Brady, Ferejohn und Paparo schreiben, die Bezugnahme auf Einwanderung gebe »Entwicklungen ein Gesicht, die auch auf andere Kräfte zurückzuführen sein könnten« (ebd.: 4). Daher lautet eine alternative Erklärung, dass sich die traditionellen Parteien ungeachtet ihrer Position auf der Links-rechts-Skala in der Frage der Einwanderung von den Präferenzen ihrer Wähler entfernt haben, was zu einer Entfremdung ihrer Anhängerschaft führt.

Offen bleibt, warum sich die Parteien der Mitte in einer zweiten Dimension, welche auch immer das ist, dauerhaft von ihren Wählern entfernen sollten. Eine plausible Erklärung liefert Rafaela M. Dancygier (2017). Die Anpassung an fremdenfeindliche Präferenzen koste diese Parteien Wähler-

---

5 Auf das öffnende folgt in dem Post kein schließendes Anführungszeichen; Anm. d. Ü.

stimmen, weil dann jene Wähler, die Dancygier als »Kosmopoliten« bezeichnet, ihnen die Unterstützung entziehen. Die Parteien der Mitte müssen also entscheiden, welche Sektoren des Wahlvolks sie für sich gewinnen wollen. Sie nehmen eine fremdenfeindliche Haltung ein, wo dies wahltaktisch vorteilhaft ist, und verzichten auf Appelle an xenophobe Neigungen, wenn sie damit die Unterstützung ihrer Anhängerschaft verlieren würden. Selbst wenn sie ihren potenziellen Stimmenanteil vollkommen ausschöpfen, stoßen sie so oder so an elektorale Beschränkungen. In einem Gleichgewichtszustand werden sie in der kulturellen Dimension also stets auf Distanz zu einem Teil ihrer potenziellen Wähler bleiben.

Bevor wir die Ergebnisse zusammenfassen, sollten wir uns ein Land genauer ansehen, das wertvolle Aufschlüsse liefert. In Frankreich stimmte 2018 eine große Mehrheit – 71 Prozent – der Befragten der Aussage zu, die Kategorien links und rechts seien »obsolet« (im Jahr 2013 waren lediglich 57 Prozent dieser Meinung gewesen), aber 94 Prozent waren immer noch in der Lage, sich selbst auf der Links-rechts-Achse einzuordnen (Hastings 2018). Dasselbe gilt für 91 Prozent der Europäer insgesamt (mit Ausnahme der Russen; Cautres 2018). In den vergangenen vierzig Jahren wechselte die Macht in Frankreich mehrfach zwischen den Parteien. Obwohl sich sämtliche Regierungen auf die Verringerung der Arbeitslosigkeit konzentrierten, sank die Arbeitslosenrate nie unter 9 Prozent. Wie Brice Teinturier (2018: 65) berichtet, fragen sich die Wählerinnen und Wähler daher, ob sich die Politik überhaupt auf ihr Leben auswirkt. Seit 2013 stimmen zwischen 75 und 83 Prozent der Franzosen folgender Aussage zu: »Das demokratische System funktioniert in Frankreich eher schlecht. Ich habe den Eindruck, dass meine Vorstellungen nicht ausreichend vertreten werden.« Darüber hinaus stimmen rund zwei Drittel der Befragten der Aussage

»Die meisten Politiker sind korrupt« zu, und zwischen 83 und 89 Prozent sind der Meinung, dass die Politiker »in erster Linie in ihrem persönlichen Interesse handeln«. 40 Prozent der Franzosen sind von der Politik »enttäuscht«, 20 Prozent empfinden »Abscheu«, 13 Prozent »Wut« und 9 Prozent »Gleichgültigkeit« (alle Zahlen aus Teinturier 2018). Der Anteil der Nichtwählerinnen bei Parlamentswahlen ist seit den achtziger Jahren, jener bei Präsidentschaftswahlen seit 2007 deutlich gestiegen. Insgesamt deuten diese Entwicklungen darauf hin, dass die meisten Bürgerinnen die traditionellen Parteien ablehnen, obwohl die Links-rechts-Dimension so bedeutsam ist wie eh und je.

Gleichzeitig herrscht die erwähnte Einschätzung vor, dass der Themenraum nicht eindimensional ist. In Anlehnung an Ronald Inglehart betrachtet Martial Foucault (2018) die zweite Dimension als im weitesten Sinn kulturell, ohne jedoch ihre Bestandteile zu spezifizieren oder ihre Unabhängigkeit von der wirtschaftlichen Dimension zu zeigen. In einem gewagten Roman (*Unterwerfung*, 2015) beschwört Michel Houellebecq das Schreckgespenst einer katholisch-islamischen Koalition herauf, die den säkularen republikanischen Kräften den Krieg erklären werde. Den einzigen belastbaren Beleg für die angesprochene Multidimensionalität hat meines Wissens Piketty (2018) vorgelegt, der Wähler auf der Grundlage von Nachwahlbefragungen anhand ihrer Einstellungen zu Umverteilung und Einwanderung klassifiziert und zeigt, dass im Jahr 2017 je etwa ein Viertel der Wähler einem der entsprechenden vier Felder zuzuordnen war. Dieses Ergebnis deutet darauf hin, dass die Frage der Einwanderung die Wähler unabhängig von der Rechts-links-Dimension spaltet. Es ist jedoch nicht klar, welche Faktoren sonst noch zu einer solchen Spaltung beitragen.

Die Präsidentschaftswahl von 2017 endete zudem mit

einem Debakel der traditionellen Linken, die in ihren klassischen Unterstützergruppen dramatisch an Zuspruch verlor. Bei den 18- bis 39-Jährigen sank ihr Anteil von 31 auf 7 Prozent, bei Menschen mit Hochschulabschluss von 33 auf 7, bei den Beschäftigten im öffentlichen Dienst von 41 auf 8 Prozent. Aber die Wähler, die sich von den Sozialisten abwandten, liefen anscheinend entweder zum linksradikalen Kandidaten oder zu dem der Mitte über, während die Rechte nicht profitierte. Zwar war die Wahl von 2017 die erste, bei der sich mehr Arbeiter für den rechtsextremen Front National als für die Parteien der Linken entschieden, aber die meisten Angehörigen dieser Gruppe gehen mittlerweile gar nicht mehr wählen (Foucault 2018).

Trotz all dieser Daten ist schwer zu sagen, in welchem Maß die jüngsten politischen Umwälzungen in Frankreich auf eine allgemeine Unzufriedenheit mit den traditionellen Parteien – auf eine Krise der Repräsentation – zurückzuführen sind und inwieweit sie mit einer wachsenden Bedeutung einer zweiten Dimension zusammenhängen, welche die Wählerschaft unabhängig von der wirtschaftlichen spaltet. Piketty (2018: 26f.) berichtet, dass der Anteil der Wähler, die erklären, in Frankreich gebe es »zu viele Einwanderer«, im Lauf der Zeit gesunken ist, und dasselbe gilt für die Bedeutung der religiösen Dimension. Es ist also nicht klar, ob der Zusammenbruch der traditionellen Mitte-links- und Mitte-rechts-Parteien auf die Unzufriedenheit der Wähler mit den Politikerinnen oder auf deren Entfernung von den Wählern in der Frage der Einwanderung zurückzuführen ist.

Allgemein stellen wir fest, dass die Unterstützung für die traditionell in der politischen Mitte angesiedelten Parteien überall in Europa bröckelt und dass ein Teil der gemäßigten Wählerinnen und Wähler von der Teilnahme an Wahlen Abstand nimmt, während die Stimmenanteile radikal rechter Parteien – wenn auch nicht unbedingt die absolute Zahl ihrer Anhänger – steigen. Außerdem will ich die in Abschnitt 5.1 vorgebrachte Einschränkung wiederholen, dass die Ablehnung der zentristischen Parteien unter Umständen nur ein vorübergehendes Phänomen ist: Es besteht die Möglichkeit, dass die traditionellen Parteien der Mitte durch neue ersetzt werden, die zentristische Wähler mobilisieren und ein weiteres Abdriften des Wahlvolks zur radikalen Rechten verhindern werden. Das scheint gegenwärtig in Frankreich zu geschehen. Es ist jedoch auch möglich, dass die Mitte weiter schrumpft und dass fremdenfeindliche populistische Parteien noch stärker werden. Eine weitere Möglichkeit ist, dass die traditionellen Parteien der Mitte den Aufstieg der radikalen Rechten nur bremsen können, indem sie sich selbst deren Positionen annähern.

5.3 Meinungsumfragen: Schwindender Rückhalt für die Demokratie

Als Beleg für die These, dass die Unterstützung für die Demokratie schwindet, werden verschiedenste Umfragen ins Feld geführt. Es ist von einem »Rückzug der Demokratie« oder von einer »demokratischen Dekonsolidierung« die Rede. Insbesondere Roberto Stefan Foa und Yascha Mounk (2016) finden es alarmierend, dass es in sechs von ihnen untersuchten Ländern für viele junge Menschen »nicht unbedingt unverzichtbar ist, in einer Demokratie zu leben«.[6] Armingeon und Guthmann (2014) werteten 78 Umfragen aus

---

6 Zu den Thesen von Foa und Mounk hat das *Journal of Democracy* einige Repliken online zugänglich gemacht unter: {https://www.journalofdemocracy.org/online-exchange-democratic-deconsolidation/} (Stand Juli 2020).

26 EU-Ländern aus, um herauszufinden, wie sich die Beziehung der Bürger zur Demokratie zwischen 2007 und 2011 entwickelt hatte. Sie stellten fest, dass die Zustimmung für die Demokratie in zwanzig Ländern abgenommen und in sechs Ländern zugenommen hatte, wobei der Rückgang insgesamt bei 7,2 Prozentpunkten lag. In den Ländern, die von der Finanzkrise 2008 besonders schwer getroffen worden waren, vor allem in Griechenland und Spanien, war die Unterstützung für die Demokratie am deutlichsten gesunken. Ähnliche Schlüsse bezüglich der Auswirkungen der Krise von 2008 können aus Umfragen der World-Values-Studies gezogen werden, bei denen Personen gefragt werden, inwieweit sie der Demokratie, Experten, der Armee oder starken Führern vertrauen; allerdings sind die über längere Zeiträume hinweg beobachteten Muster hier weniger eindeutig. Am deutlichsten hat das relative Ansehen der Demokratie seit dem Zeitraum 1994-98 in den Vereinigten Staaten gelitten (Weakliem 2016a). Die Umfragen zeigen zudem ein sinkendes Vertrauen in andere (also nicht nur in repräsentative) Institutionen. Zumindest in den USA hat auch das Vertrauen in Zeitungen, das Fernsehen, Banken, Großunternehmen, Kirchen sowie andere religiöse Organisationen, Schulen und das Gesundheitswesen deutlich nachgelassen (Weakliem 2016b, gestützt auf Daten von Gallup).

Deuten diese Zahlen auf eine Krise der Demokratie hin? Wenn die Krise durch diese Zahlen definiert wird, ist dies lediglich eine Tautologie, wenn auch eine, die von denen, die dieses Zahlen sammeln, häufig geäußert wird. Aber sollten wir sie als Vorboten eines Zusammenbruchs der Demokratie interpretieren? In zahlreichen Artikeln ist davon die Rede, dass diese Zahlen »das Ende der Demokratie ankündigen«. Doch obwohl solche Daten entmutigend sind, gibt es keinen Beleg dafür, dass sie irgendetwas vorhersagen. Sechs Monate vor dem Putsch in Chile glaubten nur 27,5 Prozent der Befragten, dass »ein Militärputsch für Chile vorteilhaft wäre« (Navia/Osorio 2018). Ob die Demokratie auf Demokraten angewiesen ist, ob ihr Überleben von den individuellen Einstellungen abhängt, ist umstritten. Selbst wenn es so wäre, führen die in Umfragen gegebenen Antworten nur dann zu einer Erosion der Demokratie, wenn organisierte politische Gruppen entsprechend handeln.

Die Antworten auf die in Meinungsumfragen gestellten Fragen liefern Erkenntnisse, aber sie erlauben keine Vorhersagen. Zum einen weiß niemand, was die Menschen in verschiedenen Ländern und zu unterschiedlichen Zeitpunkten unter »Demokratie« verstehen, wenn sie die Frage beantworten, ob die »Demokratie« die beste Regierungsform darstellt oder ob es in ihren Augen unverzichtbar ist, dass ihr Land »demokratisch« regiert wird. Während die Eliten die Demokratie als institutionelles Gefüge betrachten, legen die Ergebnisse mehrerer Umfragen nahe, dass die Masse der Bevölkerung darunter ein System versteht, das »soziale und wirtschaftliche Gleichheit« gewährleistet. Und selbst wenn neuere Umfrageergebnisse darauf hindeuten, dass viele Leute gerne von »starken Führern« und viele andere am liebsten von parteiunabhängigen »Experten« regiert würden, stellt sich die Frage, ob das bedeutet, dass sie nicht darüber entscheiden wollen, wer diese Führer oder Experten sein sollen. Die Vorliebe für die Wahl der Regierung ist eine erworbene Neigung, aber hat man sie einmal entwickelt, wird man süchtig nach dem Mitbestimmungsrecht. Der Wunsch nach einer effektiven und kompetenten Regierung, die das Leben der Bürger verbessern kann, bedingt keinen Verzicht auf das Recht, diese Regierung zu wählen und im Fall ihres Versagens durch eine andere zu ersetzen. Und obwohl die Unterstützung für die Demokratie Umfragen zufolge in verschiedenen entwickelten Ländern in den vergangenen drei Jahrzehnten stark schwankte, brach das System in keinem dieser Länder zusammen. Es mag besorgniserregend sein, wenn nur wenige Bürger den politischen Parteien, Parlamenten oder Regierungen vertrauen, wenn die Überzeugung, die Demokratie sei das beste Regierungssystem, schwindet oder wenn die Sehnsucht nach starken Führern oder nach einer Herrschaft der Experten wächst. Aber die Antworten auf entsprechende Fragen erlauben keinerlei Vorhersagen dazu, ob die Demokratie kollabieren wird oder nicht. Wir sollten aus den Ergebnissen von Meinungsumfragen keine Schlüsse bezüglich der Überlebensfähigkeit der Demokratie ziehen.

6
Mögliche Ursachen

Ein irischer Witz geht so: Ein Touristenpaar verirrt sich auf einer Wanderung in Irland. Die beiden fragen einen Bauern, der auf seinem Feld arbeitet: »Wie kommen wir von hier nach Dublin?« Der Bauer antwortet: »Zunächst einmal sollten Sie nicht hier losgehen.«

Wo sollen wir mit den Erklärungen ansetzen? Ist es die Globalisierung, der technologische Wandel, das Ende des Klassenkompromisses, die Zuwanderung, das Schüren von Vorurteilen durch aufrührerische Politiker? Oder ist es etwas ganz anderes? In diesem Kapitel werde ich einfach die möglichen Erklärungen katalogisieren, ohne zu versuchen, ihre Plausibilität zu beurteilen. Mit der Frage der Kausalität beschäftige ich mich in Kapitel 7.

6.1 Die Wirtschaft: Einkommensstagnation, Ungleichheit und Mobilität

Es liegt nahe, bei der Wirtschaft anzusetzen. Die wirtschaftlichen Entwicklungen der vergangenen Jahrzehnte können grob drei Transformationen zugeordnet werden, die zwei Auswirkungen gehabt haben. Diese Transformationen sind: (1) Verlangsamung des Wirtschaftswachstums in den bereits entwickelten Ländern; (2) zunehmende Einkommensungleichheit zwischen Individuen und zwischen Haushalten sowie eine sinkende Lohnquote in der Industrie; (3) Beschäftigungsrückgang in der Industrie und Wachstum des Dienst-

Schaubild 6.1: Wachstumsrate (in Prozent) des Pro-Kopf-Einkommens

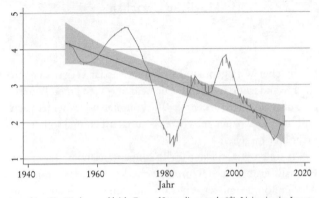

Anmerkung: Zur Länderauswahl siehe Fn. 1 auf S. 103; die unregelmäßig Linie zeigt eine Lowess-Glättung, die angepasste Linie eine fraktionale polynomiale Regression mit einem 95-prozentigen Konfidenzintervall.
Quelle: Armingeon et al., CPDS (2016)

leistungssektors, insbesondere der schlecht bezahlten Tätigkeiten. Sehen wir uns einige Fakten an.

Die Wachstumsrate entwickelter demokratischer Länder ist von etwa 4 Prozent in den ersten Jahren nach dem Zweiten Weltkrieg auf rund 2 Prozent gesunken. Schaubild 6.1 gibt Aufschluss über die jährlichen Durchschnittswerte und den Trend. Wie in Schaubild 6.2 zu sehen, nahm die durchschnittliche Ungleichheit in vielen Ländern deutlich zu (das Bild sieht in den Ländern, die 1990 der OECD angehörten, fast identisch aus). In Schaubild 6.3 sehen wir, dass die durchschnittliche Lohnquote ab 1980 rasant fiel. Gleichzeitig sank die durchschnittliche Beschäftigung in der Industrie in absoluten Zahlen, während die Beschäftigung im Dienstleistungssektor zunahm (Schaubild 6.4).

Schaubild 6.2: Durchschnittlicher jährlicher Gini-Koeffizient der Bruttoeinkommen in Europa, Japan, Australien und Neuseeland

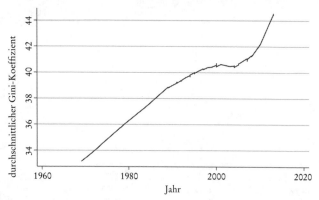

Quelle: Armingeon et al., CPDS (2016); Lowess-Glättung

Schaubild 6.3: Entwicklung der durchschnittlichen Lohnquote (in Prozent)

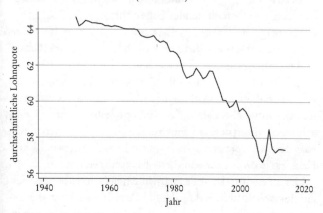

Quelle: Armingeon et al., CPDS (2016)

Schaubild 6.4: Entwicklung der durchschnittlichen Beschäftigung in den einzelnen Sektoren (absolute Zahlen in Tausend)

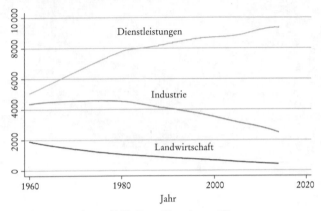

Anmerkung: Zur Länderauswahl siehe Fn. 1 auf S. 103; Lowess-Glättung.
Quelle: Armingeon et al., CPDS (2016)

Die erste Wirkung der Kombination von sinkenden Wachstumsraten und zunehmender Ungleichheit ist die Stagnation der niedrigeren Einkommen, ein Stillstand, der in den Vereinigten Staaten schon außergewöhnlich lange andauert (Schaubild 6.5). Etwas anders sieht das Bild in den übrigen Ländern aus, die im Jahr 1990 der OECD angehörten. Schaubild 6.6 zeigt, dass die Kluft zwischen den Einkommen des obersten und des untersten Dezils der Einkommensbezieher ab den achtziger Jahren deutlich wuchs, dass die Einkommen unterhalb des Medianwerts jedoch weiter langsam stiegen, bis die Finanzkrise von 2008 sämtliche Einkommen traf.

Der zweite Effekt ist der schwindende Glaube an materiellen Fortschritt. Nach Angabe des Pew Research Center gehen mittlerweile 58 Prozent der Befragten in den Vereinigten Staaten und 60 Prozent der befragten Europäer davon aus, dass es ihren Kindern finanziell schlechter gehen wird als ih-

Schaubild 6.5: Reale Entwicklung der Haushaltseinkommen ausgewählter Perzentile der Einkommensverteilung in den USA 1967-2011

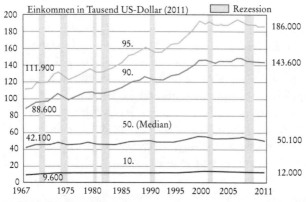

Quelle: United States Census Bureau

nen (Pew Research Center 2017a). Und dies ist nicht einfach eine subjektive Wahrnehmung. Chetty et al. (2016) haben ausgerechnet, dass in den USA im Jahr 1970 90 Prozent der Dreißigjährigen wirtschaftlich besser gestellt waren als ihre Eltern im selben Alter, während dies im Jahr 2010 nur noch für 50 Prozent der Personen in dieser Altersgruppe galt. Der Verlust des tief verwurzelten Glaubens an den intergenerationellen Fortschritt ist ein markanter historischer Bruch. Die Erwartung materiellen Fortschritts ist seit 200 Jahren ein elementarer Bestandteil der westlichen Zivilisation. Etwa seit 1820 erwartete jede Generation in Europa und den Vereinigten Staaten, sie würde ein besseres Leben haben als ihre Eltern, und tatsächlich hat sich diese Erwartung auch meist erfüllt. Mittlerweile ist der Glaube an einen stetig wachsenden Wohlstand jedoch erschüttert. Diese Transformation kann zweifellos tief greifende kulturelle und politische Konsequenzen haben.

Welches sind die Gründe für diese wirtschaftliche Transformation? Es gibt zwei naheliegende und plausible Hypothesen. Eine Erklärung kreist um die »Globalisierung«, das heißt um die Liberalisierung der Güter- und Kapitalmärkte sowie die Wirtschaftsreformen in China. Die zweite Erklärung ist ein *autogolpe* (Selbstputsch) des Bürgertums, das den Klassenkompromiss aufkündigte. Beide Entwicklungen können den Jahren 1978-80 zugeordnet werden, weshalb sich ihre Auswirkungen nicht einfach anhand des zeitlichen Verlaufs abwägen lassen. Möglicherweise hängen sie zusammen, aber ich werde sie separat untersuchen.

Schaubild 6.6: Entwicklung der Einkommen ausgewählter Gruppen in OECD-Mitgliedsländern (1990) ausschließlich der Vereinigten Staaten

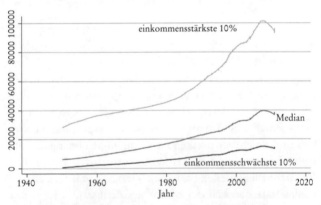

Quellen: PWT 9.0 und UNU-WIDER in USD-KKP (2011); Lowess-Glättung

Die Auswirkungen der wirtschaftlichen Entwicklung Chinas sind Gegenstand einer intensiven Kontroverse. Autor et al. (2003) sind zu dem Schluss gelangt, dass steigende Importe die Arbeitslosigkeit erhöhen, die Erwerbsquote verringern und auf lokalen Arbeitsmärkten, die mit Importen konfrontierte Industrien beherbergen, zu niedrigeren Löhnen führen (siehe auch Acemoğlu et al. 2016). Sie erklären ein Viertel des jüngsten Rückgangs der Beschäftigung im verarbeitenden Gewerbe der USA mit dem von chinesischen Importen ausgelösten Konkurrenzdruck. Jonathan Rothwell (2017) äußert jedoch Zweifel an diesen Schätzungen und geht davon aus, die ausländische Konkurrenz erhöhe das Risiko des Arbeitsplatzverlusts nicht stärker als der inländische Wettbewerb und die Menschen in den Kommunen, die der ausländischen Konkurrenz besonders ausgesetzt seien, befänden sich im Durchschnitt nicht in einer schlechteren Lage. Rothwell und Diego-Rosell gelangen zu folgender Einschätzung:

> Überraschenderweise besteht in Amerika anscheinend kein Zusammenhang zwischen einer größeren Verwundbarkeit durch Konkurrenz von Importgütern oder eingewanderten Arbeitskräften auf der einen und der Zustimmung zu einer nationalistischen Politik, wie Trump sie im Wahlkampf vertrat, auf der anderen Seite. (Rothwell/Diego-Rosell 2016)

Ouyang Miao (2016) weist darauf hin, dass der von Importen ausgehende Konkurrenzdruck die Preise senkt, und sieht einen deutlichen Wohlstandszuwachs dank des Handels mit China. Elhanan Helpman (2016) hat die einschlägige Literatur ausgewertet und kommt zu dem Ergebnis, die erhöhte Einkommensungleichheit sei im Wesentlichen auf andere Faktoren als den Welthandel zurückzuführen. Die Ökonomen müssen also ihre Meinungsverschiedenheiten klären. Klar ist nur, dass einige Gruppen durch die Globalisierung Wohlstandseinbußen erlitten haben, die nicht durch Umverteilungsmaßnahmen oder andere Eingriffe ausgeglichen worden sind (Rodrik 2017).

Eine alternative Erklärung ist das Ende des Klassenkompromisses. Besonders auffällig sind die entsprechenden Muster in den Vereinigten Staaten (Schaubild 6.7). Ein ganz ähnliches Bild zeigt sich spätestens seit 1999 in einigen, wenn auch nicht allen anderen hoch entwickelten Volkswirtschaften (Schaubild 6.8). Aus anderen Quellen geht hervor, dass diese Entwicklung in Großbritannien ab ca. 1988 einsetzte, in Deutschland ab 1997 und in Japan ab 2002.

Schaubild 6.7: Abkoppelung der Produktivität vom durchschnittlichen Arbeitslohn in den USA 1948-2014

Anmerkung: Die Daten beziehen sich auf den durchschnittlichen Stundenlohn von Produktionsarbeitern (ohne Aufsichtsfunktion) in der Privatwirtschaft und auf die Nettoproduktivität der Gesamtwirtschaft.
Quelle: Economic Policy Institute

Bis etwa 1978 entwickelten sich die Löhne in den Vereinigten Staaten beinahe exakt im Gleichschritt mit der Produktivität, weshalb die funktionale Einkommensverteilung (also im Wesentlichen zwischen Arbeit und Kapital) stabil war. Die Industriearbeiter waren in vom Staat geschützten Gewerkschaften organisiert, und da nahezu Vollbeschäftigung herrschte, hatten die Gewerkschaften auf den Arbeitsmärkten Monopolmacht. Da sie damit rechnen mussten, dass übermäßige Lohnforderungen die Unternehmen zu einer Verringerung der Investitionen veranlassen würden, übten sich die Gewerkschaften überall dort, wo sie ausreichend zentralisiert waren, bei Tarifverhandlungen in Zurückhaltung. Die Regierungen unterlagen denselben Beschränkungen wie die Gewerkschaften, denn eine exzessive Besteuerung der Profite und Einkommen hätte die Investitionen gebremst und den zukünftigen Konsum verringert. Die Unternehmen ihrerseits waren angesichts moderater Lohnforderungen und einer erträglichen steuerlichen Belastung nicht nur bereit zu investieren, sondern konnten sich auch mit den Gewerkschaften und der Demokratie arrangieren. Die Folge war, dass auf natürliche Art ein »demokratischer Klassenkompromiss« geschlossen wurde. Der Staat stabilisierte diesen Kompromiss, indem er die Märkte regulierte, Sozialleistungen erbrachte und Anreize zu Investitionen und Innovation gab.

Dieser Kompromiss wurde in Großbritannien und den Vereinigten Staaten durch die Wahlsiege Margaret Thatchers und Ronald Reagans erschüttert, die als Erstes die Gewerkschaften attackierten;[1] Schritt für Schritt wurde er auch in den meisten anderen Ländern ausgehöhlt. Eine Folge war, dass der durchschnittliche gewerkschaftliche Organisationsgrad zwischen 1980 und 2010 gegenüber dem historischen Höchstwert um mehr als 10 Prozentpunkte sank (Schaubild 6.9). Die vielleicht folgenreichste Maßnahme der Regierung Thatcher war die seinerzeit kaum beachtete Aufhebung der Kapi-

---

[1] »Gewerkschaften« (»unions«) war sowohl im Wahlprogramm der Konservativen Partei als auch in Thatchers Wahlkampf das am häufigsten verwendete Wort. Der kombinierte Druck von Arbeitslosigkeit und feindseliger Gesetzgebung schwächte die Gewerkschaftsbewegung erheblich, und die Gewerkschaften verloren innerhalb von fünf Jahren 17 Prozent ihrer Mitglieder.

Schaubild 6.8: Produktivität und Lohnindex in hoch entwickelten G20-Ländern

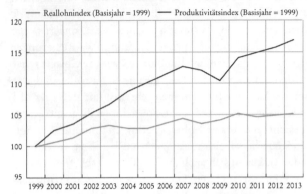

Anmerkung: Die Arbeitsproduktivität wird als BIP pro Beschäftigtem definiert. Es wurde für alle Länder das BIP in konstanten USD-KKP für 2005 herangezogen. Die hoch entwickelten G20-Länder sind Australien, Deutschland, Frankreich, Großbritannien, Italien, Japan, Kanada, Südkorea und die Vereinigten Staaten. Beide Indizes beruhen auf einem gewichteten Durchschnitt von Arbeitsproduktivität und Zahl der Erwerbstätigen für alle Länder in der Gruppe.
Quelle: International Labour Organization

talverkehrsbeschränkungen, die das Verhältnis zwischen Umverteilung und Wachstum änderte und beide großen Parteien zwang, den Umfang der von ihnen vorgeschlagenen Umverteilungsmaßnahmen zu verringern (Dunn 2000). Die Aufhebung der Kapitalverkehrsbeschränkungen war im Vorfeld der Wahl 1979, die Thatcher an die Macht brachte, kein Thema gewesen. Doch sobald die Entscheidung gefallen war, verschob sich das gesamte Spektrum des politisch Machbaren. Es sei daran erinnert, dass diese Offensive der Rechten geplant, von verschiedensten Denkfabriken propagiert und unter dem Einfluss der Vereinigten Staaten zwangsläufig in den internationalen Finanzinstitutionen verbreitet und als »Washingtoner Konsens« festgeschrieben wurde.

Schaubild 6.9: Entwicklung des gewerkschaftlichen Organisationsgrads

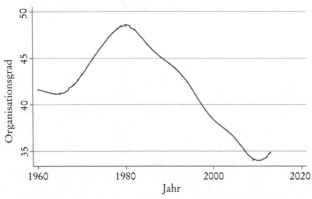

Anmerkung: Zur Länderauswahl siehe Fn. 1 auf S. 103; Lowess-Glättung.
Quelle: Armingeon et al., CPDS (2016)

Was auch immer die Ursachen waren, fest steht, dass diese Prozesse in Kombination mit der fortschreitenden Automatisierung Gewinner und Verlierer hervorbrachten. Für die weitere Auseinandersetzung sollte unterschieden werden zwischen: (1) tatsächlichen Verlierern, das heißt jenen, die stabile Arbeitsplätze mit auskömmlichen Löhnen in der Industrie verloren und entweder in schlechter bezahlte Dienstleistungen wechselten oder in den Vorruhestand oder die Langzeitarbeitslosigkeit gezwungen wurden; (2) zu erwartenden Verlierern, die das zuvor beschriebene Schicksal fürchten; (3) Nicht-Gewinnern, das heißt in erster Linie kleinen Selbstständigen aus dem traditionellen Kleinbürgertum, deren materielle Lage sich weder erheblich besserte noch verschlechterte; und (4) Gewinnern, also den Beziehern von Profiten und Vermögenseinkommen, wie auch immer diese verschleiert werden.

6.2 Spaltung: Polarisierung, Rassismus und Feindseligkeit

Wenn wir über die Intensität der politischen Spaltung nachdenken, müssen wir zwei verschiedene Aspekte betrachten: (1) die Verteilung der Präferenzen in einer allgemeinen politischen Dimension (progressiv/konservativ in den Vereinigten Staaten, links/rechts in Europa) oder bei spezifischen Fragen wie der Zuwanderung. Diese Verteilungen können unter dem Gesichtspunkt der »Polarisierung« betrachtet werden: Eine Bevölkerung ist polarisiert, wenn die Personen aufgrund ihrer individuellen Präferenzen Teil eines in sich homogenen, klar von anderen abgegrenzten Clusters werden (Esteban/Ray 1994). Sodann müssen wir uns (2) mit den Aktivitäten befassen, an denen Personen mit bestimmten Präferenzen in Bezug auf andere Gruppen teilzunehmen bereit sind. Das ist wichtig, weil Menschen mit demselben ideologischen Profil unterschiedliche Einstellungen denen gegenüber haben können, deren Ansichten sie ablehnen: Sie können bereit sein, an feindseligen Handlungen gegen diese Personen teilzunehmen, oder sie können solche Aktionen ablehnen.

Die ideologische Distanz zwischen den Anhängern der beiden großen US-Parteien (Schaubild 6.10) ist zwischen 1994 und 2017 deutlich gewachsen. Ob dasselbe für europäische Länder gilt, ist schwieriger festzustellen, weil sich die Wähler in den dortigen Mehrparteiensystemen um Parteien sammeln, die unterschiedliche Positionen auf dem Links-rechts-Kontinuum einnehmen. Aufgrund der Verfügbarkeit mehrerer Parteien sollte man erwarten, dass die Anhängerschaft der einzelnen Parteien homogener ist, aber die allgemeine Distanz zwischen ihnen ist schwieriger zu beurteilen. Tatsächlich sind die Belege dafür, dass sich die Wähler von der politischen Mitte wegbewegen, außerhalb der Vereinigten Staaten weniger eindeutig. Die Verteilung der individuel-

Schaubild 6.10: Wachsende ideologische Distanz zwischen Demokraten und Republikanern seit 1994

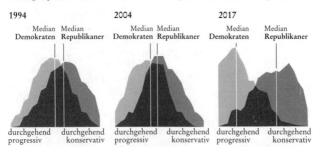

Anmerkung: Der hellgraue Bereich in der Grafik entspricht der ideologischen Verteilung von Demokraten und den Demokraten zuneigenden unabhängigen Wählern, der dunkelgraue Bereich der Verteilung von Republikanern und den Republikanern zuneigenden unabhängigen Wählern. Die Zone, in der sich die beiden Verteilungen überschneiden, ist schwarz gefärbt.

Quelle: Pew Research Center 2017b: 12

len Positionen in der Links-rechts-Dimension, die Lucia Medina (2015: Schaubild 1) in 18 europäischen Ländern untersucht hat, ist trimodal mit einem großen Modus in der Mitte und kleinen Modi zur Rechten und zur Linken. Zwischen 2002/03 und 2008 verschob sich die durchschnittliche Position in sechs Ländern nach links und in sechs Ländern nach rechts, während in den übrigen sechs Ländern keine statistisch signifikanten Bewegungen zu beobachten waren. Was die Polarisierung anbelangt, so schrumpfte die Mitte in sieben Ländern (Belgien, Tschechische Republik, Dänemark, Finnland, Deutschland, Polen und Slowenien), während sie in drei Ländern wuchs und in acht weiteren unverändert blieb. Moral und Best (2018) haben festgestellt, dass die Polarisierung der Bürger in Australien, Dänemark, Schweden und den Vereinigten Staaten zugenommen hat, in Deutschland und den Niederlanden hingegen geringer geworden ist. Obwohl sich die Wähler also in einigen Ländern Europas von der Mitte entfernt haben, können wir nicht von einem allgemeinen Trend sprechen.

Schaubild 6.11: Anteil der Republikaner/Demokraten sowie der den Republikanern/Demokraten zuneigenden Wähler, die der Ansicht sind, Einwanderer seien »eine Last« für die amerikanische Gesellschaft

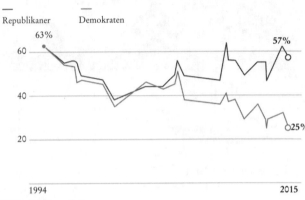

Quelle: Pew Research Center

Wie Schaubild 6.11 zeigt, tritt die zunehmende Polarisierung insbesondere in der Frage der Einwanderung zutage. Immigration, in einigen Ländern insbesondere die Ankunft von Geflüchteten, ist auch in Europa das salienteste Thema und spaltet die dortigen Gesellschaften. Die Verteilung der Einstellungen zur Immigration ist in ganz Europa offenkundig bimodal (Spoon/Klüver 2015). Während sie von Land zu Land unterschiedlich ist, fällt zudem auf, dass die Befragten differenzieren, je nachdem welcher ethnischen oder religiösen Gruppe potenzielle Zuwanderer angehören. Wie Schaubild 6.12 zeigt, gelten Sinti und Roma in fast allen Ländern als weniger wünschenswert als Muslime, die wiederum als weniger wünschenswert als Juden betrachtet werden.

Schaubild 6.12: Einstellung zur Zuwanderung in Europa: Differenzierung nach Ethnie bzw. Religionszugehörigkeit

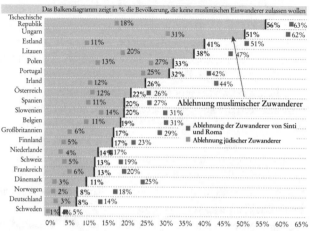

Quelle: European Social Survey

Die Rechte vermengt in ihrer Auseinandersetzung mit der Zuwanderung zwei ganz verschiedene Fragen: Da ist zum einen die Kontrolle über die Bewegung von Ausländern über die Staatsgrenzen hinweg, die nach allgemeiner Einschätzung ein zentrales Merkmal der »nationalen Souveränität« darstellt. Zu beachten ist jedoch, dass die Nettomigration zwischen Mexiko und den Vereinigten Staaten negativ ausfällt: Nach Angaben des Pew Research Center (2015) schrumpfte die mexikanischstämmige Bevölkerung der Vereinigten Staaten zwischen 2008 und 2014 um 140000 Personen, weil Menschen die Grenze Richtung Süden überquerten. Wenn Präsident Trump also eine Mauer baut, wird diese mehr Mexikaner an der Auswanderung als an der Einwanderung hindern. Es gibt sogar Gründe für die Annahme, dass es in den USA zu jedem beliebigen Zeitpunkt weniger illegale Einwanderer gäbe, wenn die Grenze zwischen den beiden Ländern vollkommen offen wäre: Wäre das Risiko, an der Rückkehr gehindert zu werden, geringer, so sänken die Anreize, illegal im Land zu bleiben. Für Länder, die einem massiven Flüchtlingszustrom ausgesetzt sind, gilt das nicht, aber es gilt für Frankreich, wo der Nettozustrom relativ gering ist. Tatsächlich meinen Le Pen oder Trump, wenn sie von »Immigranten« sprechen, die zweite Generation der Abkömmlinge früherer Einwanderer, die keine Immigranten sind, sondern lediglich eine andere Physiognomie als die »einheimischen« Staatsbürger haben. Beide berufen sich auf den Mythos einer »nationalen Kultur«, einer traditionellen Lebensart, die in ihren Augen durch die Anwesenheit von »Immigranten« untergraben wird. Hier dient die Bezeichnung »Immigrant« einfach dazu, Rassismus zu verschleiern.

Es mag wie ein Sakrileg wirken, aber es ist hilfreich, den konzeptuellen Zusammenhang zwischen Rassismus und Multikulturalismus zu beleuchten. Der offenkundige Unterschied zwischen beiden ist, dass der Rassismus eine Ungleichheit zwischen ethnischen Gruppen postuliert, von denen einige als von Natur aus überlegen und andere als unterlegen betrachtet werden. Der zweite Unterschied besteht darin, dass die menschlichen »Rassen« von Rassisten definiert werden, in deren Augen ein Mensch unabhängig von seiner persönlichen Entscheidung über seine Zugehörigkeit zu einer Kultur einfach aufgrund seiner Herkunft einer »Rasse« angehört, während die Ideologie des Multikulturalismus dem Einzelnen die Möglichkeit zugesteht, seine kulturelle Identität selbst zu wählen. Die Identität, die wir selbst wählen, ist jedoch nicht immer deckungsgleich mit der, die uns andere zuschreiben. Wir hinterlassen »Schattenlinien«, um es mit Amitav Ghoshs schönen Worten auszudrücken: Ich selbst betrachte mich möglicherweise nicht mehr als jüdisch oder muslimisch, aber andere sehen mich immer noch so. Die Gemeinsamkeit dieser Ideologien besteht in der Ontologie der sozialen Fragmentierung, die ihrer Ansicht nach von Gesellschaft und Staat anerkannt werden sollte. Walter Benn Michaels erklärt: »Früher wollte man den Rassismus überwinden, um eine ›farbenblinde Gesellschaft‹ zu schaffen; dieses Ziel wurde neu definiert und besteht nun darin, eine diverse, also farbenbewusste Gesellschaft zu schaffen.« (Michaels 2007: 3) Worin die Gemeinsamkeit von Rassismus und Multikulturalismus besteht, wird klar, wenn sie der Ideologie des »Republikanismus« gegenübergestellt werden, das heißt der Vorstellung, dass die Bürger anonym sind, dass Menschen mit unterschiedlichem Aussehen und unterschiedlichen Selbstzuschreibungen beim Eintritt in die öffentliche Sphäre die entsprechenden Eigenschaften ablegen und gleich behandelt werden müssen, weil sie nicht voneinander zu unterscheiden sind (Rosanvallon 2004). Trotz all ihrer Unterschiede sind sowohl Rassismus als auch Multikulturalismus Ideologien, die die Gesellschaft in verschiedene Gruppen zerlegen.

In Kombination mit dem Kulturrelativismus impliziert die postmoderne Ideologie, dass es eine Vielzahl von Wahrheiten gibt. Die Wahrheit einer Aussage wird durch die Identität des Sprechers authentifiziert, und alle Identitäten haben das gleiche Gewicht. So entsteht eine Welt, in der Platz für Verschiedenartigkeit ist, Meinungsverschiedenheiten jedoch ausgeschlossen sind (Michaels 2007). Wenn ich sage: »Als weißer Mann glaube ich, die Nachricht besteht darin, dass ...«, können Sie sagen, dass das in Ihren Augen nicht die Nachricht ist. Aber Sie können mich nicht überzeugen, und ich kann Sie nicht überzeugen: Wir haben jeweils unsere eigene Wahrheit. Es gibt nichts zu diskutieren. Eine neuere Studie hat gezeigt, dass ein Thanksgiving-Essen mit Gästen aus von unterschiedlichen Parteien beherrschten Wahlkreisen 30 bis

50 Minuten kürzer dauert als ein Essen, an dem nur Anhänger derselben Partei teilnehmen (die durchschnittliche Dauer liegt bei 257 Minuten; siehe Chen/Rohla 2018). Unsere Überzeugungen sind nicht maßgeblich für andere, weil sie von unserer Identität abhängen. In einer relativistischen Welt sind die Nachrichten der anderen allesamt »Falschmeldungen«, und es gibt kein Verfahren, anhand dessen festgestellt werden könnte, ob sie wahr oder falsch sind. Wir leben in einer Welt der »Postwahrheit«.

In einer außergewöhnlich fundierten und scharfsinnigen Analyse referieren Lewandowsky, Ecker und Cook (2017) einige Forschungsergebnisse:

1. Korrekturen sind selten vollkommen wirksam: »Selbst wenn Menschen korrigiert werden und die Korrektur akzeptieren, stützen sie sich im Großen und Ganzen zumindest teilweise weiterhin auf Informationen, von denen sie wissen, dass sie falsch sind.« Korrekturen könnten das Weltbild eines Menschen erschüttern, was unter Umständen dazu führe, dass »der Glaube an Falschinformationen sogar noch stärker« wird (ebd.: 355).

2. Falschinformationen wecken bei manchen Menschen die Überzeugung, dass die Wahrheit unergründlich bleiben wird, selbst wenn die Falschinformation unglaubwürdig ist.

3. Die Verbreitung von Falschinformationen hält Menschen davon ab, andere Botschaften als wahr zu erkennen.

4. Menschen neigen dazu, an zugegebenermaßen falschen Überzeugungen festzuhalten, wenn sie glauben, dass andere diese Überzeugungen teilen.

Die Autoren gelangen zu folgendem Ergebnis:

> Wir befinden uns in einer Situation, in der ein Großteil der Bevölkerung in einem epistemischen Raum lebt, in dem auf die herkömmlichen Kriterien von Beweisführung, innerer Widerspruchsfreiheit und Faktensuche verzichtet wird. [...] Ein unübersehbares Merkmal

der Welt der Postwahrheit besteht darin, dass jeder Mensch die Möglichkeit hat, seine eigene Realität zu wählen, in der Tatsachen und objektive Beweise von bestehenden Überzeugungen und Vorurteilen in den Hintergrund gedrängt werden. (Ebd.: 361f.)

Die Meinungen von Menschen beruhen nicht auf unterschiedlichen Informationen, sondern auf alternativen Epistemologien. Meeuwis et al. (2018) legen überzeugende Belege dafür vor, dass Investoren mit unterschiedlichen Vorstellungen von der Wirtschaft die Zusammensetzung ihrer Portfolios in Reaktion auf das Ergebnis der amerikanischen Präsidentschaftswahl im Jahr 2016 unterschiedlich modifizierten, wobei die Unterschiede entlang der Parteigrenzen verliefen.

Selbst wenn die Ansichten einzelner Personen unverändert bleiben, kann ihre Haltung Andersdenkenden gegenüber mehr oder weniger feindselig sein. In den Vereinigten Staaten haben 86 Prozent der Demokraten und 91 Prozent der Republikaner ein negatives Bild von der anderen Partei, wobei 41 Prozent der Demokraten und 45 Prozent der Republikaner die andere Seite als »Bedrohung für die Nation« betrachten (Acherbach/Clement 2016). Es gibt zahlreiche Berichte über Diskriminierung und Schikanen im Alltag, und systematische Daten deuten darauf hin, dass das Maß an Wut und Feindseligkeit allgemein steigt. Im Jahr 2012 erklärten 33 Prozent der Demokraten und 43 Prozent der Republikaner, »meistens« oder »fast immer« wütend auf den Präsidentschaftskandidaten der Gegenseite zu sein; bis 2016 stieg der Anteil der demokratischen Wähler, die erklärten, auf Donald Trump wütend zu sein, auf 73 Prozent, während 66 Prozent der republikanischen Wähler ein solches Maß an Feindseligkeit gegenüber Hillary Clinton empfanden. Umfangreichere Belege liegen (wenn auch nur für die letzten Jahre) in Bezug auf sogenannte Hassverbrechen vor: In den Vereinigten Staaten stieg ihre Zahl in den neun größten Ballungsgebieten zwischen 2015 und 2016 um 23,3 Prozent auf insgesamt 13 037 Fälle (N.N. 2017b). Einer anderen Quelle zufolge nahm die Zahl der Hassverbrechen nach der Wahl Trumps sprunghaft zu: Zwischen dem 9. November und dem 12. Dezember 2016 wurden mehr als 1000 Zwischenfälle registriert (Southern Poverty Law Center 2016). Am häufigsten wurden Attacken auf Immigranten gemeldet (315), gefolgt von Angriffen auf Schwarze (221), Muslime (112) und LGBT-Personen (109). Gegen Trump-Anhänger gerichtete Aktionen wurden 26 verzeichnet. In Großbritannien stieg die Zahl der von Opfern gemeldeten Hassverbrechen zwischen 2015 und 2016 um mehr als 40 Prozent. Neben den rassistisch motivierten Attacken nahmen in Großbritannien auch Hassverbrechen aufgrund der sexuellen Orientierung zu. Die in London ansässige LGBT-Organisation Galop berichtet, dass die Zahl entsprechender Hassverbrechen im Spätsommer 2016 um 147 Prozent stieg. Auch in anderen europäischen Ländern ist seit einigen Jahren eine Zunahme von Hassverbrechen zu beobachten. In Deutschland nahmen sie zwischen 2014 und 2015 um 77 Prozent zu; Amnesty International berichtet, dass die Zahl der rassistisch motivierten Gewaltakte in Deutschland auf den höchsten Wert seit dem Zweiten Weltkrieg gestiegen ist. Aus Statistiken des Bundesinnenministeriums geht hervor, dass es im Jahr 2015 zu 1031 Angriffen auf Asylunterkünfte kam, was einen deutlichen Anstieg gegenüber den 199 Attacken im Jahr davor und 69 derartigen Vorfällen im Jahr 2013 darstellte. In Spanien meldete der Bund der islamischen religiösen Einrichtungen, dass die Zahl der antimuslimischen Angriffe von 48 im Jahr 2014 auf 534 im Jahr 2015 gestiegen war. Aus Statistiken des spanischen Innenministeriums geht hervor, dass es in diesem Jahr zu Hunderten Hassverbrechen in Zusammenhang mit Behinderungen, Ideologie und sexueller Orientierung kam (State Department o.J.). Die

Ausnahme scheint Frankreich zu sein, wo die Zahl der antisemitischen, antimuslimischen und antiziganistischen Angriffe im Jahr 2015 mit 2034 Vorfällen einen Höhepunkt erreichte, im Jahr darauf jedoch um 44,7 Prozent auf 1125 Vorfälle sank (N. N. 2017c).

Hier handelt es sich nicht um systematisch erhobene Daten, aber sie zeigen, dass die Spaltung in mehreren Ländern nicht einfach politisch, sondern tief in der Gesellschaft verwurzelt ist. Diese beiden Ebenen sind offenkundig verbunden, aber es ist schwer festzustellen, in welcher Richtung die Kausalität verläuft, denn gesellschaftliche und politische Polarisierung können einander gegenseitig speisen (Moral/Best 2018). Diese Fakten zeigen uns, dass wir unser Verständnis der gegenwärtigen Situation nicht übermäßig politisieren sollten – dass wir uns also nicht ausschließlich auf die Handlungen der Politiker konzentrieren dürfen. Die unablässigen Klagen über Trumps Temperament und Inkompetenz sollten nicht verdecken, dass seine Wahl und die anhaltende Unterstützung, die er genießt, Ausdruck eines tieferen Wandels im gesellschaftlichen Alltag sind.

7
Wo sollen wir nach Erklärungen suchen?

7.1 Methodologische Fragen

Wie wir bereits gesehen haben, können wir auf der Suche nach Erklärungen bei der Wirtschaft, der Kultur oder den Strategien der traditionellen Parteien ansetzen; vielleicht sollten wir all diese Faktoren berücksichtigen, vielleicht bestimmte Kombinationen davon. Die meisten Schaubilder in den vorangegangenen Kapiteln illustrieren durchschnittliche Entwicklungen in Ländergruppen – es handelt sich um Beschreibungen zentraler Tendenzen –, aber die einzelnen Länder sind sehr verschieden. Im Jahr 2019 gab es in Australien, Kanada, Irland, Luxemburg, Neuseeland und Portugal keine nennenswerten rechtsradikalen Parteien. Der Einkommensanteil des reichsten einen Prozent der Bevölkerung steigt seit den siebziger Jahren in den angelsächsischen Ländern deutlich, aber in Deutschland, Japan, Frankreich, Schweden, Dänemark und den Niederlanden ist er relativ stabil geblieben. Der Anteil der Personen, die in Umfragen erklären, die Zuwanderung solle gedrosselt werden, lag Anfang/Mitte der zehner Jahre in Australien bei 25 Prozent, in den Vereinigten Staaten bei 40 Prozent und in Großbritannien bei 69 Prozent (Gallup-Umfragen aus den Jahren 2012 und 2014). Auffällig ist, dass sogar zwischen Deutschland und Frankreich deutliche Unterschiede bestehen, was das Verhältnis zwischen Lohnzuwachs und Produktivitätswachstum anbelangt (Schaubild 7.1).

Es sollte darauf hingewiesen werden, dass die USA in mehrerlei Hinsicht ein statistischer Ausreißer sind. Sie sind das

Schaubild 7.1: Entwicklung von Löhnen und Produktivität in
Deutschland und Frankreich 2000-16

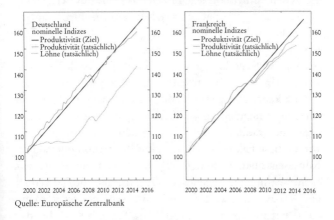

Quelle: Europäische Zentralbank

einzige OECD-Land (Stand 1990), in dem ein Kandidat mit einem rechtsradikalen Programm eine Wahl gewonnen hat. Während das Medianeinkommen in den meisten Ländern erst seit 2008 sinkt, stagniert es in den Vereinigten Staaten schon seit längerer Zeit. Die Spitzeneinkommen sind in den USA deutlicher gestiegen als in anderen Ländern. Die politische Polarisierung ist ausgeprägt. Der internationale Einfluss des Landes schwindet, Infrastruktur, Bildungssystem und Gesundheitswesen verfallen. Besonders aufschlussreich sind die von Case und Deaton (2017) gesammelten Daten zu den Sterblichkeitsraten weißer Männer im Alter zwischen 45 und 54 Jahren: Während die Mortalität in dieser Gruppe in Frankreich, Deutschland, Großbritannien, Australien und Schweden deutlich gesunken ist, steigt sie in den Vereinigten Staaten seit Ende der neunziger Jahre wieder an. Schließlich haben die USA das einzige Präsidialsystem mit indirekter Wahl, was Legitimitätsprobleme heraufbeschwört, wenn ein

Kandidat, der keine Mehrheit der Stimmen erhält, entsprechend den konstitutionellen Regeln zum Sieger erklärt wird.

Wie diese Unterschiede zwischen den einzelnen Ländern verdeutlichen, haben wir bisher lediglich den allgemeinen Zeitgeist gesehen. Der Teufel steckt jedoch im Detail. Wie können wir also Kausalbeziehungen herstellen? Globale Ursachen liefern keine zufriedenstellenden Erklärungen: Die Globalisierung kann die Unterschiede zwischen Deutschland und Frankreich nicht erklären. Es muss zumindest eine gewisse Interaktion zwischen globalen Ursachen und nationalen Faktoren geben. Ich bezweifle, dass uns die herkömmlichen sozialwissenschaftlichen Methoden hier weiterbringen werden. Es gibt zahlreiche gemeinsame Trends, und die Zeitreihen sind relativ kurz, weshalb zu befürchten ist, dass wir eine Kausalität finden, wo keine existiert. Während sich bei der Auswertung aggregierter Daten oft ein Zusammenhang zwischen wirtschaftlichen Variablen und der Zustimmung zu rechten Parteien ergibt, weckt eine Betrachtung der Daten auf individueller Ebene erhebliche Zweifel an dieser Interpretation (Kates/Tucker 2019). Wenn sich verschiedene Länder im Lauf der Zeit ähnlich entwickeln, ist außerdem schwer festzustellen, in welcher Richtung die Kausalität verläuft (Dancygier/Laitin 2014). Schließlich sind die länderübergreifend beobachteten Entwicklungen nicht unabhängig voneinander: Es gibt sowohl Übertragungs- als auch Abschreckungswirkungen, und es wird darüber diskutiert, ob Trumps Wahlsieg dem französischen Front National Rückenwind gab oder ob er die Niederländer im Jahr 2017 davon abhielt, Geert Wilders zu wählen.

Es ist nicht klar, wie die richtige Vorgehensweise aussieht, aber es ist lehrreich, einen Blick auf die Mikroebene zu werfen.

7.2 Wählerstimmen und Unterstützung für die radikale Rechte

Die Versuchung liegt nahe, entsprechende Einstellungen wirtschaftlich zu begründen, als Ausdruck des Wettbewerbs um Arbeitsplätze oder des Wunsches, Löhne gegen Konkurrenz zu verteidigen. Hängt die Unterstützung für rechte Parteien mit den individuellen oder kollektiven wirtschaftlichen Bedingungen zusammen, zum Beispiel mit dem Einkommen, mit wirtschaftlichen Schwierigkeiten, mit der Erfahrung des Arbeitsplatzverlusts oder der Furcht davor? Eine weitere Frage lautet, ob diese Einstellungen wirtschaftlich rational sind, das heißt, ob die von rechtsradikalen Parteien angebotenen Lösungen tatsächlich im Interesse der Wähler dieser Parteien wären. Wir dürfen jedoch nicht annehmen, dass der Einzelne die wirtschaftlichen Bedingungen richtig beurteilt oder die Konsequenzen bestimmter politischer Maßnahmen einschätzen kann. Selbst die Wahrnehmung der eigenen wirtschaftlichen Situation wird durch die Loyalität gegenüber einer Partei oder durch andere Formen von Voreingenommenheit gefärbt. Ein auffälliges Beispiel ist, dass Anhänger der Demokratischen Partei nach Donald Trumps Wahlsieg ihre Einschätzung der eigenen wirtschaftlichen Lage in den vergangenen fünf Jahren nach unten revidierten, während Anhänger der Republikaner das Gegenteil taten (Brady/Ferejohn/Paparo 2017). Die Einschätzung der allgemeinen Wirtschaftslage wird noch stärker durch solche Voreingenommenheiten beeinflusst (Stokes 2001; Maravall/Przeworski 2001). Es sind also separate Fragen, ob die Menschen ihre politische Haltung wirtschaftlich zu begründen versuchen und ob sie sich insofern rational verhalten, als ihre Haltung auf einer zutreffenden Einschätzung der Welt beruht.

Die überzeugendsten Belege für die Wirkung des tatsächlichen Arbeitsplatzverlustes in den Vereinigten Staaten liefern Autor et al. (2017), die eine klare positive Korrelation zwischen einem von Importen ausgehenden Anstieg des Wettbewerbsdrucks und Stimmengewinnen der Republikaner beobachtet haben und Trumps Wahlsieg direkt auf Importe aus China zurückführen. Colantone und Stanig (2017: 1) berichten in einer großen Studie über die Entwicklung in verschiedenen Regionen 15 westeuropäischer Länder zwischen 1988 und 2007:

> Auf Bezirksebene führt ein stärkerer Importschock zu: (1) einem Anstieg des Stimmenanteils nationalistischer Parteien, (2) einem allgemeinen Rechtsruck des Wahlvolks und (3) zu wachsender Zustimmung zu Parteien der radikalen Rechten. Diese Ergebnisse werden durch eine Analyse der Entscheidungen individueller Wähler bestätigt. Darüber hinaus haben wir Belege dafür gefunden, dass die Wähler eine soziotropische Reaktion auf den Schock zeigen [soziotropisch bedeutet hier, dass sie weniger auf ihre individuelle Lage als vielmehr auf die allgemeine Situation abstellen].

Allerdings wirkt sich ein Arbeitsplatzverlust kaum auf die Neigung aus, eine rechtsradikale Partei zu wählen: Der Unterschied zwischen Regionen, die sich in Bezug auf Arbeitsplatzverluste im 75. Perzentil befinden, und solchen im 25. Perzentil liegt bei nur 0,7 Prozent des Stimmenanteils. In einer weiteren Studie über mehrere Länder haben Guiso et al. (2017) festgestellt, dass die Erfahrung von Einkommensproblemen die Neigung zum Urnengang verringert, aber wenn Betroffene wählen gehen, tendieren sie dazu, ihre Stimme einer »populistischen« Partei zu geben. Die Erfahrung des Arbeitsplatzverlusts in den vergangenen fünf Jahren verringert zwar ebenfalls die Wahrscheinlichkeit der Wahlbeteiligung, wirkt sich jedoch im Fall der Stimmabgabe nicht auf die politische Orientierung aus. Margalit (2013) sowie Aytaç, Rau und Stokes (2018) wiederum haben beobachtet, dass die politischen Auswirkungen (etwa auf die Wahlbeteiligung) der Arbeitslosigkeit von der allgemeinen wirtschaftlichen Lage abhängen und mit der Zeit schwächer werden (so nimmt die Wahrscheinlichkeit der Wahlbeteiligung mit der Dauer der Arbeitslosigkeit wieder zu). Die Autoren der meines Wissens detailliertesten Studie zur amerikanischen Präsidentschaftswahl von 2016 kommen zu folgendem Ergebnis:

> Es gibt keine eindeutigen Belege dafür, dass wirtschaftliche Belastungen die Zustimmung zu Trump erhöht haben. Seine Anhänger sind weniger gebildet und eher Arbeiter, aber sie erzielen relativ hohe Haushaltseinkommen und haben eine geringere Wahrscheinlichkeit, ihre Arbeit zu verlieren oder dem Wettbewerb durch Handel oder Einwanderung ausgesetzt zu werden. Auf der anderen Seite korreliert das Leben in ethnisch isolierten Gemeinden, das durch schlechtere Gesundheit, geringere soziale Mobilität, weniger Sozialkapital, größere Abhängigkeit von Sozialhilfe und geringere Kapitaleinkommen gekennzeichnet ist, mit einem höheren Maß an Unterstützung für Trump. (Rothwell/Diego-Rosell 2016)

Es gibt auch Belege dafür, dass weniger tatsächliche schlechte Erfahrungen als vielmehr die Furcht vor solchen Erfahrungen rechtsradikale Einstellungen begünstigt. Michael Minkenberg (2000: 187) findet Anhänger der extremen Rechten im »vorletzten Fünftel der postmodernen Gesellschaft, einer Schicht, die durchaus Sicherheit genießt, aber objektiv immer noch etwas zu verlieren hat«. Kates und Tucker (2019: 495) gelangen zu dem Schluss, »nur eine pessimistische Einschätzung der eigenen finanziellen Zukunft« korreliere »eindeutig mit der Identifizierung mit einer rechtsextremen Ideologie«. Diego Fossati (2014) hat beobachtet, dass Personen in Berufen mit einer hohen Arbeitslosenrate ihr Wahlverhalten eher von wirtschaftlichen Überlegungen abhängig machen.

Besonders verwirrend sind die Resultate von Andrews, Jilke und Van de Walle (2014), die eine europaweite Umfrage aus dem Jahr 2010 zur Wahrnehmung sozialer Spannungen in vier Dimensionen heranzogen: Arme vs. Reiche, Manager vs. normale Arbeitnehmer, Alte vs. Junge sowie zwischen verschiedenen ethnischen Gruppen. Verblüffend ist, dass Personen, die sich Sorgen um ihr Einkommen machen, mit größerer Wahrscheinlichkeit größere Spannungen in allen vier Dimensionen wahrnehmen. Man sollte meinen, dass manche Menschen den Reichen, andere den Managern, wieder andere dem unverhältnismäßig hohen Einkommen alter Leute und manche den Einwanderern die Schuld an ihrer Situation geben werden. Aber Personen, die hohe Spannungen in einer dieser Dimensionen wahrnehmen, sehen auch in allen anderen Dimensionen ähnliche Spannungen. Bei der Beurteilung ihrer Situation nutzen die Menschen weder eine klassenbezogene noch eine rassistische Ideologie als klaren Bezugspunkt. Sie geben *allen* die Schuld, weil sie nicht wissen, *wem* sie die Schuld geben sollen.

In Anbetracht dessen ist der Kontext wichtig. Elisabeth Ivarsflaten (2008) hat gezeigt, dass radikal rechte Parteien ungeachtet von wirtschaftlichen Veränderungen oder politischer Korruption nur erfolgreich sind, wenn sie die Einwanderungsfrage aufgreifen. Allerdings zieht sie daraus die falschen Schlüsse, weil sie nicht berücksichtigt, warum manche Anti-Establishment-Parteien diese Problematik zu nutzen versuchen, während es andere nicht tun. Dancygier (2010) wiederum erklärt, die Unterstützung für rechtsradikale Parteien sei größer, wenn schlechte wirtschaftliche Bedingungen mit einer hohen Zuwanderung einhergehen und wenn die Zuwanderer eine maßgebliche Wählergruppe sind, weshalb die Regierungsparteien Anreize haben, ihnen materielle Vorteile zuzugestehen.

Doch nicht alle Autoren sind von der Relevanz der wirtschaftlichen Faktoren überzeugt. Ronald Inglehart und Pippa Norris (2016) haben Zustimmung zu populistischen Parteien bei Personen beobachtet, die unter Einkommensschwierigkeiten leiden und die Erfahrung der Arbeitslosigkeit gemacht haben, gelangen jedoch zu dem Schluss (mir ist nicht klar, worauf sie sich stützen), eine »kulturelle Gegenreaktion« sei eine überzeugendere Erklärung. Hainmüller und Hopkins (2014: 227) bezweifeln, dass wirtschaftliche Faktoren zu einer einwanderungsfeindlichen Haltung beitragen. Sie erklären, »auf dem Eigeninteresse beruhende Hypothesen« hätten sich im Allgemeinen als unzutreffend erwiesen, weil es kaum Belege dafür gebe, »dass sich die Bürger ihre Meinung zur Immigration in erster Linie aufgrund der Auswirkungen auf ihre persönliche wirtschaftliche Situation bilden«. Die beiden Autoren sind stattdessen überzeugt, diese Einstellungen beruhten auf »soziotropischen Sorgen bezüglich der kulturellen Auswirkungen« der Zuwanderung. Ich würde sagen, das kann nichts anderes als Rassismus bedeuten. Tatsächlich haben Lee und Roemer (2006) ausgerechnet, dass Rassismus, insbesondere die pauschale Ablehnung von Sozialleistungen, weil diese auch Personen mit anderer Hautfarbe zugutekommen würden, für arme Weiße in den Vereinigten Staaten wirtschaftlich kostspielig ist.

Während es zahlreiche Belege dafür gibt, dass Einheimische negativ auf Menschen reagieren, die sich von ihnen unterscheiden, sind die Ursprünge dieser Ablehnung ungeklärt. Wenn es keine wirtschaftlichen Gründe für eine solche Haltung gibt, woher kommt sie dann? Weshalb entwickeln Menschen eine fremdenfeindliche und oft unverhohlen rassistische Einstellung? Weshalb sind sie bereit zu feindseligen Handlungen gegenüber Menschen, die anders aussehen, eine andere Sprache sprechen oder andere Speisen essen? Mit ihrer psychologischen Erklärung hüllen Hainmüller und Hopkins (2014) das, was wir beobachten, also lediglich in eine »wissenschaftliche« Sprache und etikettieren es neu, ohne irgendwelche Erkenntnisse zu liefern.

Hingegen gibt es Belege dafür, dass sich Einstellungen abhängig von anderen Veränderungen entwickeln. McCarty, Poole und Rosenthal (2016) haben einen engen Zusammenhang zwischen Einkommensungleichheit und Polarisierung im amerikanischen Repräsentantenhaus seit dem Jahr 1947 beobachtet. Ein weiterer Beleg ist, dass die Wahrnehmung der Einwanderung als wichtige politische Frage in Großbritannien mit dem Anstieg der Nettoimmigration zusammenhängt (Ipsos MORI 2014). Eine konkurrierende Erklärung lautet, dass es Xenophobie, Rassismus, Nativismus, Engstirnigkeit und andere Vorurteile seit je gibt – in den Vereinigten Staaten waren die deutschen Einwanderer »Krauts«, die Italiener »Dagos«, die Japaner »Japs«, die Polen »Polacks« –, dass diese Vorurteile jedoch vorübergehend durch Heuchelei unterdrückt wurden, die freilich ihre »zivilisierende Kraft« (Elster 1998) einbüßten, als einige Politiker entsprechende Vorurteile wieder in den öffentlichen Diskurs einführten. Einen verblüffenden Beleg lieferte eine Umfrage, die bereits 1939 in den Vereinigten Staaten durchgeführt wurde: Auf die Frage, ob das Land 10 000 mehrheitlich jüdische Kinder aus Deutschland aufnehmen solle, antworteten 61 Prozent »Nein«. Ein Teil der deutschen und japanischen Bevölkerung hielt selbst dann noch an einer nationalistischen Einstellung fest, nachdem ihre Länder im Krieg ungeheuerliche Verbrechen begangen hatten, und die in jüngster Zeit von den rechtsradikalen Parteien gepflegte Sprache des »Patriotismus« macht solche Einstellungen in der Öffentlichkeit salonfähig. Vielleicht brachte Trump einfach vorhandene Vorurteile zum Vorschein, die bis dahin durch die Normen der politischen Korrektheit unterdrückt worden waren.

All das sind Erkenntnisse aus zweiter Hand. Ich empfehle

eine vorzügliche Literaturauswertung von Matt Golder (2016), der sich dafür ausspricht, kontextuelle Bedingungen und individuelle Charakteristika miteinander zu kombinieren. Allerdings dürfte das leichter gesagt als getan sein. Aus dem, was wir bisher wissen, können wir anscheinend schließen, dass die tatsächlichen Verlierer der Globalisierung dazu neigen, rechte Parteien zu wählen, und dass die Aussicht auf den Verlust des Arbeitsplatzes die potenziellen Verlierer ängstigt. Doch obwohl all diese Effekte statistisch signifikant sind, erklären sie nur einen kleinen Teil der wachsenden Unterstützung für radikal rechte Positionen. Die Herkunft dieser Haltungen bleibt unklar.

Dieses dürftige Ergebnis mag viele Leser enttäuschen, aber wir sollten den zahlreichen Darstellungen nicht glauben, deren Autoren behaupten, alle Antworten zu kennen. Liest man Arbeiten von Ökonomen, so stellt man fest, dass die politische Einstellung anscheinend von der wirtschaftlichen Situation abhängt. Glaubt man den Psychologen, so findet man des Rätsels Lösung in bestimmten psychologischen Merkmalen. Mir scheint keine der beiden Erklärungen überzeugend: Regressionsanalysen politischer Haltungen auf die wirtschaftlichen Bedingungen fördern immer Bedingungen zutage, die zwar statistisch signifikant sind, jedoch sehr wenig erklären; die Psychologen neigen dazu, neu zu benennen, was sie zu erklären versuchen, und zu behaupten, das umbenannte Merkmal sei die Ursache. Wir haben die intellektuelle Neigung, in komplexen Situationen stets nach einem Sinn zu suchen und anzunehmen, verschiedenartige Phänomene, die uns überraschen, müssten irgendwie zusammenhängen und alles müsse einen Grund haben. Ich habe verschiedene Faktoren aufgelistet und mehrere wirtschaftliche, kulturelle und rein politische Transformationen in jüngerer Zeit zusammengefasst, die möglicherweise zur gegenwärtigen politischen

Situation geführt haben. Dies ist lediglich ein Katalog, und die Ergebnisse sind dürftig, weil sich zeigt, dass wir nicht feststellen können, ob diese Faktoren zusammenhängen und welche den größten Einfluss haben. Aber ich denke, mehr können wir gestützt auf unser gegenwärtiges Wissen nicht tun.

8
Was ist möglicherweise historisch neu?

Bevor wir anfangen können, uns Gedanken über die Zukunft zu machen, sollten wir die gegenwärtige Situation in den Kontext dessen einordnen, was wir über die Vergangenheit wissen. Falls einige Aspekte der gegenwärtigen Bedingungen so auch in der Vergangenheit beobachtet werden können, lassen sich aus Vergleichen zwischen früheren gefestigten Demokratien, die zusammenbrachen, und solchen, die überlebten, Lehren aus der Geschichte ziehen. Doch die Geschichte sagt uns nichts über die Zukunft, wenn die gegenwärtigen Bedingungen ohne Präzedenz sind; in diesem Fall gibt es nichts, aus dem wir Lehren ziehen könnten.

Selbst wenn wir die Tatsache außer Acht lassen, dass die amerikanische Demokratie über 200 Jahre alt ist, zeigt eine einfache statistische Analyse, dass die Wahrscheinlichkeit, dass der Amtsinhaber keine Wahlen abhält oder dafür sorgt, dass die Opposition diese nicht gewinnen kann, in einem Land mit dem heutigen Einkommensniveau der Vereinigten Staaten bei 1 zu 1,8 Millionen Länderjahren liegt. Wenn wir glauben, dass man Lehren aus der Geschichte ziehen kann, ist ein völliger Zusammenbruch der Demokratie in einem Land mit dem heutigen Pro-Kopf-Einkommen der USA praktisch unvorstellbar. In diesem Zusammenhang wird häufig auf den Aufstieg des Faschismus in Europa in den zwanziger und dreißiger Jahren verwiesen, aber der Rückgriff auf diese tragischen Ereignisse liefert keine nützlichen Erkenntnisse, und zwar aus dem einfachen Grund, dass die Länder, in denen sich der Faschismus durchsetzte, verglichen mit der heutigen Situation bitterarm waren. Im Jahr 1922 lag das Pro-Kopf-

Einkommen (in Geary-Khamis-Dollar nach Kaufkraftparität im Jahr 1996, Maddison 2011) in Italien bei 2631 Dollar; bis 2008 stieg es auf 19 909 Dollar. In Deutschland lag es 1932 bei 3362 und 2008 bei 20 801 Dollar, in Österreich 1932 bei 2940 und 2008 bei 24 131 Dollar. Es war schlicht eine andere Welt.

Es war auch ideologisch eine andere Welt. Die extremistischen Parteien in der Zwischenkriegszeit waren antidemokratisch (Capoccia 2005): Sowohl Kommunisten als auch Faschisten strebten unverhohlen die Beseitigung des Systems an, das auf der individuellen Repräsentation durch Wahlen beruhte. Die Kommunisten verachteten die Demokratie als Maske über der Diktatur der Bourgeoisie, die sie durch eine »Diktatur des Proletariats« und eine Einparteienherrschaft ersetzen wollten (Lenin 1970 [1919]: 443). Die Faschisten lehnten die Demokratie ab, weil dieses System in ihren Augen künstliche Konflikte zwischen den Klassen heraufbeschwor; sie wollten es durch ein System ersetzen, das auf Kompromissen zwischen Körperschaften beruhte, die auf funktionaler Basis organisiert werden sollten (Cassese 2011). Beide Seiten versprachen, die »Politik« durch eine »rationale Verwaltung« zu ersetzen. Beide übten nicht nur in Europa, sondern in aller Welt von Argentinien bis in die Mongolei beträchtlichen Reiz aus. Doch beide Ideologien sind mittlerweile tot und begraben. Die rechten »Anti-System-Parteien« der Gegenwart sind nicht antidemokratisch. Diesen politischen Kräften wird unbedacht das Etikett »Faschismus« angeheftet, um sie zu stigmatisieren, aber sie setzen sich nicht dafür ein, Wahlen durch eine andere Methode zur Auswahl der Regierung zu ersetzen. Sie sind hässlich – die meisten Menschen finden Rassismus und Xenophobie hässlich –, doch diese Parteien haben sich das Motto auf die Fahnen geschrieben, »dem Volk« die Macht zurückzugeben, die von »den Eliten«

usurpiert worden sei; auf diese Art wollen sie die Demokratie stärken. Wie es in einem Wahlkampfspot Trumps hieß: »Unsere Bewegung will ein gescheitertes und korruptes politisches Establishment durch eine von euch, dem amerikanischen Volk, kontrollierte Regierung ersetzen.«[1] Marine Le Pen versprach, ein Referendum über den Verbleib Frankreichs in Europa abzuhalten, in dem »ihr, das Volk, entscheiden werdet«. Darüber hinaus ist nichts Antidemokratisches an dem Wunsch nach einer »starken« oder »kompetenten und effektiven« Regierung – in den letzten Jahren bekundete eine wachsende Zahl von Bürgern in Umfragen diesen Wunsch, was manche Kommentatoren als Symptom eines schwindenden Rückhalts für die Demokratie deuten. Schon Schumpeter (1987 [1942]) wünschte sich Regierungen, die in der Lage wären, kompetent zu regieren, und ich weiß nicht, warum andere Demokraten nicht denselben Wunsch hegen sollten.

Dennoch sind wir nervös. Der Grund ist, dass wir den Verdacht hegen, dass einige der zuvor beschriebenen Bedingungen beispiellos sind, dass die Extrapolation historischer Entwicklungen keine zuverlässigen Hinweise darauf liefert, wie sich die heutigen Demokratien entwickeln werden. Sind diese Bedingungen beispiellos?

In Tabelle 8.1 werden die wirtschaftlichen Bedingungen demokratischer Länder, in denen das System vor 2008 zusammenbrach oder überlebte, mit den gegenwärtigen Bedingungen in konsolidierten Demokratien verglichen (ab 2008, die Daten reichen bis 2014). Die Durchschnittseinkommen sind heute sogar höher als in den Demokratien, die in der Vergangenheit überlebten. Die durchschnittliche Ungleich-

---

[1] Der Spot ist online verfügbar unter: {www.youtube.com/watch?v=vST61W4bGm8}.

Tabelle 8.1: Wirtschaftliche Bedingungen in Demokratien, die vor 2008 zusammenbrachen bzw. überlebten, sowie Mittelwerte für die Jahre 2008-14 für die überlebenden Demokratien

	scheiterten	scheiterten nicht	gegenwärtig
Pro-Kopf-BIP[a]	5770	18012	23825
Wachstum[a]	0,011	0,031	0,020
Lohnquote[b]	0,50	0,61	0,54
Gini Bruttoeinkommen[c]	44,6	42,6	42,5
Gini Nettoeinkommen[c]	44,6	33,8	33,5

Anmerkung: Die Spalten »scheiterten« und »scheiterten nicht« betreffen den Zeitraum bis 2008, die Spalte »gegenwärtig« betrifft den Zeitraum 2008-14. Die Einträge sind allesamt Durchschnittswerte.

Quellen: (a) In USD-KKP (PWT 9.0); (b) aus PWT 9.0; (c) Gini-Koeffizienten aus SWIID 2014

heit der individuellen Einkommen entspricht jener in den Demokratien, die Bestand hatten.

Diese Zahlen erzählen jedoch nicht die ganze Geschichte. Da ist zum einen die Stagnation der Einkommen eines Teils der Personen mit den niedrigsten Einkommen – zwischen 30 und 50 Prozent der Einkommensbezieher. Diese Entwicklung hält in den Vereinigten Staaten mittlerweile seit fast vierzig Jahren an, während das Einkommenswachstum in den meisten europäischen Ländern erst in jüngerer Zeit zum Stillstand kam. Dass die Einkommen dieser Gruppen in den USA nicht stiegen, lag in erster Linie an zunehmender Ungleichheit; in Kontinentaleuropa war die Stagnation nach 2008 vor allem auf eine Verlangsamung des Wachstums zurückzuführen. Diese Stagnation ist ohne Zweifel beispiellos in dem Zeitraum, für den Daten zur Einkommensverteilung vorliegen (ab 1950), und möglicherweise gilt das sogar für die Zwischenkriegszeit. In den Ländern, die im Jahr 1990 OECD-Mitglieder waren, wuchs die Wirtschaft zwischen 1978 und 2014 durchschnittlich um 2,1 Prozent im Jahr, während die Wachstumsrate in der Zwischenkriegszeit bei 2,3 Prozent lag. Doch die Ungleichheit nahm in jüngerer Zeit deutlich zu, während wir aus den vorhandenen fragmentarischen Daten schließen können, dass sie im früheren Zeitraum deutlich abnahm.[2] Folglich haben wir Grund zu der Annahme, dass die niedrigeren Einkommen nach 1978 langsamer stiegen als in der Zwischenkriegszeit, was bedeutet, dass die gegenwärtige Stagnation der Einkommen eines Teils der Bevölkerung historisch ohne Präzedenz ist, zumindest in den letzten hundert Jahren.

Besonders auffällig sind der Niedergang der Gewerkschaften, die wachsende Kluft zwischen Produktivitätszuwachs und Wachstum der Löhne (die fast nicht steigen) sowie der Rückgang der Lohnquote. Die in den dreißiger Jahren in einigen Ländern erkämpfte und nach dem Zweiten Weltkrieg institutionalisierte Fähigkeit der Gewerkschaften, die Versorgung der Unternehmen mit Arbeitskräften zu kontrollieren, schwand nach dem neoliberalen Kurswechsel Anfang der achtziger Jahre rasch, was die politische Macht der mit ihnen verbündeten linken Parteien geschwächt hat. Diese Verschiebung des wirtschaftlichen und politischen Machtgleichge-

---

2 Wir können für fünf Länder Gini-Koeffizienten der Bruttoeinkommen in der Zwischenkriegszeit berechnen: In Frankreich sank der Gini-Koeffizient von 45 im Jahr 1919 auf 40 im Jahr 1939, in Deutschland von 38 im Jahr 1926 auf 35 im Jahr 1932, in den Niederlanden von 49 im Jahr 1919 auf 38 im Jahr 1939, in Schweden von 48 im Jahr 1919 auf 36 im Jahr 1939 und in den Vereinigten Staaten von 44 im Jahr 1919 auf 38 im Jahr 1939. Diese Berechnungen beruhen auf einer Umwandlung des von Atkinson/Piketty/Saez (2011) ermittelten Pareto-Koeffizienten in Gini-Koeffizienten.

wichts zwischen Kapital und Arbeit hat in Kombination mit einer Lockerung der Kontrolle über die Kapitalströme und mit der Deregulierung der Finanzmärkte zu einer säkularen Stagnation der Entgelte der Bezieher geringerer Einkommen geführt, eine Entwicklung, die sich durch die Krise von 2008 verfestigt hat.

Es sollte uns also nicht überraschen, dass der Glaube an die intergenerationelle Gleichheit schwindet. In den Vereinigten Staaten und in Europa glauben, wie erwähnt, rund 60 Prozent der Befragten, dass ihre Kinder finanziell schlechter gestellt sein werden als sie. Möglicherweise sind sie übermäßig pessimistisch und reagieren noch auf den Schock von 2008, aber die von Chetty et al. (2016) gesammelten Belege zeigen, dass diese Überzeugung in den Vereinigten Staaten nicht allzu weit von der Realität entfernt ist. Es liegen keine quantitativen Daten zu den Überzeugungen früherer Generationen vor, aber wir haben Grund zu der Annahme, dass der Glaube an den materiellen Fortschritt in der westlichen Zivilisation seit der industriellen Revolution tief verwurzelt ist. Das Durchschnittseinkommen stieg in den Ländern, die im Jahr 1990 der OECD angehörten, zwischen 1820 und 2008 um das 22-Fache. Trotz Kriegen und Wirtschaftskrisen gab es in den vergangenen 200 Jahren keinen einzigen 30-Jahres-Zeitraum, in dem die Durchschnittseinkommen sanken. Wenn die Menschen heute die Zukunftsaussichten ihrer Kinder als schlecht einschätzen, könnten wir es also mit einer historisch einmaligen Verschiebung zu tun haben.

Ob die gegenwärtige Polarisierung und die damit einhergehende Feindseligkeit gegenüber Andersdenkenden neu sind, können wir unmöglich beurteilen. In jüngerer Zeit ist zweifellos nichts Vergleichbares zu beobachten gewesen, aber wie wir in den Fallstudien zu früheren Krisen gesehen haben, war die Gesellschaft in einigen Ländern einschließlich der

Vereinigten Staaten phasenweise tief gespalten. Wir wissen nur, dass diese tiefen Gräben lange Bestand haben und schwer zu überbrücken sind. Spaltungen hinterlassen Narben, die Uneinigkeit über den Spanischen Bürgerkrieg oder über die Allende-Zeit in Chile wirkt weiter. Die Wunden werden oft mit Schweigen überdeckt, können aber jederzeit aufbrechen.

Tabelle 8.2: Einige politische Merkmale der Länder, die im Jahr 1990 OECD-Mitglieder waren, vor und nach 2008

	1960-2007		2009-14	
	N	∅	N	∅
Wahlbeteiligung	1065	78,8	138	72,1
effektive Parteienzahl im Parteiensystem	1065	4,05	137	4,68
effektive Parteienzahl im Parlament	1065	3,48	137	3,86
Stimmenanteil Sozialdemokraten	1065	26,9	138	21,2
gewerkschaftlicher Organisationsgrad	995	42,1	98	33,0

Quelle: Armingeon et al., CPDS (2016)

Wie Tabelle 8.2 zeigt, stellt die Erosion der traditionellen Parteiensysteme die vielleicht dramatischste Veränderung in jüngerer Zeit dar. Die Systeme, die sich in den zwanziger Jahren in Europa herausbildeten, waren bis zum Ende des 20. Jahrhunderts weitgehend stabil, die entsprechenden Parteien waren die wichtigsten politischen Alternativen. Sieht man von den ersten Jahren nach dem Zweiten Weltkrieg ab, hatten die Wähler im Wesentlichen die Wahl zwischen Mitte-links- und

Mitte-rechts-Parteien. Die zwei Parteien, die diese Optionen repräsentierten (wobei sie manchmal den Namen änderten, sich spalteten oder mit anderen Gruppen verschmolzen), waren durchweg die beiden stimmenstärksten. Hin und wieder tauchten neue Parteien auf, aber sie konnten sich nur selten durchsetzen und verschwanden oft wieder von der Bildfläche. In 90 Prozent der untersuchten Länder hatten die beiden um das Jahr 1924 stimmenstärksten Parteien diese Positionen auch noch Ende der neunziger Jahre inne. Mittlerweile gilt dies nur noch für rund 75 Prozent von ihnen. Im Jahr 1960 lag die effektive Parteienanzahl bei drei; mittlerweile sind es fast vier. Diese Entwicklung geht zudem mit einer sinkenden Wahlbeteiligung und mit einem infolge dieses Rückgangs steigenden Stimmenanteil rechter Parteien einher. Der Grund für diese Erosion könnte ein Verlust der Mobilisierungsfähigkeit der traditionellen Parteien oder wie in den Vereinigten Staaten eine Verschiebung der Wählerpräferenzen weg vom Zentrum sein. Doch der Niedergang der traditionellen Parteien deutet nicht unbedingt auf ein Abschmelzen der politischen Mitte hin; er könnte auch ein Hinweis auf organisatorische Schwächen dieser Parteien sowie auf verbreitete Unzufriedenheit mit den Berufspolitikern sein. Wir können lediglich feststellen, dass die traditionellen Parteien in einigen Ländern mittlerweile auf den dritten, vierten oder sogar fünften Rang in der Wählergunst zurückgefallen sind, während in den Vereinigten Staaten eine Partei, die einst von den moderaten »Rockefeller-Republikanern« beherrscht wurde, von der radikalen Rechten übernommen wurde. Neu ist, dass die beiden Organisationen, die in der Vergangenheit die Arbeiterklasse vertraten – die sozialdemokratischen Parteien und die Gewerkschaften –, die Fähigkeit verloren haben, dies effektiv zu tun. Sowohl die sozialdemokratischen Stimmenanteile als auch der gewerkschaftliche Organisationsgrad sind in jüngster Zeit deutlich geschrumpft. Gewandelt hat sich auch die soziale Basis der rechtsradikalen Bewegungen (Ignazi 1992, 2003; Arzheimer 2013) – oder zumindest verändert sie sich gegenwärtig. Diese Bewegungen wurden traditionell vom Kleinbürgertum unterstützt – von Selbstständigen, Ladeninhabern, Handwerkern und Bauern –, aber mittlerweile versuchen sie, ihre traditionelle Basis zu erweitern und die Arbeiterklasse anzusprechen. Während die sozialdemokratischen Parteien verbürgerlichten, haben sich die rechtsradikalen Parteien proletarisiert.

Der letzte, ermutigende Unterschied zwischen Vergangenheit und Gegenwart besteht darin, dass das Militär weitgehend von der politischen Bühne verschwunden ist. Es spielte eine entscheidende Rolle beim Zusammenbruch von neun der dreizehn in Tabelle 2.1 aufgelisteten Demokratien. Wäre dieser Text vor vierzig Jahren geschrieben worden, so wäre die politische Haltung des Militärs das zentrale Thema gewesen. Doch erstaunlicherweise sind die Streitkräfte selbst in Lateinamerika kein relevanter politischer Faktor mehr, und die Politikwissenschaft beschäftigt sich kaum noch mit ihnen.

Mehrere einschränkende Hinweise sind angebracht, um falsche oder zu schnelle Schlussfolgerungen zu vermeiden. Wichtig ist vor allem, dass uns die Erkenntnisse bezüglich der Vergangenheit nicht dazu verleiten sollten, Kausalbeziehungen herzustellen. Die Endogenität ist offenkundig ein Problem. Nur ein Beispiel: Brach die Demokratie zusammen, weil die Wirtschaft stagnierte, oder stagnierte die Wirtschaft, weil sich der Zusammenbruch der Demokratie ankündigte? Zweitens verbergen sich hinter den allgemeinen Mustern erhebliche Unterschiede zwischen den einzelnen Ländern. Gleich welche globalen Faktoren – zum Beispiel eine weltweite Rezession – sich auf die Demokratien auswirken, sie werden abhängig von den spezifischen Bedingungen jedes Landes unterschiedliche Auswirkungen haben. Drittens sind »Verschiedenartigkeit« und »Ähnlichkeit« unterschiedlich ausgeprägt, und wir wissen nicht, welchen Einfluss ein bestimmter Unterschied hat. Schließlich ist die Liste der beobachtbaren Bedingungen keineswegs vollständig, und es ist durchaus möglich, dass uns einige Bedingungen entgehen, die für sich genommen oder in Verbindung mit anderen entscheidenden Einfluss haben. Deshalb will ich, wie bereits gesagt, die Leserinnen und Lesern nicht von irgendetwas überzeugen, sondern ihnen einfach Stoff zum Nachdenken geben. Lehren aus der Geschichte zu ziehen ist keine Wissenschaft, sondern eine Kunst. Wir können lediglich darüber spekulieren, welche Überlebenschancen die Demokratie unter den beobachteten Bedingungen hat.

Teil III
Die Zukunft?

Bevor wir beginnen, Fragen nach möglichen zukünftigen Entwicklungen zu stellen, müssen wir wissen, wie die Demokratie funktioniert, wenn sie gut funktioniert, und wie sie zusammenbricht oder degeneriert. Die Demokratie funktioniert gut, wenn die politischen Institutionen alle gesellschaftlichen Konflikte strukturieren, absorbieren und regulieren. Wahlen – der Mechanismus, den eine Gesellschaft nutzt, um zu entscheiden, wie und von wem sie regiert werden möchte – sind in Demokratien die wichtigste Methode zur Konfliktlösung. Dieser Mechanismus funktioniert jedoch nur dann richtig, wenn nicht allzu viel auf dem Spiel steht, wenn die unterlegene Partei ihre Niederlage nicht als Katastrophe empfindet und wenn der Wahlverlierer eine realistische Chance hat, zu einem späteren Zeitpunkt an die Macht zu kommen. Wenn Parteien mit einer ausgeprägten Ideologie als Sieger aus einer Wahl hervorgehen und versuchen, institutionelle Hindernisse zu beseitigen, um ihre Position zu festigen und die Politik nach ihrem Ermessen gestalten zu können, verfällt die Demokratie oder »entwickelt sich zurück«. Diese Möglichkeit ist bedrohlich, denn der Prozess muss nicht mit Verstößen gegen die Verfassung einhergehen, und wenn die demokratische Rückentwicklung einem konstitutionellen Pfad folgt, wenn die Regierung darauf achtet, den Anschein der Legalität zu wahren, dann fehlt den Bürgern ein Bezugspunkt für die Koordinierung des Widerstandes. Daher ist die Frage angebracht, ob das in den Vereinigten Staaten oder in den reifen westeuropäischen Demokratien geschehen könnte.

9
Wie die Demokratie funktioniert

9.1 Konflikte und Institutionen

In jeder Gesellschaft gibt es zu jedem Zeitpunkt Konflikte – zwischen einzelnen Personen, Gruppen oder Organisationen. Gegenstand der Auseinandersetzungen sind oft knappe Güter, seien es Einkommen, Eigentum, Studienplätze, Spenderorgane oder der Zugang zu öffentlichen Leistungen. In vielen Konflikten geht es jedoch um Fragen, die nichts mit der Verteilung von Gütern zu tun haben. Es kann zu Auseinandersetzungen kommen, weil einige Menschen klare, oft religiös motivierte Vorstellungen vom richtigen Verhalten haben. Andere Konflikte haben ihren Ursprung einfach in Machtstreben, Ehrgeiz oder Eitelkeit. Symbolische Fragen wecken ebenfalls Leidenschaften: In der Weimarer Republik zerbrach eine Regierungskoalition, weil sich die Partner nicht auf die Farben der deutschen Flagge einigen konnten.

Nicht alle Antagonismen nehmen einen politischen Charakter an. Die Loyalität gegenüber verschiedenen Sportvereinen kann einen Keil zwischen Menschen treiben, ohne dass diese Differenzen politisiert würden. Eine Frau will am Strand eine Burka tragen, während eine andere dort vollkommen unbekleidet sein möchte, aber diese Gegensätze können privat bleiben. Selbst wenn manche Leute eine Vorstellung davon haben, was andere tun oder lassen sollten, sind dies ihre persönlichen Meinungen. Gegensätze verwandeln sich erst in politische Konflikte, wenn sie mit Vorstellungen von den politischen Maßnahmen, die eine Regierung ergreifen sollte, und den zu erlassenden Gesetzen einhergehen. Dies gilt insbesondere für die Meinungen darüber, zu welchem Verhalten uns die Regierung zwingen sollte,[1] oder für Versuche bestimmter Gruppen, anderen ihren Willen gewaltsam aufzuzwingen, indem sie beispielsweise den Zugang zu Abtreibungskliniken blockieren oder ein Haus besetzen, das jemand anderem gehört.

Es kann leichter oder schwerer sein, solche Konflikte beizulegen. Sie unterscheiden sich in mehreren Aspekten:

1. Wie weit liegen die Lösungen auseinander, die die Beteiligten für ein bestimmtes Problem bevorzugen? Um diese Frage zu beantworten, müssen wir uns die Verteilung »idealer Punkte« ansehen, also der Maßnahmen oder Gesetze, die in den Augen der Menschen die besten wären. Eine Möglichkeit zur Beschreibung solcher Verteilungen besteht darin zu fragen, ob es ein Ergebnis gibt, mit dem mehr Personen einverstanden wären als mit allen anderen, und ob der Anteil der Personen, die alle anderen Ergebnisse vorziehen, sinkt, wenn die Distanz zur von der Mehrheit bevorzugten Option steigt. Verteilungen, die beide Bedingungen erfüllen, werden als »unimodal« bezeichnet. Beispielsweise ist die gegenwärtige Verteilung der Einstellungen zur Abtreibung in den Vereinigten Staaten unimodal, denn der Zulässigkeit eines Schwangerschaftsabbruchs in den meisten Situationen stimmen mehr Personen zu als ihrer Zulässigkeit in allen Fällen und ihrem Verbot in den meisten oder allen Situationen (Pew Research Center 2019). Es kann jedoch gut sein, dass es zwei Positio-

---

[1] In Frankreich ist die Regulierung dessen, was Frauen am Strand tragen oder nicht tragen dürfen, tatsächlich Gegenstand eines politischen Konflikts. Es wird seit Langem darüber gestritten, ob das Nacktbaden an öffentlich zugänglichen Stränden erlaubt sein sollte, und in jüngerer Zeit wird über die Frage debattiert, ob es Frauen erlaubt sein sollte, sich von Kopf bis Fuß zu verhüllen.

nen gibt, die von besonders vielen Personen bevorzugt werden. Beispielsweise lehnte vor einigen Jahren ein großer Teil der Franzosen gleichgeschlechtliche Ehen ab, während eine geringere Zahl von Bürgern solche Ehen ohne Adoptionsrecht erlauben wollte und ein weiteres großes Segment der Bevölkerung Homosexuellenehen ohne Einschränkung des Rechts auf Adoption befürwortete. Diese Verteilung war bimodal, und dasselbe gilt gegenwärtig in den Vereinigten Staaten für die Verteilung der Haltungen in der allgemeinen Progressivkonservativ-Dimension (Schaubild 6.11). Interessant ist, dass Lucia Medina (2015: Schaubild 1) gezeigt hat, dass die Positionen der Wähler in der Links-rechts-Dimension in 20 europäischen Ländern trimodal sind – wie Downs (1968 [1957]) vorausgesagt hatte –, wobei ein großer Modus in der Mitte durch kleinere Modi zur Linken und zur Rechten ergänzt wird.

2. Wie sehr trifft es Personen, wenn die Ergebnisse von ihrer idealen Präferenz abweichen? Offenkundig hegen Menschen eine stärkere Abneigung gegen Ergebnisse, die weiter von dem Resultat entfernt sind, das sie sich wünschen. Aber die Schmerzhaftigkeit einer solchen Abweichung ist von Thema zu Thema sowie von Person zu Person unterschiedlich. Nehmen wir an, jemand wünscht sich einen Spitzensteuersatz von 40 Prozent. Gegenwärtig liegt der Satz bei 30 oder 50 Prozent. In den Augen dieser Person sind diese Steuersätze zu niedrig oder zu hoch, aber die Unzufriedenheit wird kaum sehr ausgeprägt sein. Hingegen wird für eine Person, die meint, dass Abtreibungen unter keinen Umständen erlaubt sein sollten, sogar die Legalisierung der »Pille danach« Anathema sein: Für diese Person sinkt der Nutzen deutlich, wenn ein entsprechendes Gesetz verabschiedet wird. Selbst wenn die Verteilung der idealen Punkte unimodal ist, kann es daher zu intensiven Konflikten kommen, wenn Menschen einen abrupten Nutzenverlust erleiden, sobald die Ergebnis-

se auch nur geringfügig von ihren höchsten Präferenzen abweichen.

3. Wie eng sind die Einstellungen zu unterschiedliche Fragen miteinander verknüpft? Lehnen Menschen, die sich strengere Abtreibungsgesetze wünschen, auch die Zuwanderung ab? Wünschen sich Gegner der Zuwanderung auch eine konsequentere Einkommensumverteilung? Werden diese Fragen mit Ja beantwortet, überlagern sich die Konfliktlinien (*superimposed cleavages*); werden sie verneint, verlaufen die Bruchlinien mitten durch die politischen Lager (*cross-cutting cleavages*). Beispielsweise korreliert eine ablehnende Haltung gegenüber der Einwanderung in sämtlichen OECD-Ländern positiv mit Homophobie und Sexismus. Die Bruchlinien überlagern sich, wenn sich andere Merkmale wie Religion, Einkommen oder Bildung auf die Präferenzen auswirken. Beispielsweise geht aus der zuvor zitierten Pew-Studie hervor, dass nur 25 Prozent der weißen Evangelikalen einer Legalisierung der Abtreibung unter bestimmten Umständen zustimmen, während dies mehr als 50 Prozent der Katholiken, rund 70 Prozent der traditionellen Protestanten und 75 Prozent der Konfessionslosen befürworten. Da die Einstellungen dieser Gruppen auch in anderen moralischen Fragen voneinander abweichen, überlagern sich die Konfliktlinien. Andere Bruchlinien überschneiden sich hingegen. Lipset (1960) erklärte, die Haltungen zu Demokratie und Autoritarismus spalteten die Arbeiterklasse; den Gegensatz zwischen SPD und KPD in der Weimarer Republik haben wir oben bereits angesprochen.

Es ist anzunehmen, dass die friedliche Lösung eines Konflikts schwieriger wird, je weiter (a) die höchsten Präferenzen verschiedener Personen auseinanderliegen, wenn (b) der mit Abweichungen von diesen idealen Präferenzen verbundene Verlust besonders groß ist und wenn (c) Bruchlinien sich überlagern, wodurch Gruppen klar voneinander getrennt werden, obwohl sie derselben Konfession oder Bildungsschicht angehören (Coser 1964). Das bedeutet nicht, dass Regierungen passiv bleiben, wenn sie mit schwer zu bewältigenden Konflikten konfrontiert sind. Eine natürliche Strategie von Regierungen besteht darin zu versuchen, die Bürger davon zu überzeugen, dass das, was sie voneinander trennt, weniger wichtig ist als das, was sie verbindet. »Geschlossenheit«, »Harmonie« und »Kooperation« werden unablässig beschworen, durch Appelle an das Nationalgefühl, Hinweise auf gemeinsame Wurzeln trotz unterschiedlicher Herkunft, das feierliche Begehen von Nationalfeiertagen, durch Hymnen und Flaggen, Stolz auf die nationale Armee oder die Erfolge heimischer Sportler bei den Olympischen Spielen – die Liste ließe sich fortsetzen. Selbst nach Wahlen, bei denen sich tiefe Gräben aufgetan haben, appelliert der Sieger in seiner Antrittsrede in der Regel an die Einheit der Bevölkerung. Salvador Allendes Erklärung »No soy presidente de todos los Chilenos« (»Ich bin nicht der Präsident aller Chilenen«) war in dieser Hinsicht ein großer Fehler.

Es ist schwer zu sagen, ob solche Appelle wirksam sind, fest steht jedoch, dass die Konflikte ungeachtet derartiger Äußerungen oft andauern. Nehmen wir für heuristische Zwecke an, dass die Präferenzen auf einer einzigen Geraden angeordnet werden können, wobei sich an den Punkten A und B jeweils eine große Zahl von Personen sammelt:

$$-\,-\,A\,-\,-\,-\,-\,-\,x\,-\,-\,-\,-\,-\,B\,-\,-$$

Der Punkt x markiert eine potenzielle Lösung für den Konflikt. Nehmen wir an, der Punkt A entspricht der Präferenz dafür, allen Einwanderern einschließlich der illegalen Zugang zur Staatsangehörigkeit zu gewähren, während der Punkt B der Präferenz entspricht, alle illegalen Einwanderer ungeachtet ihrer familiären Umstände zu deportieren. Der Punkt x kennzeichnet die Präferenz für eine Zwischenlösung, zum Beispiel die Legalisierung des Status von Eltern, deren Kinder im Land geboren wurden. Wenn A und B sehr weit voneinander entfernt sind, gibt es möglicherweise keine Lösung für den Konflikt. Nehmen wir an, die Lösung x ist für Personen an Punkt B inakzeptabel, während für Personen an Punkt A keine Lösung akzeptabel ist, die weiter von A entfernt ist als x, dann gibt es keine für beide Seiten akzeptable Lösung. Man denke an die Situation in Chile: Die Unmöglichkeit, auf einen Schlag einige Großunternehmen zu verstaatlichen, war für die Regierungskoalition inakzeptabel, und für die Opposition war es nur akzeptabel, die Unternehmen einzeln der Reihe nach zu verstaatlichen. Für diesen Konflikt gab es keine friedliche Lösung.

Dasselbe gilt auch, wenn wir es mit mehr als einer Dimension zu tun haben. Erinnern wir uns daran, dass eine große Partei in der Weimarer Republik, die SPD, in der wirtschaftlichen Dimension sozialistisch und in der politischen Dimension demokratisch war, während eine andere Partei, die DNVP, kapitalistisch und autoritär war. Da für eine mehrheitsfähige Koalition beide Parteien gebraucht wurden, gab es keine Chance auf Kompromisse, die von einer Mehrheit des Parlaments unterstützt worden wären.

Wie können wir solche Konflikte geordnet und friedlich lösen, ohne die politische Freiheit einzuschränken? Wie können wir sie anhand von Verfahren und Regeln bewältigen, die Aufschluss darüber geben, wessen Interessen, Werte oder Bestrebungen in einem bestimmten Moment Vorrang haben sollten?

Politische Institutionen bewältigen Konflikte geordnet, indem sie sie (1) strukturieren, (2) absorbieren und (3) den

Regeln entsprechend beilegen. Eine institutionelle Ordnung behauptet sich, wenn nur die politischen Kräfte, die einen institutionell geregelten Zugang zum repräsentativen System haben, politischen Aktivitäten nachgehen und wenn diese Organisationen Anreize haben, ihre Interessen im Rahmen der Institutionen zu verfolgen und für sie unvorteilhafte Ergebnisse hinzunehmen. Konflikte werden namentlich dann geordnet bewältigt, wenn alle politischen Kräfte erwarten können, dass sie in der Gegenwart oder zumindest in nicht allzu ferner Zukunft etwas erreichen können, indem sie ihre Interessen in diesem Rahmen verfolgen, während sie sich von Aktionen außerhalb des institutionellen Rahmens wenig versprechen.

Zu beachten ist, dass strategisches Denken auf der Annahme beruht, Organisationen könnten die Aktionen ihrer Mitglieder kontrollieren. Der KPF-Politiker Maurice Thorez formulierte 1936 den bekannten Satz: »Man muss wissen, wie man einen Streik beendet.« Und Alessandro Pizzorno (1964) bemerkte, dass Organisation zu strategischem Handeln befähigt. Organisationen können nur strategisch handeln, wenn sie ihre Gefolgsleute strategischen Erwägungen entsprechend zum Handeln bewegen oder davon abhalten können. Besitzen sie diese Fähigkeit nicht, können politische Konflikte die Form von unorganisierten »spontanen« Ausbrüchen annehmen.

Unter welchen Bedingungen tragen Institutionen also zur friedlichen Regulierung von Konflikten bei?

1. Politische Institutionen strukturieren Konflikte. Institutionen definieren, welche Schritte die einzelnen Akteure unternehmen können; sie versehen verschiedene Vorgehensweisen mit unterschiedlichen Anreizen; und sie grenzen den Bereich möglicher Resultate ein. Im Ergebnis strukturieren sie so die Handlungen, die Akteure abhängig von ihren Inte-

ressen oder Werten unternehmen, und gestalten die kollektiven Ergebnisse so, dass ein Gleichgewicht entsteht. Es liegt auf der Hand, dass sich in einem System, in dem es kein Präsidentenamt gibt – in einer konstitutionellen Monarchie etwa –, niemand um dieses Amt bewerben wird. Kaum weniger offensichtlich ist, dass der Wettbewerb um das Präsidentenamt in Systemen, in denen der Präsident der Regierungschef ist, intensiver sein wird als in Systemen, in denen der Präsident nur als zeremonieller Staatschef fungiert. Ein komplizierteres Beispiel ist die Wirkung der Wahlsysteme auf den elektoralen Wettbewerb. Beispielsweise wirken sich die Regeln für die Umwandlung von Wählerstimmen in Parlamentssitze – die Wahlsysteme – darauf aus, wie viele Parteien am Wettbewerb teilnehmen und welche Interessen sie repräsentieren: ökonomische, regionale, religiöse, ethnische usw. Wenn jeder Wahlkreis einen Abgeordneten ins Parlament entsendet, entsteht in der Regel ein Zweiparteiensystem, und beide Parteien haben Anreize, sich der Mitte der Wählerpräferenzen anzunähern; hingegen werden die Parteien bei einem ausgeprägten Verhältniswahlrecht bestrebt sein, ihre Nische möglichst gut auszuschöpfen, was einige von ihnen dazu bewegen kann, extreme Positionen einzunehmen.

Es gibt unzählige solche Beispiele: Die Regeln für die Gewerkschaftsarbeit wirken sich auf die Zahl der Gewerkschaften, ihre sektorale Organisation und das Maß an Zentralisierung aus. Von den Regeln für Sammelklagen hängt es ab, ob nur Einzelpersonen oder auch Gruppen von Personen, die denselben Klagegrund haben, ein Gerichtsverfahren anstrengen können. In den meisten Ländern ist es gesetzlich geregelt, ob Unternehmerverbände und Gewerkschaften politische Parteien finanziell unterstützen dürfen. Es gibt Rechtsvorschriften dazu, welche Streiks legal sind und welche nicht. Schließlich können Verfassungsgerichte oder entsprechende

Einrichtungen Gesetzgebungsmaßnahmen rückgängig machen, die Grundsätzen widersprechen, die Vorrang vor dem pluralistischen Wettbewerb haben, Grundsätze, die oft, aber nicht immer in der Verfassung verankert sind.

Die politischen Parteien formen die öffentliche Meinung, konkurrieren bei Wahlen miteinander und besetzen Ämter in Exekutive und Legislative. An einem Punkt verwandelten sich die Parteien in das wichtigste Instrument zur Organisation von Interessen. Sie waren ein Mechanismus zur Artikulation und Bündelung von Interessen – vertikale Organisationen, welche die Individuen in die repräsentativen Institutionen integrierten. Doch aus ungeklärten Gründen wurden aus ihnen im Lauf der Zeit Organisationen, die nur periodisch in Wahlkampfzeiten hervortreten. Sie verloren ihre gesellschaftliche Integrationsfunktion: Heute würde niemand mehr sagen, was Michael Ostrogorskij 1981 erklärte: »Überzeuge sie nicht. Integriere sie sozial.« Es gibt keine alltägliche, permanente Verbindung zwischen Parteien und Bürgern mehr. Und wenn die Parteien keine alltägliche vertikale Beziehung zu den Menschen haben, von denen sie am Wahltag unterstützt werden, können sie die politischen Aktionen dieser Menschen nicht disziplinieren.

Interessengruppen, seien es Wirtschaftslobbys, religiöse Gruppen oder andere freiwillige Vereinigungen, versuchen die politischen Parteien zu beeinflussen und ihre Interessen durchzusetzen, indem sie sich direkt an einzelne Mitglieder der Legislative oder an die Exekutive einschließlich der unteren Ebenen der Bürokratie wenden. Einen bedeutsamen Unterschied in der Strukturierung von Konflikten finden wir in der Regulierung der Interessen von Arbeitnehmern und Arbeitgebern. Gewerkschaften waren bis Mitte des 19. Jahrhunderts in allen europäischen Ländern verboten. Selbst als sie schließlich legalisiert wurden, legte der Staat in allen Demokratien strenge Bedingungen für ihre Tätigkeit fest. Er regelte, ob es in einem Sektor oder einer Branche eine einzige oder mehrere Organisationen geben durfte, ob Kollektivverträge rechtlich bindend waren, ob die von den Gewerkschaften ausgehandelten Tarifverträge auch für Nicht-Gewerkschaftsmitglieder gelten sollten usw. Zu beachten ist, dass der gewerkschaftliche Organisationsgrad seit 1980 in den meisten Ländern deutlich zurückgegangen ist (Schaubild 6.10), weshalb die Kontrolle der Gewerkschaften über die Arbeiter ähnlich schwand wie die der politischen Parteien über ihre Anhänger. Die Vorschriften für die Tätigkeit von Wirtschaftsverbänden sind weniger strikt, und nur in wenigen Ländern müssen sich Lobbyisten als solche registrieren lassen und ihre Tätigkeit transparent gestalten. Freiwillige Vereinigungen werden im Wesentlichen durch Steuergesetze reguliert, wenn sie einen gemeinnützigen Status anstreben.

Das Privatrecht, aber auch das öffentliche Recht und die entsprechende Rechtsprechung individualisieren Konflikte. Ohne die Möglichkeit, die Gerichte anzurufen, nehmen viele Konflikte die Form spontaner kollektiver Proteste an, was zum Beispiel in China zu beobachten ist. Aber wenn die individuellen Bürger sich mit ihren Forderungen an die Gerichte wenden können, werden die Konflikte zwischen ihnen und dem Staat dezentralisiert: In Argentinien zum Beispiel verklagen Einzelpersonen den Staat, wenn er in der Verfassung garantierte Leistungen nicht erbringt (Smulovitz 2003). Die Judikative ist ein Kanal für Konfliktbewältigung ohne kollektive Organisation seitens der Kläger.

Zusammenfassend können wir sagen, dass der Staat die Organisation der politischen Kräfte gestaltet, die auf der Bühne der politischen Institutionen aktiv werden können. Andere Formen der politischen Aktivität werden entweder widerwillig geduldet oder aktiv unterdrückt.

2. Institutionen absorbieren politische Konflikte, wenn die politischen Kräfte, die prinzipiell auch andere Wege wählen könnten, um ihre Interessen oder Werte zu vertreten, Anreize haben, ihre Ziele innerhalb des institutionellen Rahmens zu verfolgen. Es geht nicht nur um Sieg oder Niederlage, sondern auch darum, wie viel man gewinnen oder verlieren kann: Wie viel steht auf dem Spiel? Beispielsweise steht in einem Lohnkonflikt weniger auf dem Spiel als in einem Streik gegen Entlassungen. In einem Konflikt über die Entsorgung von Giftmüll in Flüsse steht für die Industrie möglicherweise wenig auf dem Spiel, nämlich etwas höhere oder niedrigere Gewinne, während für diejenigen, die potenziell gesundheitsschädlichen Substanzen ausgesetzt sein werden, sehr viel auf dem Spiel steht. Bei der Entscheidung über einen Krieg kann für alle Beteiligten ungeheuer viel auf dem Spiel stehen. Zu beachten ist, dass in vielen Konflikten der Nutzen von Regierungsentscheidungen konzentriert ist, während die Kosten verteilt sind: Man denke an einen Zoll auf Zahnpasta, der die Gewinne der inländischen Produzenten deutlich erhöht und für die Konsumenten fast nicht zu bemerken ist. In Konflikten über Entscheidungen, die auch die zukünftige Machtverteilung beeinflussen, steht viel auf dem Spiel, weil sich ihre Ergebnisse nur schwer rückgängig machen lassen. Beispielsweise kann eine »flexible Arbeitsmarktpolitik« die Arbeitslosigkeit verringern oder nicht, aber sie untergräbt in jedem Fall die Organisationsfähigkeit der Gewerkschaften und damit ihre Aussichten, die Politik in Zukunft beeinflussen zu können.

Schematisch muss man sich die Lage so vorstellen, dass jede organisierte politische Kraft davon ausgeht, dass sie etwas zu gewinnen, aber auch zu verlieren hat, wenn sie ihre Interessen innerhalb der Institutionen verfolgt, dass sie also eine Vorstellung vom zu erwartenden Nutzen einer Beteiligung am institutionellen Wechselspiel der Interessen hat. Die Alternative besteht für alle politischen Kräfte darin, ihre Ressourcen außerhalb des institutionellen Rahmens einzusetzen und auf Gewalt oder andere ineffiziente Formen der Konfliktlösung zurückzugreifen (siehe unten). Diese Alternative beschrieb John McGurk, der Vorsitzende der britischen Labour Party, im Jahr 1919 mit deutlichen Worten:

> Entweder wir sind Konstitutionalisten oder wir sind keine Konstitutionalisten. Wenn wir Konstitutionalisten sind, wenn wir an die Wirksamkeit der politischen Waffe glauben (und warum hätten wir eine Labour Party, wenn wir es nicht glaubten?), dann wäre es sowohl unklug als auch undemokratisch, uns abzuwenden und zu verlangen, [den parlamentarischen Wettbewerb] durch Arbeitskämpfe zu ersetzen, weil wir an den Urnen keine Mehrheit errungen haben. (Zit. n. Miliband 1975: 69)

Doch nicht jedermann teilt diese Meinung: Beispielsweise kündigte Jean-Luc Mélenchon, der Führer einer neuen linken Partei in Frankreich, nach seiner Wahlniederlage an, seine Anhängerschaft auf die Straße zu bringen. Darüber hinaus sollte man nicht so weit gehen anzunehmen, dass alle derartigen Entscheidungen strategischen Erwägungen gehorchen. In jeder Gesellschaft gibt es fanatische Randgruppen, die nicht über die Konsequenzen ihrer Handlungen nachdenken.

Sowohl die Ressourcen, die einzelne Gruppen für das institutionelle Wechselspiel der Interessen aufbringen, als auch jene, die sie für Aktionen außerhalb des institutionellen Rahmens mobilisieren können, sind gruppenspezifisch. Multinationale Konzerne können ihre Lobbymacht wirksam einsetzen, aber sie sind nicht in der Lage, Menschen auf die Straßen zu bringen. Gewerkschaften mögen geringeren politischen Einfluss haben, können jedoch mit Streiks großen Schaden anrichten. Das Militär sollte keinerlei institutionelle Macht besitzen, aber es hat die Waffen. Um zur Absorption von

Konflikten beitragen zu können, darf die Macht der einzelnen Akteure innerhalb des institutionellen Rahmens nicht zu sehr von ihrer Fähigkeit abweichen, ihre Ziele außerhalb der Institutionen zu verwirklichen. Institutionen funktionieren stets im Schatten der außerinstitutionellen Macht.

3. Institutionen regulieren Konflikte, wenn sich die unterlegene Seite den institutionellen Regeln unterwirft und die Ergebnisse des institutionellen Wechselspiels akzeptiert. Die politischen Akteure können die politischen Institutionen nutzen und trotzdem für sie unvorteilhafte Ergebnisse ablehnen. Man könnte meinen – und einige Theoretiker tun das tatsächlich –, solche Situationen seien unmöglich. Ihr Argument: Würde eine Gruppe die Strategie »Ich werde es im institutionellen Rahmen versuchen, und wenn das nicht funktioniert, versuche ich es außerhalb der Institutionen« verfolgen, so würde sich die Gegenseite nicht auf den institutionellen Rahmen einlassen, weil sie wüsste, dass sie dort nur einen Pyrrhussieg erringen könnte. Daraus folgt: »Wenn die Akteure bestimmten Regeln zustimmen, werden sie sich auch daran halten.« Oder: »Wenn Akteure beabsichtigen, sich nicht an die Regeln zu halten, werden sie ihnen nicht zustimmen.« (Buchanan/Tullock 1962; Calvert 1994) Doch wir erleben Situationen, in denen die unterlegene Seite, obwohl der Konflikt gemäß bestimmten Regeln beigelegt wurde, das Ergebnis nicht akzeptiert und zu einer außerinstitutionellen Strategie übergeht. Von Gewerkschaften geschlossene Tarifverträge werden manchmal von der Basis abgelehnt, die wilde Streiks beginnt. Die Verabschiedung eines Gesetzes im Parlament kann Demonstranten auf die Straße bringen: In Frankreich stoßen Bildungsreformen regelmäßig auf massiven außerparlamentarischen Widerstand. Selbst Wahlergebnisse werden von den Verlierern nicht immer anerkannt: In der Gruppe der gescheiterten Demokratien war dies in Hon-

duras im Jahr 1932 der Fall. Die Antwort finden wir in der Ungewissheit: Die Ergebnisse des institutionellen Wechselspiels können nicht exakt vorhergesagt werden. So kann eine Gruppe *ex ante* zu der Überzeugung gelangen, dass sie etwas erreichen wird, wenn sie sich innerhalb des institutionellen Rahmens für ihre Anliegen einsetzt, um dann festzustellen, dass sie ihre Ziele verfehlt hat und dass der resultierende Status quo für sie unvorteilhafter ist als das, was sie außerhalb der institutionellen Kanäle erreichen könnte. Die Gegenseite ihrerseits glaubt möglicherweise *ex ante*, dass die andere Gruppe eine Niederlage hinnehmen wird, muss *ex post* jedoch feststellen, dass dem nicht so ist.

Eine wichtige Frage lautet, ob die Institutionen klare Regeln für die Beilegung von Konflikten anbieten. Im Fall Chiles haben wir gesehen, dass der gesetzliche Rahmen zwei widersprüchliche Regeln für das staatliche Waffenmonopol vorsah: Auf der einen Seite verabschiedete der Kongress ein Gesetz, das dem Militär dieses Monopol zusprach und es ermächtigte, Regierungsgebäude nach Waffen zu durchsuchen; auf der anderen hatte der Präsident die Befugnis, dem Militär den Zugang zu öffentlichen Gebäuden zu verwehren. Es war also unklar, ob die Verfassung die Durchsuchung der Gebäude deckte oder nicht, und das untergrub die Position der Generäle, die das Prinzip der Nichteinmischung verfochten, solange der Präsident nicht gegen die Verfassung verstieß. Das vielleicht eklatanteste Beispiel für konstitutionelle Uneindeutigkeit war im Jahr 1977 in Ecuador zu beobachten, wo drei Kandidaten begründete Ansprüche auf das Präsidentenamt geltend machen konnten und der Oberste Gerichtshof einen Schiedsspruch verweigerte (Sanchez-Cuenca 2003: 78f.). Es gibt zahlreiche weitere Beispiele; wesentlich ist hier, dass Verfassungen manchmal keine klaren Vorgaben für die Lösung spezifischer Konflikte enthalten, was dazu führt, dass die Grenze zwischen institutioneller und nichtinstitutioneller Sphäre verwischt wird.

In Anbetracht dieser Beschreibung von Konflikten und Institutionen drängt sich folgende Frage auf: Sind alle Institutionen in der Lage, sämtliche Konflikte auf geordnete Art zu bewältigen? Einige Autoren glauben, ein weniger proportionales Wahlsystem hätte in der Weimarer Republik stabile Regierungen hervorgebracht. Andere finden den institutionellen Schuldigen in Artikel 48 der Weimarer Verfassung, der dem Präsidenten die Befugnis gab, ohne Zustimmung des Reichstags und sogar im Widerspruch zu dessen Willen eine Regierung zu ernennen (Bracher 1966: 119). Umgekehrt glauben einige Gelehrte, hätte Chile kein Präsidial-, sondern ein parlamentarisches System gehabt, so wäre eine Mitte-rechts-Koalition mit einer Parlamentsmehrheit gebildet worden und die Demokratie hätte überlebt. Man kann sich auch fragen, was aus der französischen Demokratie geworden wäre, hätte die Vierte Republik Bestand gehabt, anstatt durch ein Präsidialsystem ersetzt zu werden. Leider müssen wir hier kontrafaktische Annahmen anstellen, die zwangsläufig spekulativ sind. Wir wissen genug über Institutionen, um zu verstehen, dass einige Regeln in Anbetracht politischer Gräben effektive und stabile Regierungen hervorbringen würden, während andere nicht dazu in der Lage wären. Ob ein anderer institutioneller Rahmen jedoch den Aufstieg Hitlers oder den Sturz der Demokratie in Chile verhindert hätte, ist unmöglich zu sagen: Hier sind zu viele Kontingenzen im Spiel.

Die wichtigste Institution zur Konfliktbewältigung in Demokratien sind, wie gesagt, Wahlen. Allerdings sind sie eine eigentümliche Methode zur Konfliktverarbeitung, denn sie finden zu bestimmten Zeitpunkten statt, werden in den meisten Ländern unabhängig von der aktuellen politischen Situation angesetzt und sollen die politischen Machtverhältnisse für einen feststehenden Zeitraum fixieren. Doch das politische Leben kommt nie zum Stillstand. Zum einen beginnen die Parteien bereits am Tag nach der Wahl, sich für die nächste Wahl zu positionieren. Allerdings ist die Politik auch zwischen den Wahltagen nicht auf das Werben um Wählerstimmen beschränkt. Die Maßnahmen einer Regierung, die von einer Mehrheit gewählt wurde, können trotzdem auf Widerstand bei Gruppen stoßen, die bestimmte Positionen sehr leidenschaftlich verteidigen. Und selbst wenn eine Regierung von einer Mehrheit gewählt wird, müssen nicht alle von ihr vorgeschlagenen Maßnahmen die Unterstützung einer Mehrheit genießen. Wir müssen daher getrennt betrachten, was bei Wahlen und was im Zeitraum zwischen den Wahlen geschieht.

9.2 Wahlen als Methode zur Verarbeitung von Konflikten

Wir suchen uns unsere Regierungen durch Wahlen aus. Die Parteien schlagen Programme vor und stellen Kandidaten auf, wir geben im Wahllokal unsere Stimme ab, jemand wird nach feststehenden Regeln zum Sieger erklärt und zieht in den Regierungssitz ein, während der Verlierer nach Hause geht. Hin und wieder kommt es zu einer Panne, aber meistens läuft der Prozess reibungslos ab. Wir werden einige Jahre von der siegreichen Partei regiert und erhalten dann die Möglichkeit zu entscheiden, ob wir das Mandat der Amtsinhaber verlängern oder sie in die Wüste schicken wollen. All das ist Routine, wir betrachten es als selbstverständlich. Aber wodurch wird es ermöglicht?

Reduzieren wir das Problem auf das Grundlegende: Nehmen wir an, ich will etwas, das auch eine andere Person will; manchmal will ich auch etwas, das nicht mir gehört. Eine bestimmte Regel besagt, dass die andere Person es bekommen soll. Warum sollte ich mich dieser Regel unterwerfen?

Schon allein die Aussicht, dass die Regierung abgelöst werden kann, macht die friedliche Beilegung von Konflikten wahrscheinlicher. Um dieses Argument zu veranschaulichen, können wir uns vorstellen, über die Regierung würde per Münzwurf entschieden: »Kopf« bedeutet, dass die bisherige Regierung im Amt bleibt, »Zahl« bedeutet, dass sie abtreten muss. Aus der Entscheidung folgen Anweisungen dazu, was Sieger und Verlierer nun tun sollen und was nicht: Die Sieger sollen in ein weißes, blaues oder rosafarbenes Haus oder auch in einen Palast einziehen; dort können sie sich im Rahmen der von der Verfassung gezogenen Grenzen alles für sich und ihre Gefolgschaft nehmen, und wenn ihre Amtszeit abgelaufen ist, soll erneut eine Münze geworfen werden. Die Verlierer dürfen nicht in das Haus einziehen und sollen akzeptieren, dass sie nicht mehr bekommen werden, als ihnen die Sieger zu geben bereit sind.

Wird das Regierungsmandat in einer Lotterie vergeben, haben die Bürger weder prospektiv noch retrospektiv die Möglichkeit, die Regierung zu bestrafen, und die Amtsinhaber haben keine elektoralen Anreize, sich gut zu benehmen. Da die Auswahl der Regierung durch eine Lotterie ihre Bestätigung im Amt von ihrem Verhalten unabhängig macht, gibt es keinen Grund zu der Annahme, dass die Regierung repräsentativ handeln wird, um ihre Wiederwahl zu sichern: Jede Verbindung zwischen Wahlen und Repräsentation wird gekappt. Doch schon die Aussicht auf die Möglichkeit eines Regierungswechsels kann die gegnerischen politischen Kräfte dazu bewegen, sich an die Regeln zu halten, anstatt Gewalt anzuwenden. Die Sieger wissen, dass sie sich mäßigen müssen und ihren Vorteil als Machtinhaber nicht dazu missbrauchen dürfen, den gegenwärtigen Verlierern die Chance auf einen zukünftigen Sieg zu nehmen. Obschon sie die Münze lieber nicht erneut werfen würden, ist es möglicherweise besser für sie, bei einem verlorenen Münzwurf die Macht friedlich aufzugeben, wenn sie vermeiden wollen, dass die Verlierer zu den Waffen greifen. Die Verlierer wiederum stehen vor der Wahl, ob sie Gewalt anwenden, um die Macht zu erobern, oder ob sie die Kosten der Niederlage akzeptieren und auf die nächste Gelegenheit warten sollen. Was sie tun werden, hängt davon ab, wie aussichtsreich ein Versuch wäre, sich mit Gewalt durchzusetzen, wie hoch die Kosten eines Kampfes sind, wie viel sie verlieren werden, wenn sie gegen ihren Willen regiert werden, und wie groß ihre Chance ist, beim nächsten Mal zu gewinnen. Das Kalkül kann aufgehen oder nicht, aber die Verlierer werden sich gedulden, solange die von den Siegern durchgesetzten Maßnahmen nicht zu extrem werden oder solange sie eine realistische Chance haben, bei der nächsten Gelegenheit den Sieg davonzutragen. Die Regulierung von Konflikten durch einen Münzwurf erzeugt eine Situation, in der es das Beste für alle Seiten sein dürfte, friedlich auf ihre Chance zu warten, weil die andere Seite dasselbe tut. Blutvergießen wird schlicht dadurch vermieden, dass die politischen Kräfte davon ausgehen, dass sie irgendwann an die Reihe kommen.

Wir verwenden jedoch keine Zufallsmechanismen. Wir wählen. Bei Wahlen setzt sich ein Wille gegen einen anderen durch. Wenn eine Entscheidung durch Abstimmung fällt, muss sich ein Teil der Beteiligten einer Meinung unterwerfen, die von seiner eigenen abweicht, oder eine Entscheidung akzeptieren, die seinen Interessen widerspricht. Wahlen bringen Gewinner und Verlierer hervor und versetzen die Sieger in die Lage, der unterlegenen Seite – wenn auch mit Einschränkungen – ihren Willen aufzuzwingen. Was macht es für einen Unterschied, dass wir wählen? Eine Antwort auf diese Frage ist, dass uns das Recht zu wählen eine Verpflichtung auferlegt, die Wahlergebnisse zu respektieren. Demnach fügen sich die Verlierer in die Niederlage, weil sie es als ihre Pflicht betrachten, die Ergebnisse eines Entscheidungsprozesses zu akzeptieren, an dem sie freiwillig teilgenommen haben. Die Wahlergebnisse sind insofern »legitim«, als die Menschen bereit sind, Entscheidungen mit noch unbestimmtem Inhalt zu akzeptieren, sofern sie an der Entscheidungsfindung teilnehmen können.

Ich finde diese Darstellung nicht überzeugend, glaube jedoch, dass das Wählen die Regelkonformität sehr wohl fördert, wenn auch durch einen anderen Mechanismus: Das Wählen stellt eine »Demonstration der Stärke« dar. Es liefert Aufschluss über die Chancen im Fall eines außerinstitutionellen Konflikts. Wenn alle Menschen gleich stark (oder gleich gut bewaffnet) sind, dann repräsentiert die Stimmenverteilung den Kriegsausgang. Wenn physische Stärke sich nicht mehr unmittelbar aus den bloßen Zahlen ergibt, weil der Krieg technisiert und die Kriegsführung professionalisiert wurde, liefert das Wahlergebnis natürlich keinen Aufschluss mehr über die Chancen in einem bewaffneten Konflikt. Aber es liefert Aufschlüsse über Leidenschaften, Wertvorstellungen und Interessen. Wenn Wahlen ein friedlicher Ersatz für die Rebellion sind, so deshalb, weil sie alle Beteiligten darüber informieren, wer wogegen rebellieren würde. Sie informieren die Verlierer (»Hier habt ihr das Kräfteverhältnis: Wenn ihr die aus dem Wahlergebnis hervorgehenden Anweisungen missachtet, werde ich euch in einer gewaltsamen Konfrontation eher besiegen als ihr mich«) und die Sieger (»Wenn ihr am Ende eurer Amtszeit keine Wahlen abhaltet oder wenn ihr euch zu viel nehmt, werde ich in der Lage sein, abschreckenden Widerstand zu leisten«). Selbst jene Wahlen, bei denen die Amtsinhaber einen klaren Vorteil genießen, liefern ein gewisses Maß an Information über die Erfolgsaussichten der verschiedenen politischen Kräfte in einer eventuellen gewaltsamen Auseinandersetzung. Sie verringern die politische Gewalt, indem sie die Grenzen der Herrschaft offenlegen.

Letzten Endes erhalten Wahlen den Frieden, weil sie intertemporale Horizonte erschließen. Selbst wenn man glaubt, dass sich die Menschen eher für Ergebnisse als für Verfahren interessieren, weckt die Aussicht, dass eine Partei, die ihre Interessen vertritt, irgendwann die Regierungsmacht erringen kann, Hoffnung und fördert die Geduld. In den Augen vieler Leute endete die amerikanische Präsidentschaftswahl im Jahr 2000 mit einer Katastrophe, aber sie wussten, dass es im Jahr 2004 eine weitere Wahl geben würde. Als die Wahl im Jahr 2004 ein noch schlimmeres Ergebnis brachte, hofften diese Leute auf das Jahr 2008. Und so unglaublich das scheinen mag, das Land, das zweimal Bush und Cheney gewählt hatte, entschied sich im Jahr 2008 für Obama. Diejenigen, die gegen Trump gestimmt hatten, hofften ab diesem Moment, dass er im Jahr 2020 nicht wiedergewählt würde. Wahlen sind die Sirenen der Demokratie: Sie nähren unablässig unsere Hoffnungen. Wir lassen uns ein ums andere Mal bereitwillig von Wahlversprechen locken und setzen auf einen positiven Wahlausgang. Also gehorchen wir und warten ab. Das Wunder der Demokratie ist, dass rivalisierende politische Kräfte die Ergebnisse der Wahlen anerkennen. Menschen, die Waffen haben, gehorchen Menschen, die keine haben. Amtsinhaberinnen setzen ihre Kontrolle über Regierungsbehörden aufs Spiel, indem sie Wahlen abhalten. Wahlverliererinnen warten auf die nächste Chance, ein Amt zu erlangen. Konflikte werden reguliert, den Regeln entsprechend verarbeitet und auf diese Art begrenzt. Das ist kein Konsens, aber es ist auch keine Katastrophe. Es ist einfach regulierter Konflikt, Konflikt ohne Blutvergießen. Wahlzettel sind »Steine aus Papier«.

Dieser Mechanismus funktioniert jedoch nicht immer. Wahlen ermöglichen eine friedliche Verarbeitung von Konflikten, wenn *etwas*, aber nicht *zu viel* auf dem Spiel steht (Przeworski/Rivero/Xi 2015). Wenn nichts auf dem Spiel steht, wenn die Politik ungeachtet dessen, welche Partei siegt, dieselbe bleibt, stellen die Bürger fest, dass sie an einer Wahl nach der anderen teilgenommen und Regierungswechsel gesehen haben, ohne dass sich an ihrem Leben etwas geändert hätte. Möglicherweise gelangen sie zu dem Schluss, dass Wahlen keine Konsequenzen haben, und verlieren den Anreiz zum Urnengang. Die entgegengesetzte Gefahr droht, wenn zu viel auf dem Spiel steht, wenn einige Gruppen einen hohen Preis für eine Wahlniederlage bezahlen und kaum Aussichten auf einen Sieg in der Zukunft haben, was zur Folge hat, dass sie ihre Verluste als dauerhaft oder zumindest lang anhaltend betrachten. Wenn die amtierende Regierung einen Wahlsieg der Opposition fast unmöglich macht, hat diese keine andere Wahl, als einen alternativen Weg zur Macht zu suchen.

9.3 *Regierung und Opposition zwischen den Wahlen*

Man kann argumentieren, dass die Aufrechterhaltung der öffentlichen Ordnung zwischen Wahlen, bei denen ein echter Wettbewerb stattfindet, unproblematisch sein sollte, weil die Aussicht auf die Möglichkeit eines Wahlsiegs in der Zukunft genügt, um die heutigen Verlierer dazu zu bewegen, bis zur nächsten Wahl schweigend zu leiden. Während Guillermo O'Donnell (1994) die Beschränkung der Politik auf Wahlen – die »delegative Demokratie« – als lateinamerikanische Krankheit betrachtet, sah James Madison darin die optimale Funktionsweise der repräsentativen Regierung: Die Bürger sollten die Regierung wählen, jedoch nicht am Regieren beteiligt werden. Für Walter Lippmann (1956) bestand die Aufgabe der Bürger darin, »den Amtsinhaber auszuwählen, nicht jedoch zu dirigieren«. Schumpeter (1987 [1942]) ermahnte die Wähler, sie müssten verstehen, dass das politische Handeln, sobald sie einen Kandidaten gewählt hätten, nicht ihre, sondern seine Angelegenheit sei. Das bedeute, sie müssten darauf verzichten, ihm Anweisungen zu geben.

Als Beschreibung ist dieses Bild offenkundig unzutreffend (vgl. Manin 1997, 2017). Konflikte über politische Maßnahmen sind das tägliche Brot der Politik. Politische Aktivitäten sind nicht auf Wahlen, ja nicht einmal auf Bemühungen zur Beeinflussung der Ergebnisse zukünftiger Wahlen beschränkt. Und auch wenn der Widerstand gegen die staatliche Politik auf den institutionellen Rahmen beschränkt ist, sprengt die Opposition unter bestimmten Bedingungen diesen Rahmen.

Die Opposition im Parlament kann einige Maßnahmen der Regierung verhindern oder modifizieren. Wird eine von der Regierung vorgeschlagene Maßnahme dem Parlament zur Verabschiedung vorgelegt, so kann die Legislative das Gesetzesvorhaben zu Fall bringen. Die Oppositionsparteien können Unterstützer der Regierung dazu bewegen, ihre Ansichten zu ändern. Sie können die institutionellen Vorrechte des Parlaments nutzen, um bestimmte Vorhaben zu blockieren (in Deutschland werden die Vorsitze in den parlamentarischen Ausschüssen proportional zur Stärke der Parteien verteilt; in Großbritannien schreibt die Konvention vor, dass die Opposition den Haushaltsausschuss kontrolliert; in Argentinien wird für die Verabschiedung von Gesetzen eine qualifizierte Mehrheit benötigt). Sie können mit Obstruktion drohen (in Frankreich wurden Tausende Änderungsanträge eingebracht, um ein Vorhaben der Regierung zur Privatisierung eines Stromversorgungsunternehmens zu blockieren; im US-Senat gibt es die Praxis des Filibustering, um durch endlose Debattenbeiträge die Verabschiedung von Gesetzen hinauszuzögern). Sie können damit drohen, dass von ihnen kontrollierte Regionen, Länder oder Kommunen die Kooperation aufkündigen. Zu beachten ist, dass die Opposition dann, wenn von Wahlen mit echtem Wettbewerb ausgegangen werden kann, vor der strategischen Wahl steht, entweder Zugeständnisse der Regierung zu akzeptieren oder in der Hoffnung, die Regierung bei der nächsten Wahl abzulösen, aufs Ganze zu gehen. Beispielsweise waren in Brasilien unter der Präsidentschaft von Fernando Henrique Cardoso die meisten Parteien bereit, im Gegenzug für Wohltaten zugunsten von ihnen kontrollierter Wahlkreise die Regierung zu unterstützen, während die Arbeiterpartei (PT) der Regierung beharrlich die Gefolgschaft verweigerte und die folgende Präsidentschaftswahl für sich entschied.

Die Opposition kann sich auch an das Verfassungsgericht wenden, um den Spielraum der Regierung einzuschränken. Die Logik, die für den Beitrag von Wahlen zur friedlichen Konfliktbewältigung gilt, kann auch auf die Gerichte angewandt werden. Die Konfliktparteien sind bereit, das Urteil des Verfassungsgerichts zu respektieren, wenn sie an dessen Unparteilichkeit glauben, das heißt, wenn sie überzeugt sind, dass das Gericht jeden Fall sachlich beurteilen wird. Die unterlegene Streitpartei unterwirft sich dem Urteil, wenn sie an die Möglichkeit glaubt, sich in zukünftigen Auseinandersetzungen vor Gericht durchzusetzen. Sind die Gerichte offenkundig parteilich, wird dieser Glauben erschüttert, und es erweist sich als aussichtslos, sich in umstrittenen Fragen an den Verfassungsgerichtshof zu wenden.

Die Opposition muss jedoch nicht auf Parlament und Gerichte beschränkt sein. Sie kann auch auf der Straße, in Fabriken oder in Büros stattfinden. Massenkundgebungen gehören ebenso zum Standardrepertoire der demokratischen Opposition wie Streiks. Solange sie geordnet und friedlich verlaufen, sind sie einfach eine Routinetaktik, die von bestimmten Gruppen angewandt wird, um ihre Ablehnung bestimmter Maßnahmen oder ihre allgemeine Unzufriedenheit mit der Regierung zu bekunden. Aber Demonstrationen verlaufen nicht immer friedlich: Manchmal werden sie willkürlich unterdrückt, manchmal arten sie in Gewalt randständiger Gruppen aus (in Frankreich werden diese als *casseurs*, als »Brecher« bezeichnet). Die Linie, die das Legale vom Illegalen trennt, ist dünn. Richard Hofstadters lakonische Bemerkung aus dem Jahr 1969 gilt auch heute noch: »Normalerweise betrachten Regierungen jede organisierte Opposition als im Grunde subversiv und illegitim.« (1969: 7) Die Vorstellung, dass die Ablehnung von Maßnahmen der Regierung nicht gleichbedeutend mit Verrat oder Obstruktion sein muss, wurde in Großbritannien erstmals in einer Parlamentsrede im Jahr 1828 geäußert. Aber welche Art von Opposition ist als loyal und welche als subversiv einzustufen? Muss Widerstand gegen die Politik der Regierung im Rahmen der repräsentativen Institutionen bleiben oder dürfen die Menschen ihre Ablehnung auf jede erdenkliche Art zum Ausdruck bringen? Babasaheb Ambedkar, der Vater der indischen Verfassung, betrachtete zivilen Ungehorsam als angemessen, solange er sich gegen die Kolonialherrschaft richtete, hielt ihn in der Demokratie jedoch für »die Grammatik der Anarchie«. Der ehemalige britische Premierminister David Cameron kommentierte Studentenproteste gegen eine Anhebung der Universitätsgebühren so: Die Demonstrationen »waren Teil der Demokratie, aber Gewalt und Rechtsbruch waren es nicht«. Aktionen wie Straßenblockaden, Hausbesetzungen, Aussperrungen, ziviler Ungehorsam, Randale und im Extremfall

Terrorismus sollen die Regierung schwächen, indem sie die öffentliche Ordnung untergraben. Außerdem muss sich die Gewalt nicht immer gegen die Regierung richten. In vielen Fällen bekämpfen sich Privatpersonen, die manchmal als paramilitärische Gruppen organisiert sind und sich in anderen Fällen spontan bilden: Das geschah in der Weimarer Republik und in Chile sowie in den Vereinigten Staaten in den sechziger Jahren.

Kundgebungen, die in Ausschreitungen enden, gewalttätige Arbeitskonflikte, Straßenblockaden, die Besetzung von Gebäuden, Aussperrungen, ziviler Ungehorsam, Straßenschlachten, Unruhen und Terrorismus sind die Ereignisse, die ich im Auge habe, wenn ich von Konflikten spreche, die den institutionellen Rahmen sprengen. Sie bedeuten einen Zusammenbruch der öffentlichen Ordnung. Sie sind kostspielig für die Teilnehmer, für die Regierung und oft auch für Dritte. Sie können das Resultat einer strategischen Entscheidung einer Gruppe sein, aber sie können auch spontan ausbrechen.

Nehmen wir eine Situation, in der eine Regierung das Monopol auf die legislative Initiative hat und die Unterstützung einer Parlamentsmehrheit genießt. Alle Gesetzesvorlagen gehen von der Regierung aus, und alle ihre Vorlagen werden verabschiedet. Darüber hinaus handelt die Regierung in Übereinstimmung mit dem Gesetz oder die Gerichte sind parteiisch, weshalb jeder Versuch der Opposition, sich an die Justiz zu wenden, zum Scheitern verurteilt wäre. Betrachten wir diese Situation vom Standpunkt einer gesellschaftlichen Gruppe, die eine bestimmte politische Maßnahme ablehnt. Diese Gruppe hat keine Chance, innerhalb des institutionellen Systems Einfluss auf die Politik der Regierung zu nehmen: Die Regierung will die Maßnahme durchsetzen, und das Parlament wird sie widerspruchslos absegnen. Das Einzige, was

Schaubild 9.1: Durchgebrachte Gesetzesvorhaben (in Prozent) und erwartete Unruhen

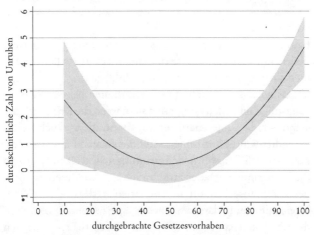

Quelle: Daten mit freundlicher Genehmigung von Sebastian Saiegh

diese Gruppe vom System der repräsentativen Institutionen erwarten kann, ist, dass die Regierung die nächste Wahl verlieren wird, wenn sich die Maßnahmen als ausreichend unpopulär erweisen; in diesem Fall könnten die Maßnahmen rückgängig gemacht werden. Aber nehmen wir an, dass die Regierung obendrein gute Aussichten auf eine Wiederwahl hat. Unter diesen Bedingungen hat diese Gruppe nichts zu gewinnen, indem sie innerhalb des institutionellen Rahmens agiert. Möglicherweise ist sie verzweifelt genug und versucht, die Regierungspolitik mit Aktionen außerhalb der institutionellen Kanäle zu stoppen.

Sebastian Saiegh (2009) hat untersucht, wie viele der von Regierungen vorgeschlagenen Gesetzesvorhaben von den Parlamenten verabschiedet werden (Schaubild 9.1). Regierungen bekommen im Parlament nicht immer, was sie wollen: Laut

Saiegh stimmten demokratische Parlamente in den 783 Länderjahren, für die entsprechende Daten vorliegen, lediglich 74 Prozent der von den Regierungen eingebrachten Gesetzesvorlagen zu. Auf der anderen Seite kommt es in Demokratien häufiger zu Unruhen, wenn sich entweder die Regierung überhaupt nicht durchsetzen kann oder das Parlament einfach alle Gesetzesvorlagen durchwinkt.

Das würde bedeuten, dass Institutionen bei der Regulierung von Konflikten erfolgreich sind, wenn die Regierung imstande ist, das Land zu führen, die Opposition jedoch gleichzeitig beträchtlichen Einfluss auf die Gestaltung der Politik hat. Die Politik sprengt den institutionellen Rahmen, wenn die Regierung entweder zu schwach ist, um Gesetzesvorhaben durchzusetzen, oder wenn sie so stark ist, dass sie der Opposition im Parlament nicht entgegenkommen muss. Nach dem Erdrutschsieg von Präsident Macrons Partei bei den Parlamentswahlen erklärten mehrere französische Politiker: »Wenn die Debatte nicht im Parlament stattfindet, wird sie auf der Straße stattfinden.«

Ein Zusammenbruch der öffentlichen Ordnung kann schnell eskalieren. Die historische Erfahrung zeigt, dass angesichts des Übergreifens von Konflikten auf die Straße die Unterstützung für autoritäre Maßnahmen zur Aufrechterhaltung der Ordnung wächst, selbst wenn sich die Proteste gegen autoritäre Tendenzen einer Regierung richten. Die Bürger erwarten von der Regierung, dass sie die öffentliche Ordnung aufrechterhält; tatsächlich kann keine Gesellschaft lang andauernde Unordnung ertragen. Anhaltende Streiks im öffentlichen Verkehr oder Ausstände, die zu Versorgungsengpässen führen, Verkehrswege blockieren oder das Alltagsleben auf andere Art lahmlegen, provozieren sogar bei den Menschen, die mit den Anliegen der Streikenden sympathisieren, eine Gegenreaktion. Wiederholte Straßenschlachten erzeugen eine Atmosphäre von Chaos und Unsicherheit. Daher sind Regierungen stets versucht, gegen sie gerichtete Protestaktionen als gesetzwidrig darzustellen. Besonders gefährlich sind »Situationen, in denen Behörden, Polizei und Justiz, selbst wenn sie politische Gewaltakte ablehnen, nachsichtig ihnen gegenüber sind, weil sie die Beweggründe derer, die diese Gewaltakte setzen, nachvollziehen können oder ihren Opfern gegenüber feindlich gesinnt sind« (Linz 1978: 57). In einem solchen politischen Klima fühlen sich die Repressionskräfte, seien es Einheiten der normalen oder aber der Bereitschaftspolizei, befugt, sogar friedliche Proteste gewaltsam zu unterdrücken. Ein gutes Beispiel sind hier die sogenannten »police riots« während des Parteitags der Demokraten in Chicago im Jahr 1968. Sind solche Einheiten nicht gut ausgebildet und undiszipliniert, lassen sich tragische Unfälle kaum vermeiden; man denke nur an das Massaker an der Kent State University am 4. Mai 1970. Und wenn friedliche Protestaktionen brutal unterdrückt werden, gelangen einige Regierungsgegner zu der Überzeugung, keinen Platz im institutionellen Gefüge zu haben, weshalb sie sich dem Terrorismus zuwenden, wie es in den sechziger und siebziger Jahren in den Vereinigten Staaten, Deutschland und Italien geschah.

Ich behaupte nicht, dies seien regelmäßige Muster: Wir besitzen kaum systematische Erkenntnisse über die Dynamik von Unruhen und Repression. Aus den vorhandenen Beispielen können wir lediglich schließen, dass der Zusammenbruch der öffentlichen Ordnung etwas ist, das jede Regierung fürchten muss. Angesichts von Demonstrationen, die in Gewalt umschlagen, von Straßenblockaden, lang anhaltenden Streiks im öffentlichen Verkehr oder gewaltsamen Auseinandersetzungen zwischen Gruppen von Bürgern kann eine Regierung nur zwischen zwei Optionen wählen: Sie kann an ihrer Politik festhalten und sie mit Repressionsmaßnahmen verteidigen, oder sie kann ihre politischen Vorhaben aufgeben, um die Opposition zu beschwichtigen. Keine der beiden Alternativen ist verlockend. Die Spirale von gesellschaftlicher Unruhe und Repression unterminiert die öffentliche Ordnung, und wiederholte Zugeständnisse berauben eine Regierung der Fähigkeit, eine kohärente Politik zu betreiben.

9.4 Wie Demokratien scheitern

Die Demokratie funktioniert gut, wenn die repräsentativen Institutionen Konflikte strukturieren, absorbieren und den Regeln entsprechend regulieren. Wahlen versagen als Mechanismus zur Verarbeitung von Konflikten, wenn ihre Ergebnisse keine Konsequenzen für das Leben der Bürger haben oder wenn die Regierung ihren Vorteil missbraucht, um Wahlen mit echtem Wettbewerb unmöglich zu machen. Einmal gewählt, muss eine Regierung imstande sein, ihre Funktion zu erfüllen, wobei sie jedoch die Wünsche starker Minderheiten nicht ignorieren darf. Kommt es zu intensiven Konflikten, die zu einer Polarisierung der Gesellschaft führen, so wird es schwierig oder sogar unmöglich, Maßnahmen zu ergreifen, die für alle wichtigen politischen Kräfte akzeptabel sind. Fehlkalkulationen der Regierung oder ihrer Gegner führen zu einem Zusammenbruch der Institutionen. Wenn eine Regierung jeglichen Widerstand gegen ihre Politik ignoriert, wenn sie jegliche Opposition als subversiv betrachtet, wenn sie zu willkürlicher Repression schreitet, dann drängt sie oppositionelle Gruppen aus dem institutionellen Rahmen hinaus: Aus Opposition wird Widerstand. Wenn sich Oppositionsgruppen weigern, politische Maßnahmen zu akzeptieren, die unter Wahrung der institutionellen Regeln beschlossen wurden, hat die Regierung möglicherweise keine andere

Wahl, als zu Repression zu greifen, um die öffentliche Ordnung aufrechtzuerhalten. Die Suche nach dem Gleichgewicht zwischen Konzessionen und Repression ist eine Gratwanderung, und Fehler sind unvermeidlich.

10
Verdeckte Subversion

10.1 Demokratische Rückentwicklung

Jeder Politiker träumt davon, für immer im Amt zu bleiben und seine Zeit an der Macht nutzen zu können, um alle seine Vorhaben zu verwirklichen. Die meisten demokratischen Regierungen verfolgen diese Ziele, indem sie sich innerhalb des etablierten institutionellen Rahmens die Unterstützung der Bevölkerung sichern. Doch einige versuchen, ihre Amtszeit zu verlängern und Hindernisse für eine Gestaltung der Politik nach ihrem Gutdünken zu beseitigen, indem sie Institutionen untergraben und jegliche Opposition ausschalten. Bekannte Beispiele aus der jüngeren Vergangenheit sind die Türkei unter der Regierung von Erdoğan und seiner Partei für Gerechtigkeit und Entwicklung (AKP), Venezuela unter Chávez und Maduro, Ungarn unter der zweiten Fidesz-Regierung und Polen unter der zweiten Regierung der PiS.

Die demokratische »Dekonsolidierung« oder »Rückentwicklung« ist ein Prozess der graduellen Erosion der demokratischen Institutionen und Normen. Ginsburg und Huq (2018a: 17) verwenden den Begriff der »autoritären Rückentwicklung«, die sie von einer »offenen Umkehrung« unterscheiden, und definieren sie als »einen Prozess der schrittweisen (letzten Endes jedoch substanziellen) Aushöhlung der drei Säulen der Demokratie – Wahlen mit echtem Wettbewerb, Meinungs- und Versammlungsfreiheit sowie Rechtsstaatlichkeit«. Wenn »Rückfall«, »Dekonsolidierung«, »Backsliding« (oder wie immer wir den Prozess bezeichnen wollen) voranschreiten, verliert die Opposition die Fähigkeit, Wahlen zu gewinnen oder im Fall eines Wahlsiegs die Regierungsgeschäfte zu übernehmen. Die etablierten Institutionen büßen die Fähigkeit ein, die Exekutive zu kontrollieren, und Protestkundgebungen der Bevölkerung werden gewaltsam unterdrückt. Dieser Prozess hat seinen Ursprung in dem Bestreben einer Regierung, die Macht zu monopolisieren und Hindernisse für die Verwirklichung ihrer politischen Idealvorstellungen zu beseitigen, doch es ist auch ein Prozess der Interaktion zwischen der Regierung und verschiedenen Akteuren, die deren Bewegungsspielraum einzuschränken versuchen. Eine Regierung, die diesen Weg wählt, konzentriert sich daher darauf, Gegner, die ihr Einhalt gebieten könnten, handlungsunfähig zu machen. Diese Gegner sind von Fall zu Fall andere, normalerweise gehören dazu jedoch die Oppositionsparteien, das Rechtssystem, die Medien sowie die Straße.

Betrachten wir es folgendermaßen: Eine Regierung, die sich zu einem bestimmten ideologischen Ziel bekennt – zur Islamisierung der Türkei, zum »Bolivarismus« in Venezuela, zur »Verteidigung der Reinheit der Nation« in Ungarn oder zur »Verteidigung des Christentums« in Polen –, gewinnt eine Wahl.[1] Diese Regierung entscheidet, ob sie Schritte zur

---

1 Was »Wahlsieg« bedeutet, ist bisweilen gar nicht so leicht zu bestimmen, wie es auf den ersten Blick scheinen mag. Das Wahlrecht spielt hier eine wichtige Rolle: Als die AKP im Jahr 2002 erstmals in der Türkei an die Macht kam, sicherte sie sich mit einem Stimmenanteil von nur 34,3 Prozent nicht weniger als 66 Prozent der Parlamentssitze. In Ungarn genügten der Fidesz 2010 53 Prozent der Stimmen, um 68 Prozent der Sitze zu erhalten, und in Polen sicherte ein Stimmenanteil von 37,5 Prozent der PiS 51 Prozent der Sitze. Hugo Chávez' Aufstieg zur Macht in Venezuela war ein komplexer Vorgang: Tatsächlich gewannen die traditionellen Parteien die Parlamentswahl im Jahr 1998, während Chávez die Präsidentschaftswahl mit 56,4 Prozent der Stimmen für sich entschied. In dem Referendum über die

dauerhaften Festigung ihrer Machtposition unternehmen und/oder Maßnahmen ergreifen soll, um ihre politische Entscheidungsfreiheit zu erhöhen. Lust und Waldner halten fest:

> Zu einer Rückentwicklung kommt es durch eine Reihe separater Veränderungen an den Regeln und informellen Verfahren für Wahlen, Rechte und Rechenschaftspflicht. Diese Veränderungen finden im Lauf der Zeit statt und sind durch Monate oder sogar Jahre voneinander getrennt. (Lust/Waldner 2015: 7)

Zu den Beispielen für die erste Art von Maßnahmen zählen Änderungen der Formeln für die Umwandlung von Wählerstimmen in Parlamentssitze, eine Neueinteilung von Wahlkreisen, Änderungen an den Erfordernissen für die Ausübung des Wahlrechts (Wahlalter, Wahlrecht von Auslandsbürgern), Schikanen gegen Oppositionsparteien oder Einschränkungen für die Bewegungsfreiheit von Nichtregierungsorganisationen. Beispiele für die zweite Art von Maßnahmen sind die Verschiebung von Befugnissen von der Legislative zur Exekutive, eine Einschränkung der Unabhängigkeit der Justiz oder der Einsatz von Referenden zur Beseitigung konstitutioneller Hindernisse. Einige Eingriffe, darunter die Durchführung von Verfassungsreformen, die Durchsetzung der Kontrolle der Regierungspartei über den Staatsapparat oder eine Gleichschaltung der Medien, haben beide Wirkungen. Bürger, die solche Eingriffe beobachten und der Demokratie großen Wert beimessen, wenden sich möglicherweise gegen die Regierung, selbst wenn sie deren Politik im Grunde unterstützen oder von Ergebnissen profitieren, die sie der Poli-

---

neue Verfassung, die Chávez' Position festigte, setzte er sich mit 71,8 Prozent der Stimmen durch, und anschließend gewann Chávez Neuwahlen mit 59,8 Prozent, während seine Partei bei der Parlamentswahl 2000 auf einen Stimmenanteil von 44,4 Prozent kam, der ihr 55,7 Prozent der Sitze im Parlament sicherte.

tik dieser Regierung zuschreiben. Wird die Opposition stärker, so kann die Regierung aus dem Amt gejagt werden; in anderen Fällen nimmt sie in Erwartung wachsenden Widerstands von weiteren Schritten Abstand.

Im Prinzip könnte die Opposition die Regierung am nächsten Schritt hindern, indem sie beispielsweise eine Gesetzesvorlage im Parlament zu Fall bringt, ein präsidiales Veto oder ein Gerichtsurteil zu ihren Gunsten anstrebt. Die Entwicklung in den vier zuvor genannten Fällen zeigt jedoch, dass Regierungen regelmäßig gesetzliche Hindernisse überwinden. Als der türkische Präsident Ahmet Necdet Sezer 2007 sein Veto gegen eine vom Parlament verabschiedete Verfassungsänderung zur Direktwahl des Präsidenten einlegte, organisierte die Regierung von Ministerpräsident Erdoğan ein Referendum, das sie für sich entschied. Als die venezolanische Opposition im Dezember 2015 die Parlamentswahl gewann, ersetzte Präsident Nicolás Maduro den Kongress kurzerhand durch eine neu gewählte Verfassunggebende Versammlung. Als der ungarische Verfassungsgerichtshof im Jahr 2013 eine Wahlrechtsreform kassierte, setzte die Regierung eine Verfassungsänderung durch, mit der die Befugnisse des Gerichtshofs verringert wurden. Als der polnische Staatspräsident sein Veto gegen zwei Gesetze über die Befugnisse der Gerichte einlegte, wurde er rasch dazu bewegt, seine Meinung zu ändern. Das bedeutet nicht, dass sich die Regierung immer durchsetzt: Beispielsweise nahm die polnische Regierung Abstand von ihrem Vorhaben, einen der Opposition nahestehenden Fernsehsender in amerikanischem Besitz mit einer Geldbuße zu belegen. Es hat jedoch den Anschein, als wären rechtliche Gegenmaßnahmen der Opposition bestenfalls geeignet, den Prozess zu bremsen; aufhalten können sie ihn nicht. Deshalb beurteilen wir die Funktion der Opposition danach, ob sie wirksam damit drohen kann, die Regierung abzulösen und den Prozess des demokratischen Verfalls umzukehren.

Die naheliegende Frage lautet, warum sich manche Regierungen entschließen, diesen Weg einzuschlagen, während die meisten darauf verzichten. Die zweite Frage ist, ob eine Regierung, sobald sie einmal solche Schritte unternommen hat, noch daran gehindert werden kann, sich während ihrer Amtszeit eine unantastbare Vormachtstellung zu sichern. Die dritte Frage ist, ob die potenzielle Opposition in der Lage sein wird, die Regierung zu entmachten und diesen Prozess rückgängig zu machen.

Es soll noch einmal betont werden, dass es uns hier um das Verständnis des »Wie?« und nicht des »Wann?« oder »Warum?« geht: Uns interessiert die Frage, wie die demokratische Dekonsolidierung abläuft, wenn es dazu kommt, nicht, unter welchen Bedingungen es wahrscheinlich dazu kommen wird. Wir betrachten die Geschehnisse in den vier genannten Ländern – wir wählen die Fälle also anhand der abhängigen Variable aus –, weil wir verstehen wollen, wie Demokratien in kleinen Schritten zerstört werden können. Es geht uns nicht darum zu klären, warum es in manchen Ländern zu einem Rückfall kommt und in anderen nicht (siehe dazu Maeda 2010; Svolik 2015; Graham/Miller/Strøm 2017). Wir fragen nicht »Wird es hier geschehen?«, sondern »Wie könnte es ablaufen, falls es geschieht?«

10.2 Im Verborgenen

Die Zerstörung der Demokratie durch eine »Rückentwicklung« stellt uns vor das Rätsel, wie ein katastrophaler Zustand in kleinen Schritten herbeigeführt werden kann, gegen den sich die Betroffenen, die einen Schaden erleiden werden, nicht rechtzeitig zur Wehr setzen. Ginsburg und Huq erklären dazu:

> Um die Erosion der Demokratie zu verstehen, müssen wir uns ansehen, wie separate Maßnahmen, die für sich genommen oder gemäß einem abstrakten Verständnis als den demokratischen Normen entsprechend gerechtfertigt werden könnten, dennoch als Mechanismen eingesetzt werden, um die freiheitliche konstitutionelle Demokratie aufzulösen. (Ginsburg/Huq 2018b: 91)

Es ist wie in der Parabel vom »Frosch im Topf«: Wird der Frosch in heißes Wasser gesetzt, so springt er heraus; wird er jedoch in kaltes Wasser gesetzt, das anschließend langsam erhitzt wird, so erkennt er die Gefahr angeblich nicht, was seinen Tod bedeutet. Die Parabel entspricht allerdings nicht den Tatsachen: Neue Experimente haben gezeigt, dass der Frosch mit steigender Wassertemperatur unruhig wird und versucht, aus dem Topf zu springen. Wie kann die graduelle Rückentwicklung also die Demokratie zerstören?

Die erste Lehre, die wir aus den jüngsten Erfahrungen ziehen können, lautet, dass Demokratien keine institutionellen Mechanismen aufweisen, die sie davor schützen, von einer rechtmäßig gewählten Regierung, die sich an die konstitutionellen Regeln hält, untergraben zu werden. Als Hitler dank der »autoritären Lücke in der Weimarer Verfassung« (der Artikel 48 räumte dem Reichspräsidenten die Befugnis ein, die Regierung zu ermächtigen, per Dekret zu regieren; Bracher 1966: 119) an die Macht kam, wurde die Möglichkeit eines legalen Wegs zur Diktatur auf einen Mangel dieser Verfassung zurückgeführt. Doch solche Lücken dürften ein generelles Merkmal demokratischer Verfassungen sein. Der Vater des Konstitutionalismus, Montesquieu, erklärte: »Damit die Macht nicht mißbraucht werden kann, ist es nötig, durch die Anordnung der Dinge zu bewirken, daß die Macht die Macht bremse.« (1994 [1748]: 214) In den Augen Madisons können *checks and balances* jedoch nicht richtig funktionieren, wenn verschiedene Zweige der Regierung von ein und derselben Partei kontrolliert werden (*Federalist Papers*, Nr. 51): Wie Madison selbst sehr rasch herausfinden sollte (Dunn 2004: 47-61), ist die in der Verfassung festgeschriebene Gewaltenteilung durch parteiliche Interessen verwundbar. Der Verfassungsgerichtshof und die ordentlichen Gerichte können mit Gefolgsleuten besetzt, eingeschüchtert oder umgangen werden. Mit umfassenden Verfassungsänderungen, Ergänzungen oder Referenden lassen sich existierende konstitutionelle Hindernisse überwinden. Die staatlichen Bürokratien einschließlich der Sicherheitsbehörden können für die Zwecke der Regierungspartei instrumentalisiert werden. Die öffentlichen Medien werden unter die Aufsicht parteiischer Behörden gestellt, während private Medien mit rechtlichen Schritten bedroht oder finanziell zerstört werden. All diese Maßnahmen können gesetzeskonform erfolgen. David Landau bemerkt dazu:

> Die formalen Regeln in den Verfassungen erweisen sich gegen autoritäre und quasiautoritäre Regime als reine Pergamentbarriere. Und es gibt noch schlechtere Nachrichten: […] Die vorhandenen Mechanismen zum Schutz der Demokratie […] haben sich als unwirksam gegen diese neue Bedrohung erwiesen. (Landau 2013: 192f.)

Die demokratische Dekonsolidierung muss nicht mit Verstößen gegen die Verfassung einhergehen. Ein Verfassungsrechtler schreibt mit Blick auf die Vereinigten Staaten:

> Sollte es hier geschehen, so wird es nicht auf einen Schlag geschehen. […] Jeder Schritt mag kritikwürdig, aber für sich nicht notwendigerweise alarmierend sein […], es wird keinen einzelnen kataklysmischen Punkt geben, an dem die demokratischen Institutionen zerschlagen wurden […], die Schritte hin zum Autoritarismus werden nicht immer, ja nicht einmal im Normalfall offensichtlich rechtswidrig sein […] Tatsächlich kann sogar jeder einzelne Schritt den gesetzlichen Bestimmungen entsprechen. Aber obwohl an sich legal, kann jeder

Schritt die freiheitliche Demokratie ein wenig mehr untergraben. (Strauss 2018: 365 f.)

In einem allgemeineren Zusammenhang gelangt ein weiterer Verfassungsrechtler zu dem Schluss, dass es

> schwierig ist, in den Ereignissen einen Kipppunkt zu identifizieren: Kein einzelnes neues Gesetz, keine Entscheidung oder Veränderung scheint besorgniserregend genug, um Alarm zu schlagen; erst im Nachhinein wird uns klar, dass die Linie, die die freiheitliche Demokratie von einer falschen Demokratie trennt, überschritten wurde: Wir erkennen Wendepunkte nicht als solche, wenn wir darin leben. (Sadurski 2018: 5)

Das meine ich, wenn ich »verdeckt« (*by stealth*) sage: »die Nutzung legaler Mechanismen, die in Regimen mit einem tadellosen demokratischen Leumund existieren, für antidemokratische Zwecke« (Varol 2015).

Wenn eine Regierung Schritte unternimmt, die nicht flagrant verfassungswidrig oder undemokratisch sind, wissen Bürger, die zwar von der Politik dieser Regierung profitieren, aber der Demokratie hohen Wert beimessen, nicht, wie sie reagieren sollen. Einige Maßnahmen von Regierungen, die eine Rückentwicklung der Demokratie anstreben, erfordern nicht einmal gesetzliche Eingriffe, sondern lediglich eine Änderung bestimmter Praktiken. Beispielsweise änderte die herrschende Partei in Polen, die PiS, schrittweise das parlamentarische Verfahren für die Einbringung von Gesetzesvorlagen: Die Regeln schrieben vor, dass von der Regierung eingebrachte Gesetzesvorhaben einer öffentlichen Anhörung unterzogen werden müssen, während dies für von einzelnen Abgeordneten eingebrachte Vorlagen nicht gilt. Also ging die Regierung dazu über, ihre Gesetzesvorlagen von einzelnen PiS-Abgeordneten einbringen zu lassen (Sadurski 2018: 6). Verfassungsrechtlich ist nichts gegen Maßnahmen wie ein Gesetz einzuwenden, das die Beschränkungen für den Koranunterricht aufhebt (so geschehen im Juni 2005 in der Türkei); dasselbe gilt für Antiterrorgesetze (Juni 2006 in der Türkei, Mai 2016 in Polen) oder für ein Gesetz, das Nichtregierungsorganisationen verpflichtet, sich als ausländische Organisationen registrieren zu lassen, wenn sie finanzielle Unterstützung aus dem Ausland erhalten (Juni 2017 in Ungarn). Dies sind gewöhnliche Gesetze, die entsprechend den Verfassungsbestimmungen von den rechtlich zuständigen Institutionen beschlossen werden, was ein Vorrecht jeder demokratischen Regierung ist. Selbst Verfassungsänderungen sind akzeptabel, solange sie den Verfassungsbestimmungen entsprechen, was in Ungarn im April 2011 und in der Türkei nach den Volksabstimmungen im Oktober 2007 (Direktwahl des Präsidenten, nachdem der amtierende Präsident ein vom Parlament verabschiedetes Gesetz mit seinem Veto blockiert hatte), im September 2010 (stärkere zivile Kontrolle über Armee und Justiz) und im April 2011 (Einführung eines Präsidialsystems) der Fall war. Die Folge ist, dass es, wie mehrere Autoren erklären, »normalerweise kein einzelnes Ereignis und keine einzelne Maßnahme der Regierung gibt, die Widerstand mobilisieren würde, indem sie ein klares Signal aussendet, dass die demokratischen Normen bedroht sind« (Ginsburg/Huq, 2018a), und »ein langsames Abgleiten in den Autoritarismus schlägt oft keinen hellen Funken, der eine wirksame Gegenreaktion auslöst und die Opposition sowie Bürgerbewegungen wachrüttelt, die Alarm schlagen könnten« (Bermeo 2016: 14).

Proteste gegen Gesetzesmaßnahmen einer Regierung, die gerade die Wahl gewonnen hat, erwecken lediglich den Eindruck, die Opposition sei eine schlechte Verliererin und respektiere die demokratischen Normen nicht. Noch perverser sind Situationen, in denen es einer Regierung gelingt, das Verfassungsgericht mit Gefolgsleuten zu besetzen oder unter

Kontrolle zu bringen, damit sie anschließend die Prüfung von Gesetzesmaßnahmen durch das Höchstgericht einsetzen kann, um ihr Vorgehen zu legitimieren. Genau das geschah in Venezuela, der Türkei und Ungarn. Derartige Vorgänge sind pervers, weil sie eine Regierung in die Lage versetzen, das Verhalten der Opposition als verfassungswidrig zu brandmarken: Präsident Trump bezeichnete die Ernennung des Sonderermittlers Robert Mueller in einem Tweet als »total VERFASSUNGSWIDRIG« (@realDonald Trump, 4. Juni 2018, 16:01 Uhr). Teil der rhetorischen Spiele in Zusammenhang mit einer demokratischen Rückentwicklung ist der Wettbewerb darum, wer für sich den Ehrentitel »Demokrat« und »verfassungstreu« beanspruchen kann, ein Wettbewerb, in dem sich die Opposition nicht immer durchsetzt. Der Putin-treue russische Journalist Michail Leontiew erklärte in einem Interview mit der polnischen Zeitung *Dziennik* (19. Januar 2008) etwas unbedarft: »Ich verstehe nicht, was undemokratisch daran sein soll, dass eine Kraft, die überwältigende gesellschaftliche Unterstützung genießt, die Wahlen gewinnt.«

Zu beachten ist, dass der Vorwurf der »Verfassungswidrigkeit« im Prinzip genauer geprüft werden müsste als die Behauptung, der Gegner sei »undemokratisch«. Die Feststellung, ob ein bestimmtes Gesetz oder eine Maßnahme der Regierung gegen die Verfassung verstößt, obliegt speziellen, in der Verfassung vorgesehenen Einrichtungen, die mit der Auslegung dieses Textes betraut sind. Aber Gerichte sind Gremien, in denen Menschen agieren (Ferejohn/Pasquino 2003): Urteile werden von konkreten Personen gefällt, die von Politikern ernannt werden. Wenn es einer Regierung gelingt, diese Gremien mit ihren Anhängern zu besetzen, werden sie Entscheidungen fällen, die der Regierung zugutekommen. Venezuela liefert gutes Anschauungsmaterial für diese Methode. Darüber hinaus kann man Verfassungen ergänzen oder vollkommen ersetzen, ohne gegen ihre Bestimmungen zu verstoßen. Selbst wenn die vorhandene Verfassung mit einer Ewigkeitsklausel versehen ist oder nur mit einer qualifizierten Mehrheit geändert werden kann, können die entsprechenden Bestimmungen abgewandelt werden, um eine Verfassungsänderung zu ermöglichen.

Die Verfassungsmäßigkeit von Bestimmungen kann selbst dann infrage stehen, wenn ein verfassungsgemäß gebildetes Gericht entscheidet, dass das Vorgehen der Regierung der Verfassung entspricht. Eine Frage lautet, ob ein entsprechend den Verfassungsbestimmungen beschlossenes Gesetz, mit dem die gesamte Verfassung außer Kraft gesetzt wird, jemals als verfassungsgemäß betrachtet werden kann. Ein bekanntes Beispiel ist das deutsche Ermächtigungsgesetz (»Gesetz zur Behebung der Not von Volk und Reich«) vom 24. März 1933, das der Regierung der Weimarer Republik die Befugnis einräumte, sich außerhalb der Verfassung zu bewegen. In Artikel 1 des Ermächtigungsgesetzes hieß es: »Reichsgesetze können außer in dem in der Reichsverfassung vorgesehenen Verfahren auch durch die Reichsregierung beschlossen werden.« Eine Prüfung am Wortlaut der Verfassung liefert hier kein klares Kriterium der »Verfassungsmäßigkeit«. Man muss auf ein allgemeineres Prinzip zurückgreifen, um zu dem Ergebnis zu gelangen, dass Handlungen einer Regierung der Verfassung widersprechen, wenn die zuständigen Gremien sie für verfassungskonform erklären. Landau bezeichnet den »Einsatz von Mechanismen für die Verfassungsänderung zur Beschränkung des demokratischen Charakters eines Staates« als »missbräuchlichen Konstitutionalismus« (Landau 2013: 195), und der kolumbianische Verfassungsgerichtshof entschied, dass selbst regelkonform beschlossene Verfassungsänderungen verfassungswidrig sein können (Ginsburg/Huq

2018b: 188). In Anbetracht der Tatsache, dass diese Prinzipien unausweichlich unbestimmt sind, sind Meinungsverschiedenheiten zwischen den Anhängern gegnerischer Parteien unvermeidlich.

Besonders schwammig ist das Konzept »undemokratisch«. Es ist nichts »Undemokratisches« an Donald Trumps Wahl; wie es in dem bereits zitierten Wahlkampfspot hieß: »Unsere Bewegung will ein gescheitertes und korruptes politisches Establishment durch eine von euch, dem amerikanischen Volk, kontrollierte Regierung ersetzen.« Noch paradoxer wäre es, ein solches Urteil über Referenden zu fällen; immerhin warb Marine Le Pen für ein Ja zum »Frexit« gerade mit dem Versprechen: »Ihr, das Volk, werdet entscheiden.« Die Absage angesetzter Wahlen oder unverfrorener Wahlbetrug werden überall als Verstöße gegen die demokratischen Normen betrachtet, aber alles, was keine derart klare Abweichung von den demokratischen Praktiken darstellt, unterliegt der Interpretation, und die Deutungen können sehr unterschiedlich ausfallen, je nachdem welchem politischen Lager jemand angehört. Beispielsweise glaubt in den Vereinigten Staaten fast jeder, dass Wahlen, bei denen Betrug unmöglich ist und alle Bürger gleiche Rechte genießen, wichtig für die Demokratie sind, aber sehr viel weniger Amerikaner halten es für wichtig, dass die Grenzen der Wahlkreise ohne parteiliche Interessen gezogen werden oder dass die Regierung keinen Einfluss auf die Medien nehmen sollte, wobei die Anhänger und Gegner von Präsident Trump unterschiedlicher Meinung sind (Bright Line Watch 2018).

Darüber hinaus ist oft umstritten, ob bestimmte Maßnahmen einer Regierung als antidemokratisch einzustufen sind. Nehmen wir an, eine Regierung weitet das Wahlrecht auf Auslandsbürger aus (was zum Beispiel Erdoğan, aber auch Berlusconi tat), passt die gesetzlichen Bestimmungen so an, dass im Wahllokal zusätzliche Dokumente vorgelegt werden müssen, oder zieht die Grenzen der Wahlkreise neu. Sind das antidemokratische Schritte? Die Regierung sagt: »Wir wollen das Wahlrecht auf alle Staatsbürger ausweiten.« – »Wir wollen Betrug verhindern.« – »Wir wollen, dass alle Stimmen gleich viel zählen.« Die Opposition sagt: »Es geht der Regierung nicht um die Rechte der Bürger, sondern sie weitet das Wahlrecht nur deshalb auf die in Berlin lebenden Türken aus, weil sie weiß, dass sie deren Stimmen bekommen wird.« – »Der Regierung geht es nicht um Betrugsbekämpfung, sondern sie will lediglich Arme, die die erforderlichen Dokumente nicht haben, vom Wählen abhalten.« – »Die Regierung gestaltet die Wahlkreise zu ihrem Vorteil.« All diese Maßnahmen werden gemäß den Verfassungsbestimmungen beschlossen, weshalb sie nicht »undemokratisch« in dem Sinn sind, dass sie gegen Verfahrensregeln verstoßen. Die gegensätzlichen Interpretationen stützen sich nicht auf die Tatsachen, sondern auf die Beurteilung der Intentionen der Regierung, und die Intentionen können nicht direkt beobachtet werden. Bei einer verdeckten Rückentwicklung unternimmt eine Regierung bestimmte Schritte, die allesamt nicht offen verfassungswidrig oder undemokratisch sind, in ihrer Gesamtheit jedoch den politischen Spielraum der Regierung erweitern oder die Fähigkeit der Opposition untergraben, die Regierung zu Fall zu bringen.

Eine Regierung kann auch Maßnahmen ergreifen, die unverhohlen verfassungswidrig oder undemokratisch sind. Die Weigerung, sich Gerichtsurteilen zu unterwerfen, verstößt offenkundig gegen die Verfassung und führt in den Vereinigten Staaten dazu, dass der Schuldige wegen Missachtung des Gerichts (*contempt of court*) belangt wird. Das Verbot einer Oppositionszeitung verstößt zweifellos gegen die demokratischen Normen. Darüber hinaus stellen manche Schritte unabhängig davon, ob sie der Verfassung oder den demokratischen Spielregeln widersprechen, Verstöße dar: Schüsse auf friedliche Demonstranten wie 1970 an der Kent State University lösen ungeachtet rechtlicher oder normativer Spitzfindigkeiten allgemeine Empörung aus.

10.3 Die Dynamik der Subversion von oben

»Pergamentbarrieren« genügen nicht, um die Aushöhlung der Demokratie durch eine verdeckt vorgehende Regierung zu verhindern. Die Frage ist also, ob eine Regierung, die eine demokratische Rückentwicklung anstrebt, von diesem Vorhaben abgebracht oder durch wachsenden Widerstand der Bevölkerung entmachtet werden kann.

Eine Regierung, die ihre Machtposition festigen und/oder die Durchsetzung ihrer politischen Ziele erleichtern will, wird vor jeder entsprechenden Maßnahme zu antizipieren versuchen, wie groß der Widerstand gegen diesen Schritt sein wird. Auf der anderen Seite entscheiden die einzelnen Bürger, ob sie sich gegen die Regierung stellen oder sie unterstützen und abwarten sollen, ob die Regierung weitere Schritte in dieser Richtung unternimmt. Die Wahrscheinlichkeit, dass die Regierung im Amt bleibt, hängt von der Zahl der Schritte, die sie unternimmt, um ihre Machtposition gegen potenzielle Opposition zu schützen, und vom Ausmaß der Opposition ab. Je mehr derartige Schritte der Regierung von Erfolg gekrönt sind, desto mehr Widerstand wird erforderlich, um die Chance auf eine Ablösung der Regierung zu wahren. Die Regierung wird die demokratische Rückentwicklung vorantreiben, wenn erste Schritte in diese Richtung ihre Machtposition festigen und die Verwirklichung der von ihr bevorzugten Politik leichter wird als unter Wahrung des institutionellen Status quo. Sie wird innehalten, wenn die Gefahr zunehmender Opposition schwerer wiegt als die Gewinne, die mit weiteren Schritten in diese Richtung erzielt werden könnten. Die Regierung kann an jedem Punkt entmachtet werden, wobei die Wahrscheinlichkeit, dass dies gelingt, wie eben beschrieben im Lauf der Zeit sinkt.

Die Menschen messen der Demokratie und bestimmten politischen Maßnahmen (etwa gegen die Einwanderung) oder Ergebnissen (wie dem Einkommenswachstum) unterschiedliches Gewicht bei (Svolik 2018; Graham/Svolik 2020). Personen, denen die Ergebnisse der Regierungspolitik nicht gefallen – man denke an Umweltschützer unter der Regierung Trump –, widersetzen sich dieser Politik ungeachtet des Werts, den sie der Demokratie beimessen. Auf der anderen Seite wägen Personen, welche die Politik der Regierung unterstützen, den persönlichen Nutzen, den diese Politik für sie hat, gegen den Schaden für die Demokratie in einem anderen Verhältnis ab, wobei »Demokratie« bedeutet, dass die Regierung durch Wahlen (oder dank bestimmter in der Verfassung festgeschriebener Prozeduren wie einem Amtsenthebungsverfahren oder einem Misstrauensvotum im Parlament) abgesetzt werden kann, wenn sie von einer ausreichenden Mehrheit abgelehnt wird. Natürlich kann es auch Personen geben, denen die Demokratie vollkommen gleichgültig ist.

Dies ist das allgemeine Bild, es gibt jedoch eine Vielzahl konkreter Szenarien. Möglicherweise regt sich überhaupt kein Widerstand gegen die Regierung; vielleicht ist er anfangs sehr schwach, nimmt dann aber plötzlich zu; er kann konstant bleiben oder in Reaktion auf bestimmte Maßnahmen der Regierung sporadisch aufflackern. In Anbetracht der Tatsache, dass man immer zum gewünschten Ergebnis gelangen kann, wenn man entsprechende Vorannahmen trifft, verzichten wir weitgehend auf solche Vorannahmen und untersuchen die generischen Bedingungen, unter denen eine Regierung den Pfad der Dekonsolidierung beschreitet, sowie die Bedingungen (sofern es welche gibt), unter denen sie angesichts wachsender Opposition innehält oder im Verlauf der Dekonsolidierung entmachtet wird.

Die zentrale Schlussfolgerung lautet,[2] dass alles davon abhängt, ob Personen, denen die Demokratie am Herzen liegt, die langfristigen Auswirkungen bestimmter Schritte voraussehen. Wenn Menschen die kumulative Wirkung einer Rückentwicklung vorwegnehmen, werden sich jene, die der Demokratie großen Wert beimessen, rasch gegen die in den Autoritarismus abgleitende Regierung wenden, und in Erwartung dieser Reaktion wird eine auf eine Rückentwicklung erpichte Regierung davon Abstand nehmen, diesen Weg einzuschlagen oder fortzusetzen. Das gilt sogar, wenn die Bürger unsicher sind, ob die Regierung einen Rückbau anstrebt, und ihre Einschätzung der Regierung nur ändern werden, wenn sie Schritte in diese Richtung unternimmt. Wenn die Menschen immer nur auf die gegenwärtige Situation reagieren, wird die Opposition zu langsam aktiv, um eine an einer Rückentwicklung interessierte Regierung daran zu hindern, eine ausreichende Zahl von Schritten zu unternehmen, um ihre Machtposition zu festigen und die institutionellen Hindernisse zu beseitigen, die einer Gestaltung der Politik nach ihrem Gutdünken im Weg stehen. Die Opposition regt sich etwas langsamer, wenn einige politische Maßnahmen einer nach Rückentwicklung strebenden Regierung auch von einer demokratischen Exekutive ergriffen würden oder wenn die Bürger nicht sicher sind, ob die spezifischen

---

2 Die Schlussfolgerungen beruhen auf einer Reihe von mathematischen Modellen, die ich gemeinsam mit Zhaotian Luo entwickelt habe (vgl. Luo/Przeworski 2018).

Schritte den Vorteil der amtierenden Regierung vergrößern sollen, und in beiden Fällen wird die Regierungen in ihrem Vorgehen nicht wirklich behindert. Wenn sich die Bürger also nicht von Anfang an gegen Handlungen der Regierung zur Wehr setzen, die in ihrer Summe die Demokratie untergraben werden, wird die Demokratie erodieren.

Die Verteidigung der Demokratie ist für die einzelnen Bürgerinnen eine gewaltige und vielleicht nicht zu bewältigende Aufgabe. Um sich heute gegen eine Regierung zu erheben, die irgendwann in der Zukunft möglicherweise die Demokratie zerstören wird, müssten Menschen, die gegenwärtig von der Politik dieser Regierung oder einigen Ergebnissen dieser Politik profitieren,[3] die langfristigen Auswirkungen dieser Politik erkennen. Selbst wenn die einzelnen Bürger beständige Zeitpräferenzen haben (Akerlof 1991) und selbst wenn sie sich Sorgen über die Zukunft machen, müssen sie in der Lage sein, die kumulative Wirkung einzelner scheinbar demokratischer Schritte zu berechnen – sie müssen die verdeckten Praktiken durchschauen können. Das ist eine sehr schwierige Aufgabe, und selbst wenn die Unfähigkeit zur Vorhersage der Zukunft gegen die Annahme der vollkommenen Rationalität verstößt, sollte es nicht überraschen, wenn die Bürger dieser Aufgabe nicht gewachsen sind. Nehmen wir eine Abfolge von Ereignissen, in der die Regierung zunächst die Bestimmung durchsetzt, dass die Bürgerinnen im Wahllokal zusätzliche legitimierende Dokumente

---

3 In der Türkei stieg das Pro-Kopf-Einkommen unter der AKP-Regierung bis 2014 jährlich um 4,4 Prozent. Venezuela erlebte zwischen 2004 und 2011 (mit Ausnahme des Jahres 2009) dank des Ölpreisanstiegs ein spektakuläres Wachstum. Die ungarische Wirtschaft wuchs unter der Fidesz-Regierung um 3,5 Prozent im Jahr, und auch in Polen stiegen unter der PiS-Regierung die Einkommen (Daten aus PWT 9.0, Reihe endet 2014).

vorlegen müssen, in der sie anschließend einen Verbündeten eine Oppositionszeitung aufkaufen lässt, als Nächstes die Grenzen der Wahlkreise zum eigenen Vorteil neu zieht und in der Folge die Wahlbehörde unter Kontrolle bringt: Die Bürgerinnen und Bürger müssen in der Lage sein zu erkennen, dass diese Maßnahmen für sich genommen nur eine geringe Wirkung haben, in ihrer Gesamtheit jedoch geeignet sind, die amtierende Regierung sogar dann im Amt zu halten, wenn die Opposition eine große Mehrheit der Bevölkerung hinter sich bringt. Darüber hinaus haben politische Maßnahmen interaktive Wirkungen, die noch schwieriger zu berechnen sind: Kim Lane Scheppele (2013) nennt als Beispiel das Zusammenwirken von Artikel 48 der Weimarer Verfassung, der es dem Reichspräsidenten erlaubte, den Notstand zu verhängen (wobei seine Macht dadurch eingeschränkt wurde, dass der Reichstag diese Maßnahme ablehnen konnte), mit Artikel 25, der dem Präsidenten die Befugnis gab, das Parlament aufzulösen – folglich konnte der Präsident nach freiem Ermessen den Notstand verhängen, nachdem er das Parlament aufgelöst hatte. Selbst die überaus kompetenten Verfassungsrechtler, die diese Verfassung schrieben, erkannten die möglichen Auswirkungen dieser Kombination nicht, was sich als fatal erweisen sollte.

Man könnte meinen, die Oppositionsführer würden schon dafür sorgen, dass die Menschen sich mit der langfristigen Zukunft beschäftigen. Aber diesbezüglich sind die Möglichkeiten der Opposition beschränkt. Derartige Aufforderungen aus dem Mund einer parteiischen Opposition sind kaum geeignet, die Überzeugungen der Bürger zu beeinflussen. Die Menschen wissen, dass die Opposition den Platz der amtierenden Regierung einnehmen will, ob diese nun gute oder schlechte Absichten verfolgt. Wenn die Opposition jede Maßnahme der Regierung kritisiert, neigen die Bürger dazu, ihre

Botschaften zu ignorieren: Wie David Austen-Smith (1992) erklärt, sind Aussagen, die aufgrund der Interessen derer, die sie tätigen, vorhersehbar sind, nicht glaubwürdig. Und wenn nur die radikalen Gegner der Regierung auf die Straße gehen, kann die Regierung behaupten, dies sei eine undemokratische Opposition, weshalb die Wahrscheinlichkeit sinkt, dass sich andere Segmente der Gesellschaft den Protesten anschließen werden (Shadmehr/Bernhardt 2011).

Tatsächlich haben Regierungen, die eine demokratische Rückentwicklung anstrebten, bislang meistens stabile Unterstützung in der Bevölkerung genossen. Meines Wissens war Sri Lanka im Jahr 2015 der einzige Fall, in dem eine in den Autoritarismus abgleitende Regierung eine Wahl verlor und abtrat. Zuvor hatten sich mehrere Partner aus der Regierung zurückgezogen, der Wahlsieger hatte als Gesundheitsminister amtiert, bevor er zur Opposition überlief. Andere Regierungen, welche die Demokratie abzubauen versuchen, mussten Rückschläge hinnehmen, konnten sich jedoch davon erholen: Die AKP errang bei der türkischen Parlamentswahl am 7. Juni 2015 keine Mehrheit der Sitze, setzte jedoch eine Neuwahl durch und siegte fünf Monate später mit 49,5 Prozent der Stimmen. Drei Jahre später, im Juni 2018, entschied Erdoğan die Präsidentschaftswahl mit 52,6 Prozent für sich. In Polen attestierte die Mehrheit der Befragten in einer Umfrage der Regierung »schlechte Leistungen«, als sie im Jahr 2015 Versuche startete, das Verfassungsgericht unter Kontrolle zu bringen; aber vier Jahre später, im Oktober 2019, konnte sie bei den Parlamentswahlen sogar noch sechs Prozentpunkte dazugewinnen und ihre absolute Mehrheit im Sejm verteidigen. In Ungarn wurden die Fidesz-Partei und ihre Verbündeten im April 2018 mit 44,9 Prozent der Stimmen wiedergewählt. In Venezuela wurde Präsident Chávez 2006 mit 62,8 Prozent und 2012 mit 55,1 Prozent im Amt bestätigt. In Umfragen unterstützte ihn eine Mehrheit der Venezolaner, und die Opposition überflügelte die Regierungspartei erst nach Chávez' Tod. In den Vereinigten Staaten lag die Zustimmung zur Amtsführung von Präsident Trump ungeachtet seines Verhaltens während seiner ersten Amtszeit durchgehend bei etwa 40 Prozent. Daraus müssen wir schließen, dass die Demokratie vielen Menschen vollkommen gleichgültig ist oder dass sie die langfristigen Konsequenzen derartiger Vorgänge für die Demokratie nicht sehen, wenn sie wählen gehen oder an Umfragen teilnehmen.

10.4 Könnte es auch bei uns geschehen?

Alle Schlussfolgerungen sind zwangsläufig spekulativ. Die Intentionen der Beteiligten sind wichtig; das Maß an Entschlossenheit, sie zu verwirklichen, ebenfalls; Widerstand ist nur wirksam, wenn er zum richtigen Zeitpunkt kommt und dauerhaft aufrechterhalten wird; und die Bedingungen für die Formierung einer wirksamen Opposition sind schwer zu erfüllen. Aber die Hoffnung, dass die Bürger eine Regierung, die sich an der Demokratie vergeht, wirksam unter Druck setzen und auf diese Art davon abhalten werden, diesen Weg fortzusetzen (Montesquieu 1994 [1748], 19. Buch, 27. Kap.; Weingast 1997, 2015; Fearon 2011), ist leider unbegründet. Montesquieu hoffte, im Fall eines Machtmissbrauchs werde sich das Volk gegen die Herrscher zusammenschließen. Es werde zu einer Revolution kommen, die jedoch »weder die Gestalt der Regierung noch ihre Verfassung ändern« würde, denn: »Revolutionen, die von der Freiheit ausgehen, sind nämlich nichts anderes als eine Befestigung der Freiheit« (Montesquieu 1994 [1748]: 316). Diese Einschätzung beruht allerdings auf der Annahme, dass die Regierung einen klaren

Verstoß gegen die Freiheitsrechte begeht, gegen die Verfassung verstößt oder offenkundig die Demokratie untergräbt. Geht eine Regierung hingegen verdeckt vor, so erheben sich die Bürger nur gegen sie, wenn sie erkennen können, wozu das Verhalten der Regierung langfristig führen wird. Der Widerstand gegen eine zur Abkehr von der Demokratie entschlossene Regierung ist also eine schwierige Herausforderung für den einzelnen Bürger. Das verdeckte Vorgehen dient dazu, die langfristige Gefahr zu verschleiern. Und wenn die Opposition die Regierung nicht daran hindert, eine Reihe legaler Schritte zu unternehmen, kommt der Augenblick, in dem es zu spät ist, sie an einem illegalen Vorgehen zu hindern.

Kann das überall geschehen? Könnte es in den Vereinigten Staaten geschehen? Hier ist ein Albtraumszenario.

Zunächst: Der Kongress verabschiedet ein Gesetz über das Verbot der Veröffentlichung von »falschen, skandalösen und bösartigen Schriften gegen die Regierung der Vereinigten Staaten, den Kongress oder den Präsidenten mit der Absicht, sie der Geringschätzung auszusetzen oder ihrem Ansehen zu schaden« (Sedition Act von 1798; zit. n. Stone 2018: 491), sowie von Schriften, die sich in einer »illoyalen, gotteslästerlichen, verleumderischen oder beleidigenden Sprache« über die Regierung der Vereinigten Staaten, ihre Flagge oder ihre Streitkräfte äußern oder andere dazu bewegen, die amerikanische Regierung oder ihre Institutionen mit Geringschätzung zu betrachten. Jenen, die nach Maßgabe dieses Gesetzes schuldig gesprochen werden, droht eine Freiheitsstrafe von fünf bis zwanzig Jahren (Sedition Act von 1918).

Sodann: Der Oberste Gerichtshof gesteht den Kongressen der einzelnen Staaten der Union beträchtlichen Spielraum beim Neuzuschnitt der Wahlkreise zu.

Sodann: Der US-Kongress verabschiedet ein Gesetz, das jene, die amtliche Dokumente ohne Genehmigung der jeweiligen Regierungsbehörde veröffentlichen, mit Geldbußen oder Haftstrafen bedroht. »Die Verfassung erlegt dem Staat kaum Beschränkungen auf, was die selektive Offenlegung (oder Nichtoffenlegung) von Informationen anbelangt, die die öffentliche Debatte von Fragen ablenken könnten, die politische Führer bloßstellen oder untergraben würden.« (Ginsburg/Huq 2018b: 67)

Sodann: Der Kongress verabschiedet ein Gesetz gegen Wahlbetrug, das die Einzelstaaten zu einer Neuregelung der Erfordernisse für die Dokumente verpflichtet, die für eine Eintragung ins Wählerregister vorgelegt werden müssen.

Sodann: Die Zahl der von der Regierung ernannten Bundesrichter erreicht 112 (so viele Ämter mussten vor Ablauf des Jahres 2019 neu besetzt werden).

Sodann: Der Präsident erlässt eine Verordnung, gemäß der »alle Personen, die in Ministerien und Regierungsbehörden beschäftigt werden, zuverlässig und vertrauenswürdig sein und sich durch eine gute Führung und Charakterfestigkeit auszeichnen müssen« und »unerschütterliche Loyalität gegenüber den Vereinigten Staaten« zeigen sollten (Executive Order 10450 von Präsident Eisenhower aus dem Jahr 1953, zit. n. Goldsmith 2018: 106). Hunderte vor 2016 eingestellte Staatsdiener werden aus ihren Posten entfernt.

Sodann: Der Kongress verabschiedet ein Gesetz, mit dem Nichtregierungsorganisationen, welche »die Anwendung ordnungsgemäß beschlossener Gesetze und Verordnungen behindern«, die Steuerbefreiung entzogen wird.

Sodann: Zwei Richter am Obersten Gerichtshof werden durch von der Regierung nominierte Kandidaten ersetzt.

Sodann: Der Kongress verabschiedet ein neues Gesetz zur Terrorbekämpfung, das die präventive Verhaftung von Personen ermöglicht, welche »die nationale Sicherheit bedrohen«: »Man macht sich etwas vor, wenn man glaubt, so etwas werde nicht wieder geschehen. Inter arma enim silent leges – in Kriegszeiten schweigt das Gesetz.« (So Antonin Scalia, bis zu seinem Tod 2016 Richter am Obersten Gerichtshof, im Jahr 2014 rückblickend zum Verfahren »Korematsu gegen die Vereinigten Staaten«, in dem der Supreme Court 1944 die Internierung japanischstämmiger Amerikaner bestätigte, zit. n. Minow 2018: 321.)

Sodann: Der Präsident wird wiedergewählt.

Sodann: Der Präsident erlässt eine Reihe von Verordnungen zu Politikfeldern, die vorher im Zuständigkeitsbereich des Kongresses lagen. Der Kongress schweigt. Der Oberste Gerichtshof schweigt.

Der Vorhang fällt.

11
Was kann und was kann nicht geschehen?

Wie J.K. Galbraith einmal sagte: »Wirtschaftsprognosen sind nur dazu da, die Astrologie respektabel wirken zu lassen.« Politische Vorhersagen sind noch riskanter als wirtschaftliche. Ungewissheit ist stets ein inhärenter Bestandteil der Politik, und sie wird besonders groß, wenn viel auf dem Spiel steht und die Konflikte intensiv sind. Das vielleicht Beste, was wir in der gegenwärtigen Krise leisten können, ist daher, die Bandbreite der möglichen Szenarien zu bestimmen.

Im optimistischsten wirtschaftlichen Szenario wird die Krise – die Stagnation der unteren Einkommen, die Arbeitsplatzunsicherheit und der schwindende Glaube an die intergenerationelle Mobilität – einfach vorübergehen; und sofern die Unzufriedenheit mit der Politik ihren Ursprung in wirtschaftlicher Unzufriedenheit hat, werden wir damit auch die politische Sackgasse verlassen. In den entwickelten Ländern beschleunigt sich das Wachstum, und die Durchschnittseinkommen überschreiten endlich wieder die vor 2008 erreichten Niveaus. Die Arbeitslosigkeit sinkt, nachdem sie infolge der Finanzkrise einen Höchststand erreichte. Die Globalisierung, insbesondere der Verlust von Arbeitsplätzen an Niedriglohnländer, verlangsamt sich. In China sind die Löhne zwischen 2011 und 2016 um 64 Prozent gestiegen; in anderen Ländern bleiben sie freilich niedrig. Die Renditen von Aktivitäten im Inland nähern sich in einigen Sektoren denen von Auslandsinvestitionen an. Ein Teil der Experten erwartet, dass die Arbeitsmarktreformen, mit denen die Flexibilität erhöht werden soll, die Gesamtbeschäftigung erhöhen. Wird die Flexibilität des Arbeitsmarkts durch Lohnersatzleistungen flankiert, wird die Effizienz steigen, ohne dass die materielle Sicherheit leidet. In diesem Szenario wird die Wirtschaftskrise enden und lediglich als kleine Delle im unaufhaltsamen materiellen Fortschritt in Erinnerung bleiben.

Im düstersten Szenario ist am Horizont nichts zu sehen, was uns helfen könnte, die Stagnation der unteren Einkommen und die mit dem Verlust gutbezahlter Tätigkeiten verbundene Unsicherheit zu überwinden. Selbst wenn sich das Wachstum beschleunigt, gibt es keinen Grund zu der Annahme, dass die Löhne im selben Maß steigen werden. Folglich wird die Ungleichheit weiter wachsen. Der Protektionismus dürfte ungeeignet sein, in der Industrie oder verschiedenen Dienstleistungssparten Arbeitsplätze zu schützen, für die traditionelle Fähigkeiten benötigt werden. Selbst wenn der Protektionismus die Abwanderung von Arbeitsplätzen bremst, wird er die Einsparung von Arbeitskräften fördern. Das Versprechen, »Arbeitsplätze zurückzuholen«, ist ein leerer Wahlkampfslogan. Die historische Erfahrung lehrt uns zwar, dass die Verdrängung menschlicher Arbeitskräfte durch Maschinen die Gesamtbeschäftigung nur geringfügig oder überhaupt nicht verringert, weil die verlorenen Arbeitsplätze durch neue ersetzt werden, aber eine Studie des McKinsey Global Institute (2017) prognostiziert, dass in etwa 60 Prozent aller Berufe mindestens 30 Prozent der Tätigkeiten automatisiert werden könnten und dass sich das Beschäftigungswachstum verlangsamen wird. Apokalyptischere Theorien gehen ebenfalls davon aus, dass die Künstliche Intelligenz eine revolutionäre Innovation ist, die nicht nur Muskeln, sondern auch Gehirne ersetzen wird, und sagen sogar noch dramatischere Arbeitsplatzverluste voraus (siehe Brynjolfsson/Rock/Syverson 2017). Doch selbst wenn die Entstehung neuer Arbeitsplätze das Verschwinden traditioneller ausgleicht, werden vor allem Tätigkeiten mit geringer Produktivität und niedrigen Löhnen entstehen. In den Vereinigten Staaten sind die persönlichen Dienstleistungen der am schnellsten wachsende Sektor, und dies ist zugleich der Sektor mit den geringsten Einkommen. Das US Bureau of Labor Statistics prognostiziert, dass bis 2026 die Zahl der Arbeitsplätze außerhalb der Landwirtschaft jährlich um 0,7 Prozent, die der Industriearbeitsplätze um 0,6 Prozent, die Zahl der Arbeitsplätze im Gesundheitswesen und in sozialen Hilfsdiensten hingegen um 1,9 Prozent zunehmen wird. Das durchschnittliche Jahreseinkommen außerhalb der Landwirtschaft lag in den Vereinigten Staaten im Jahr 2016 bei 49 630 Dollar. Heimpflegekräfte verdienten 23 600 Dollar, Fastfood-Köche 20 570 Dollar. In der EU waren die am schnellsten wachsenden Sektoren zwischen 2008 und 2016 auch die am schlechtesten bezahlten, wenn man von freiberuflichen, wissenschaftlichen und technischen Fachkräften absieht. Es gibt also Grund zu der Annahme, dass sich viele Menschen gezwungen sehen werden, in schlechter bezahlte Tätigkeiten zu wechseln, und dieser Schritt ist mit einem sozialen Abstieg verbunden.

Die Verteilungswirkungen würden in diesem Szenario durch Maßnahmen zur Einkommensumverteilung abgemildert. Intuitiv nehmen wir an, dass mit wachsender Ungleichheit auch die politischen Forderungen nach einer Umverteilung durch Steuern und Transferleistungen sowie nach einem Ausbau der öffentlichen Daseinsvorsorge lauter werden – diese Erwartung ist ein Eckpfeiler der politischen Ökonomie. Die empirischen Belege für diese Theorie sind jedoch bestenfalls dünn gesät; tatsächlich sorgt die Frage »Warum nehmen die Armen den Reichen nicht das Geld weg?« seit je für Verwirrung und wird sehr unterschiedlich beantwortet.[1]

---

[1] Für Literaturüberblicke siehe Putterman 1997; Roemer 1998; Harms/Zink 2003; Lind 2005; Ansell/Samuels 2010; Acemoğlu et al. 2015.

Eine nicht ganz neue Idee, die mittlerweile in mehreren Ländern am politischen Horizont aufgetaucht ist, ist ein universelles Grund- oder »Bürgereinkommen«. Anstatt Zeit ohne Arbeit als »Arbeitslosigkeit« zu betrachten, könnten wir sie auch als Zeit begreifen, in der wir von unnötigen und teilweise ausgesprochen unangenehmen Aktivitäten befreit sind. Aber selbst wenn ein bedingungsloses Grundeinkommen, das einen angemessenen Lebensstil ermöglicht, finanziell machbar wäre, würde es vielleicht nicht genügen, um die Ghettobildung zu verhindern und den Teufelskreis von Segregation der Wohngegenden, schlechten Schulen, Arbeitslosigkeit und Kriminalität zu durchbrechen. Sind erst einmal Elendsquartiere, *villes* oder *villas miserias* entstanden, scheinen alle politischen Anstrengungen, sie wieder aufzulösen, vergeblich. Weder die Rechte noch die Linke wissen, was zu tun ist. In diesem Szenario wird also nicht nur die Ungleichheit, sondern auch die soziale Segregation von Dauer sein und möglicherweise sogar zunehmen.

Wir sehen also, dass es eine große Bandbreite möglicher wirtschaftlicher Entwicklungen gibt – von der Möglichkeit, dass die Krise einfach vorübergehen wird, bis zu einem Szenario, in dem sie sich ohne Umverteilung durch das politische System weiter vertiefen wird. Wie meine Beschreibung dieser Möglichkeiten zeigt, neige ich dem pessimistischen Szenario zu, aber möglicherweise wirkt sich die gegenwärtige Entwicklung in den Vereinigten Staaten, wo die Regierung eine große Offensive zur Erhöhung der Ungleichheit und zur Verringerung des Einkommensschutzes eingeleitet hat, auf meine allgemeine Einschätzung aus und verleitet mich zu Schwarzmalerei. Einige europäische Gesellschaften hegen zweifellos eine größere Abneigung gegen Ungleichheit, und mehrere europäische Regierungen sind sich der von der Ungleichverteilung ausgehenden Gefahren bewusst. Die Leserinnen und Leser mögen selbst entscheiden, welches dieser Zukunftsszenarien sie für besonders wahrscheinlich halten.

In der politischen Sphäre sind sowohl die neuen linken als auch die rechten aufrührerischen Parteien »populistisch«. Sie behaupten, die traditionellen repräsentativen Institutionen dienten lediglich den Interessen der Eliten und gäben »dem Volk« keine Stimme. Obwohl der Begriff »Populismus« erst gegen Ende des 19. Jahrhunderts auftauchte, sind derartige Behauptungen so alt wie die repräsentativen Institutionen selbst. Schon die amerikanischen Anti-Föderalisten sahen in der »politischen Aristokratie« eine ebenso große Gefahr wie in der sozialen Aristokratie. Wenn die Herrscher nicht mit den Beherrschten identisch seien, so die Anti-Federalists, würden sich »Korruption und Tyrannei ausbreiten wie eh und je, wenn sich jene, die Macht ausüben, dem Volk kaum verbunden fühlen. Das gilt darüber hinaus für die gewählten Repräsentanten ebenso wie für Könige, Adlige und Bischöfe« (zit. n. Ketcham 1986: 18). Daher machten sich die Anti-Föderalisten Gedanken über die Zahl sowie die Dauer der Amtszeiten (die in New Jersey eine Zeit lang auf nur sechs Monate beschränkt wurde); Repräsentanten sollten ihre Gehälter nicht selbst festlegen können; auch Möglichkeiten, Verfahren zurückzunehmen oder Politiker ihres Amtes zu entheben, waren im Gespräch – ganz ähnliche Maßnahmen hat Präsident Macron in Frankreich vorgeschlagen.

Die repräsentative Demokratie, das politische System, das mit der Amerikanischen und der Französischen Revolution eingeführt wurde und sich im Lauf der Zeit in aller Welt durchgesetzt hat, löst immer wieder verbreitete und ausgeprägte Unzufriedenheit aus. Zum Teil hat diese Unzufriedenheit mit den intrinsischen Merkmalen jedes politischen Systems zu tun, in dem die Menschen als Kollektiv entscheiden, wer sie regieren soll – also mit den Grenzen der repräsentativen Demokratie, die unerfreulich, aber eben unvermeidlich sind. Bisweilen resultiert sie jedoch auch aus den Pathologien spezifischer Arrangements der repräsentativen Institutionen.

Ein verbreitetes Missverständnis bezüglich der Funktionsweise der Demokratie ist die Annahme, die Bürger hätten bei Wahlen letzten Endes keine Wahl. Die Parteien, so die Argumentation, böten eigentlich »dasselbe in verschiedenen Verpackungen« an. Die Brüder Cohn-Bendit (1968) erklärten, bei Wahlen habe man die Wahl zwischen »Gin-Tonic und Tonic mit Gin«, und der Journalist Thomas L. Friedman (1999) sprach von einer Wahl zwischen »Pepsi und Coke«. Es liegt auf der Hand, dass die Bürger nur zwischen den Vorschlägen der Parteien wählen können; im elektoralen Wettbewerb sind nicht alle denkbaren politischen Programme vertreten. In Systemen wie dem amerikanischen, in denen die Bildung neuer Parteien beinahe unmöglich ist, oder in solchen, in denen die beiden Großparteien Koalitionen bilden, sind die Alternativen, die bei Wahlen angeboten werden, noch enger begrenzt. Doch die Tatsache, dass die Bürger am Wahltag nur zwischen wenigen Optionen wählen können, bedeutet nicht, dass das Volk insgesamt keine Entscheidung trifft. Die Parteien bieten in ihren Wahlprogrammen die Optionen an, die in ihren Augen die größten Erfolgschancen versprechen, und das, was ihnen am ehesten einen Wahlsieg sichern wird, ist genau das, was die Mehrheit der Bürger will. Wenn die Parteien genau wissen, was die Bevölkerung will, werden sie daher sehr ähnliche Programme anbieten, und der einzelne Bürger hat am Wahltag keine Wahl; die Programme unterscheiden sich nur insofern voneinander, als die Parteien nicht sicher sind, wie die individuellen Präferenzen aussehen. Aber hätte die Mehrheit etwas anderes gewollt, so hätten die Parteien etwas anderes angeboten: Ihre Programme würden immer noch zur Mitte der öffentlichen Meinung konvergieren, aber sie sähen anders aus. Das bedeutet, dass die Bevölkerung kollektiv sehr wohl wählen kann, auch wenn der einzelne Bürger kaum eine Wahl hat, wenn er seine Stimme abgibt.

Eine weitere Quelle der Unzufriedenheit ist, dass bei Wahlen keine einzelne Person einen entscheidenden Unterschied macht, so dass sich der Eindruck einstellt, die eigene Stimme sei wirkungslos. Wenn Menschen persönliche Entscheidungen fällen, erzeugen sie Ergebnisse. Doch vom individuellen Standpunkt betrachtet ist das Ergebnis einer Wahl unabhängig vom eigenen Handeln. Niemand kann sagen: »Ich habe A gewählt, und deshalb wird A gewinnen«; jeder einzelne von uns kann nicht mehr tun, als seine Stimme abzugeben, nach Hause zu gehen und ungeduldig vor dem Fernsehgerät auszuharren, um zu erfahren, wie die anderen Bürger gewählt haben. Wenn anhand einer einfachen Mehrheitsregel von vielen Individuen, die den gleichen Einfluss auf das Ergebnis haben, kollektiv entschieden wird, hat keines dieser Individuen kausalen Einfluss auf die kollektive Entscheidung. Der Wert von Wahlen besteht nicht darin, dass jeder Wähler wirklichen Einfluss auf das Endergebnis hat, sondern dass die kollektive Entscheidung die Summe der individuellen Willensbekundungen ist. Aber selbst wenn die Menschen Wahlen als Mechanismus der kollektiven Entscheidungsfindung anerkennen, fühlen sie sich als Individuen politisch machtlos.

Die periodischen Ausbrüche von Unzufriedenheit mit den repräsentativen Institutionen haben noch eine tiefer liegende Ursache. Die Demokratie ist ein System, in dem die Menschen kollektiv entscheiden, wer sie für einen bestimmten Zeitraum regieren soll. Aber selbst wenn wir unsere Regierung durch Wahlen aussuchen, werden wir von ihr regiert, was bedeutet, dass uns allen manchmal verboten ist zu tun, was einige von uns gerne tun würden, und wir alle müssen tun, was ein Teil von uns nicht tun will. Das Ideal, das die Errichtung der modernen repräsentativen Institutionen rechtfertigte, war die »Selbstregierung des Volkes«. Das Problem, das es zu lösen galt, formulierte Jean-Jacques Rousseau so: »Finde eine Form des Zusammenschlusses, die mit ihrer ganzen gemeinsamen Kraft die Person und das Vermögen jedes einzelnen Mitglieds verteidigt und schützt und durch die doch jeder, indem er sich mit allen vereinigt, nur sich selbst gehorcht und genauso frei bleibt wie zuvor.« (1977 [1762], Erstes Buch, 6. Kap., S. 17) Aber dieses Problem wäre nur zu lösen, wenn alle Mitglieder der Gesellschaft dasselbe wollten: Nur dann wäre Gehorsam gegenüber anderen dasselbe wie dem eigenen Willen zu gehorchen. In einer Gesellschaft mit widersprüchlichen Interessen und heterogenen Wertvorstellungen bedeutet Regiert-Werden, dass man sich gegen den eigenen Willen dem Willen anderer fügen muss. Demokratisch gewählte Regierungen können manchen Bürgern Geld wegnehmen und es anderen Bürgern geben; sie können Eltern zwingen, ihre Kinder gegen Krankheiten impfen zu lassen; sie können Menschen in Gefängnisse stecken, und in einigen barbarischen Ländern können sie sie sogar töten. Da kann es nicht verwundern, dass niemand gerne regiert wird, selbst wenn wir regiert werden müssen, um in Frieden zusammenleben zu können.

Diese Quellen der Unzufriedenheit mit der repräsentativen Demokratie entsprechen einfach den inhärenten Grenzen, die den Individuen durch die Erfordernisse des friedlichen Zusammenlebens auferlegt werden. Die Demokratie mag weiterhin die am wenigsten schlechte Art der Organisation unseres Zusammenlebens sein – und ich glaube, dass sie es ist (siehe Przeworski 2010) –, aber die Leistungsfähigkeit jedes politischen Arrangements stößt an Grenzen. Es ist nur natürlich, dass diese latente Unzufriedenheit aufbricht, wenn die Demokratie nicht liefern kann, was den Menschen am meisten am Herzen liegt, sei es materielle Sicherheit, öffentliche Ordnung oder die Verwirklichung kultureller Werte und Normen. Daher haben wir gute Gründe zu erwarten, dass die Haltung der Bürger gegenüber der Demokratie von ihren Ergebnissen abhängt, dass die Demokratie also von Krisen heimgesucht werden kann.

Diese Grundmerkmale der Demokratie sind jedoch keine Erklärung für die gegenwärtige Popularität der gegen »die Eliten«, »das Establishment« und »das System« gerichteten populistischen Rhetorik. Der Schlachtruf der aufrührerischen Parteien in aller Welt ist ein Echo des Slogans »Haut alle ab!« (»Que se vayan todos!«), der in der Krise von 2001 in den Straßen Argentiniens erschallte. Eine zynische Interpretation wäre, dass dies einfach ein Instrument für Außenseiter ist, die sich ihren Weg an die Macht bahnen wollen, indem sie die traditionellen Parteien ersetzen. Aber sind unsere repräsentativen Institutionen nicht wirklich so gestaltet, dass sie den Interessen der Eliten dienen? Es ist nicht sonderlich konsequent, wenn wir die hartnäckige Ungleichheit bedauern und uns gleichzeitig über die populistische Kritik an den repräsentativen Institutionen beklagen.

Unsere repräsentativen Regierungssysteme entstanden aus der Angst vor der Partizipation der breiten Bevölkerungsmasse, die zu einem Großteil aus Armen und Analphabeten bestand. Man kommt der Wahrheit ziemlich nahe, wenn man annimmt, dass das strategische Problem der »Gründerväter« fast überall darin bestand, wie sie die repräsentative Regierung für die Eliten errichten und vor den Armen schützen konnten. Die Regierung sollte von den Bürgern gewählt werden, aber ihre Funktion bestand darin, die Überlegenheit derer festzuschreiben, die aufgrund ihrer sozialen und wirtschaftlichen Position einen Anspruch auf die Regierung zu haben glaubten. Die im Schatten religiöser und wirtschaftlicher Konflikte entstandenen repräsentativen Institutionen wurden so gestaltet, dass sie die Stimme des Volkes zwischen den Wahlen zum Verstummen bringen oder zumindest dämpfen würden, wobei alle »vermittelnden Organisationen« – Vereine, Verbände, Gewerkschaften sowie politische Parteien – als Gefahr für den gesellschaftlichen Frieden betrachtet wurden. Als Bollwerk gegen den Despotismus konzipiert, wurden diese Institutionen so gestaltet, dass sie die Regierung daran hindern konnten, allzu viel (sei es Gutes oder Schlechtes) durchzusetzen, indem die verschiedenen Gewalten einander kontrollierten und bremsten und indem der Status quo vor dem Mehrheitswillen geschützt wurde. Den Armen wurde erklärt, dass die Reichen ihre Interessen vertreten würden; den Frauen wurde gesagt, dass die Männer für ihr Wohl sorgen würden; den »Unzivilisierten« wurde eröffnet, dass sie auf die Führung ihrer Kolonisatoren angewiesen seien. Als die Vermögenden um ihr Eigentum zu fürchten begannen, wurden Selbstregierung, Gleichheit und Freiheit in komplexen intellektuellen Konstrukten verpackt, um sie mit der Herrschaft der wenigen vereinbar zu machen. Dem Volk kann man nicht trauen, weil es »in die Irre gehen« kann: James Madison sagte es, Simón Bolivar sagte es, und dasselbe tat Henry Kissinger, als er erklärte, Präsident Allende sei »aufgrund der Verantwortungslosigkeit des chilenischen Volkes« an die Macht gekommen.

Ihre spezifische Form erhielten unsere repräsentativen Institutionen, um den Status quo zu erhalten, der unterschiedlich aussehen konnte, wobei es jedoch stets darum ging, die Eigentumsverhältnisse gegen zeitweilige Mehrheiten abzusichern. Das Zweikammersystem und die Vetomacht des Präsidenten sorgten dafür, dass der Status quo nur mit Zweidrittelmehrheit geändert werden konnte. Einschränkungen des Wahlrechts, offene Abstimmungen und indirekte Wahlen schützten den politischen Einfluss der Eliten. Diese um das Eigentum gezogenen Gräben wurden Schritt für Schritt beseitigt: Das Wahlrecht wurde auf alle Bürger ausgeweitet, die Stimmabgabe wurde geheim, die Wahlen wurden direkt, die Legislative wurde immer häufiger auf eine Kammer beschränkt. Aber es wurden neue Mechanismen zum Schutz vor dem Mehrheitswillen eingeführt: die Prüfung von Gesetzen durch die Gerichte (Ginsburg/Versteeg 2012), die Delegation der Geldpolitik an vom Wählerwillen unabhängige Zentralbanken (Cukierman/Edwards/Tabellini 1992) und unabhängige Aufsichtsbehörden. Der Vertrag von Maastricht (1992), der das jährliche Haushaltsdefizit der Mitgliedstaaten auf maximal drei Prozent des Bruttoinlandsprodukts begrenzt, nahm den europäischen Regierungen die Möglichkeit, eine antizyklische Wirtschaftspolitik zu betreiben, und setzte den Sozialausgaben Grenzen.

Selbst ohne diese institutionellen Barrieren sind Wahlen ein inhärent elitärer Mechanismus, den Bernard Manin (1997) als »aristokratisch« bezeichnet. Die Wähler erkennen an, dass nicht alle gleich gut gerüstet sind zu regieren, und wählen Personen, denen sie diese Fähigkeit zusprechen. Die Wähler können beliebige Eigenschaften der Politiker als Hinweise auf diese Fähigkeit deuten, aber die meisten wollen Personen wählen, die sich von ihnen unterscheiden. Das Resultat ist, dass die Zusammensetzung der gewählten Einrichtungen in keinem Land auch nur annäherungsweise der Zusammensetzung des Wahlvolks ähnelt. Der Senat der Vereinigten Staaten ist ein »Millionärsklub«. Besonders ironisch ist, dass die französischen Parlamentswahlen von 2017, die von einer mit Anti-Establishment-Slogans werbenden Partei gewonnen wurden, ein Parlament hervorbrachten, das in Bezug auf Bildung und Einkommen noch elitärer war als das vorangegangene.

In seiner Analyse der Unterschiede zwischen Demokratien und Diktaturen gelangte der politische Philosoph Norberto Bobbio (1987) zu dem Ergebnis, der einzige Unterschied sei, dass sich die Eliten in dem einen System »selbst vorschlagen« und im anderen »selbst aufzwingen«. Aber in einem von den Eliten regierten System haben die Menschen keine Macht. Da kann es nicht verwundern, dass Aufrufe zu institutionellen Reformen, die der »Stimme des Volkes« Gehör verschaffen sollen, sowie Maßnahmen zur Stärkung der »direkten Demokratie« die institutionellen Vorhaben der Populisten beherrschen. Einige der Vorschläge gehen auf die zuvor erwähnten Forderungen der Anti-Föderalisten zurück: kurze Amtszeiten, begrenzte Zahl von Amtszeiten, Entziehung von Mandaten, Verringerung der Abgeordnetengehälter und Beschränkungen für Wechsel zwischen öffentlichem und privatem Sektor. In den Vereinigten Staaten wären die naheliegenden Maßnahmen eine Direktwahl des Präsidenten und eine Übertragung der Befugnis zur Abgrenzung der Wahlkreise von den einzelstaatlichen Parlamenten auf unabhängige Gremien. In Europa reichen die Vorschläge von verrückten Ideen wie der von der italienischen Fünf-Sterne-Bewegung befürworteten »Umfragedemokratie« über die Ausweitung von Volksentscheiden bis zur Einrichtung per Losverfahren besetzter »Para-Legislativen« (in denen zufällig ausgewählte Bürger bestimmte Gesetzesvorhaben beurteilen, ohne jedoch ein Recht zur Verabschiedung von Gesetzen zu haben). Besonders interessant ist ein Vorschlag, der bei der letzten Wahl in Frankreich auftauchte: Die Initiatoren verlangten, den Wählern das Recht einzuräumen, für »keine der genannten Personen« zu stimmen (*vote en blanc*); sollten diese Stimmen in der Mehrheit sein, müsse eine Neuwahl angesetzt werden, bei der keiner der zuvor angetretenen Kandidaten auf der Liste stehen dürfe. Man fragt sich, zu welchem Ergebnis ein solcher Mechanismus bei der amerikanischen Präsidentschaftswahl im Jahr 2016 geführt hätte: Höchstwahrscheinlich hätte sich weder Trump noch Clinton durchgesetzt.

Doch so berechtigt die populistische Unzufriedenheit mit den bestehenden repräsentativen Institutionen auch sein mag: Alle derartigen Maßnahmen dienen lediglich der Linderung des Unbehagens. Sie könnten das Vertrauen in die demokratischen Institutionen für eine Weile stärken, aber sie werden alle an einer unausweichlichen Tatsache scheitern: Jeder von uns muss sich von jemand anderem regieren lassen, und regiert zu werden bedeutet zwangsläufig, dass wir uns mit Maßnahmen und Gesetzen abfinden müssen, die uns nicht gefallen. Es gibt Abstufungen – einige institutionelle Arrangements ermöglichen eine bessere Repräsentation als andere –, aber wie schon John Stuart Mill (2013 [1857]) beobachtete, ist es letzten Endes einfach unmöglich, dass alle gleichzeitig regieren. Selbst wenn die gegenwärtige Krise also einige institutionelle Reformen hervorbringt, befürchte ich, dass diese nicht viel ändern werden.

»Europa« ist ein Thema für sich. Sowohl die Europäische Union als auch die Eurozone sind verlockende Ziele für Populisten. Zum einen können sie unmöglich ein Subjekt, ein »Volk« repräsentieren. Zum anderen sind sie noch weiter von der Bevölkerung entfernt als die Regierungen der einzelnen Mitgliedsländer. Der Vorwurf, sie würden von ausländischen Eliten regiert (mit denen oft die »deutschen Eliten« gemeint sind), ist plausibel. Daher klingen die Rufe nach Abschottung und Protektionismus verlockend.

Zuversichtlicher bin ich mit Blick auf die Bedrohung, die von den rechtsradikalen Parteien ausgeht. Während sich einige traditionelle Parteien der einwanderungsfeindlichen Stimmung anpassen, sind Wahlsiege der Rechtsradikalen in den meisten europäischen Ländern keine unmittelbare Gefahr. Die radikale Rechte genießt in den meisten entwickelten Ländern anscheinend die Unterstützung von etwa einem Viertel der potenziellen Wähler. Trump gewann nur, weil er in der Lage war, eine traditionelle Partei zu übernehmen, und viele Leute wählten ihn nicht wegen seiner Persönlichkeit oder seines Programms, sondern weil sie die Clintons hassten. Ich vermute, dass der Geist bereits aus der Flasche gelassen wurde und dass er nicht mehr größer werden wird.

Ich bezweifle jedoch, dass politische Maßnahmen gegen die »Zuwanderung«, ob sie nun von rechtsradikalen Parteien in der Regierung oder von zentristischen, auf die Bedrohung von rechts reagierenden Parteien ergriffen werden, irgendjemanden beschwichtigen werden. Die Rechte mag sich die Sprache der »nationalen Souveränität« aneignen und für Maßnahmen zur Begrenzung der Einwanderung werben, aber solche Maßnahmen werden die ethnischen, kulturellen und religiösen Konflikte, welche die Gesellschaften zerreißen, nicht lösen. Die Grenzen sind nicht der Grund für die Entstehung dieser Konflikte; deren Ursachen sind tief in das soziale Gewebe eingeflochten. Darüber hinaus hat die Polarisierung mittlerweile die grundlegende Einheit der gesellschaftlichen Struktur erreicht: die Familie. Im Jahr 1960 erklärten fünf Prozent der Anhänger der Republikanischen Partei und vier Prozent der Demokraten, es würde ihnen nicht gefallen, wenn ihre Kinder eine Person heirateten, die mit der anderen Partei sympathisierte. Bis 2010 stieg der entsprechende Anteil auf 49 Prozent bei republikanischen und 33 Prozent bei demokratischen Wählern. Die politische Polarisierung ist tief verwurzelt und wird nicht aufgrund kontingenter politischer Ereignisse verschwinden.

Dies ist nur Spekulation, aber nehmen wir an, dass sich in

absehbarer Zukunft nicht viel ändern wird: Das Wachstum stagniert weiter, Ungleichheit und Segregation bleiben bestehen, gute Arbeitsplätze werden noch knapper, und die traditionellen Parteien passen sich der einwanderungsfeindlichen Stimmung an und versuchen, weiter mit den gewohnten politischen Maßnahmen auf Ungleichheit und Segregation zu reagieren. Wäre ein solches Szenario eine Bedrohung für die Demokratie?

Die Gefahr ist, dass die Demokratie schrittweise und unbemerkt erodiert. Die Regierenden könnten gegnerische Medien einschüchtern und eine eigene Propagandamaschine aufbauen; sie könnten die Sicherheitsbehörden politisieren, politische Gegner schikanieren, die staatliche Macht nutzen, um willfährige Privatunternehmen zu belohnen, sie könnten Gesetze selektiv anwenden, internationale Konflikte provozieren, um die Furcht der Bevölkerung zu schüren, und Wahlergebnisse fälschen. In Ländern, in denen die radikale Rechte nicht an die Macht kommt, besteht die Gefahr, dass die Regierung nativistischen und rassistischen Forderungen zu weit entgegenkommt und die bürgerlichen Freiheiten einschränkt, ohne die materiellen Bedingungen jener Bevölkerungsgruppen zu verbessern, die besonders unzufrieden mit dem Status quo sind.

Wir sollten also nicht verzweifeln, aber wir haben auch wenig Grund zu Optimismus. Wir sind Zeugen einer tief greifenden Veränderung. Die vielleicht beste Diagnose der gegenwärtigen Situation in vielen Demokratien lautet, dass sie von einer »intensiven Parteilichkeit mit schwachen Parteien« gekennzeichnet ist (Azari 2016). Mit demokratischen Wahlen werden Konflikte nur dann friedlich beigelegt, wenn es den politischen Parteien gelingt, diese Konflikte zu strukturieren und politische Maßnahmen in Wahlen zu kanalisieren. Die repräsentativen Institutionen absorbieren Konflikte nur, wenn jedermann das Recht hat, an diesen Institutionen teilzuhaben, wenn die Parteien in der Lage sind, ihre Anhängerschaft zu kontrollieren, und wenn diese Organisationen Anreize haben, ihre Interessen im repräsentativen System zu verfolgen. Ich befürchte, dass weder die Regierung Trump noch der Brexit oder die Regierungen, die auf dem europäischen Kontinent gewählt werden, das Alltagsleben der Bevölkerungsmehrheit verbessern werden. Die Folge wird sein, dass die Abneigung gegen »das Establishment« und »das System« noch größer wird. Bei einer typischen Wahl stimmt jeder zweite Wähler für die unterlegene Seite. In Präsidialsystemen erhält der Sieger selten deutlich mehr als 50 Prozent der Stimmen, und in parlamentarischen Mehrparteiensystemen kommt die siegreiche Partei selten auf einen Stimmenanteil von mehr als 40 Prozent. Darüber hinaus sind viele Bürger, die der siegreichen Seite ihre Stimme gegeben haben, später enttäuscht von den Leistungen der Regierung. Die meisten von uns werden also enttäuscht, sei es vom Wahlergebnis oder von den Leistungen des Siegers. Und trotzdem hoffen die meisten von uns bei jeder neuen Wahl, dass unser bevorzugter Kandidat gewinnen und uns nicht enttäuschen wird. Daher ist es nur natürlich, dass die Menschen, wenn sie bei mehreren Wahlen ihre Stimme abgeben, Regierungswechsel sehen und entdecken, dass sich ihr Leben nicht verändert, zu dem Schluss gelangen, dass mit »dem System« oder »dem Establishment« etwas nicht stimmt.

Ein Sprichwort besagt: »Ein Pessimist ist ein informierter Optimist.« Ich bin moderat pessimistisch, was die Zukunft anbelangt. Ich denke nicht, dass in den meisten Ländern das Überleben der Demokratie an sich auf dem Spiel steht, aber ich kann nichts erkennen, was uns von der gegenwärtigen Unzufriedenheit befreien würde. Sie wird nicht durch kontingente politische Ereignisse wie die Ergebnisse zukünftiger Wahlen verringert werden. Wir haben es nicht einfach mit einer politischen Krise zu tun; diese Krise hat tiefe ökonomische und gesellschaftliche Wurzeln. Das ist es, was mir Sorgen bereitet.

Literatur

Acemoğlu, Daron/James A. Robinson (2000), »Why did the West extend the franchise? Democracy, inequality, and growth in historical perspective«, in: *Quarterly Journal of Economics* 115/4, S. 1167-1199.

Ders./Suresh Naidu/Pascual Restrepo/James A. Robinson (2015), »Democracy, redistribution, and inequality«, in: *Handbook of Income Distribution*, Bd. 2a, herausgegeben von Anthony B. Atkinson und François Bourguignon, Amsterdam: Elsevier, S. 1885-1966.

Ders./David Autor/David Dorn/Gordon H. Hanson/Brendan Price (2016), »Import competition and the great United States employment sag of the 2000s«, in: *Journal of Labor Economics* 34/S 1, S. 141-198.

Acherbach, Joel/Scott Clement (2016), »America really is more divided than ever«, in: *Washington Post* (16. Juli), online verfügbar unter: {https://www.washingtonpost.com/national/america-really-is-more-divided-than-ever/2016/07/17/fbfebee6-49d8-11e6-90a8-fb84201e0645_story.html} (alle URL Stand August 2020).

Ageron, Charles-Robert (1976), »L'opinion française devant la guerre d'Algérie«, in: *Revue française d'histoire d'outre-mer* 63/231, S. 256-285.

Akerlof, George A. (1991), »Procrastination and obedience«, in: *American Economic Review* 81/2, S. 1-19.

Albright, Jeremy (2010), »The multidimensional nature of party competition«, in: *Party Politics* 16/5, S. 699-719.

Alon, Amos (2002), *The Pity of It All: A Portrait of the German-Jewish Epoch 1743-1933*, New York: Picador.

Altamirano, Carlos (1979), *Chili: Les raisons d'une défaite*, Paris: Flammarion.

Alvarez, Michael/José Antonio Cheibub/Fernando Limongi/Adam Przeworski (1996), »Classifying political regimes«, in: *Studies in International Political Development* 31/2, S. 3-36.

Andrews, Rhys/Sebastian Jilke/Steven Van de Walle (2014), »Economic strain and perceptions of social cohesion in Europe: Does institutional trust matter?«, in: *European Journal of Political Research* 53/3, S. 559-579.

Ansell, Ben W./David Samuels (2010), »Democracy and redistribution, 1880-1930: Reassessing the evidence«, Diskussionspapier, vorgelegt beim Jahrestreffen der American Political Science Association, Washington, D. C.

Armingeon, Klaus/Kai Guthmann (2014), »Democracy in crisis? The declining support for national democracy in European countries, 2007-2011«, in: *European Journal of Political Research* 53/3, S. 423-442.

Armingeon, Klaus/Christian Isler/Laura Knopfel/David Weisstanner/Sarah Engler, Comparative Political Data Set 1960-2014 (CPDS) (2016), online verfügbar unter: {www.cpds-data.org}.

Arzheimer, Kai (2013), »Working class parties 2.0? Competition between centre left and extreme right parties«, in: *Class Politics and the Radical Right*, herausgegeben von Jens Rydren, London/New York: Routledge, S. 75-90.

Atkinson, Anthony B./Thomas Piketty/Emmanuel Saez (2011), »Top incomes in the long run of history«, in: *Journal of Economic Literature* 49/1, S. 3-71.

Austen-Smith, David (1992), »Strategic models of talk in political decision making«, in: *International Political Science Review* 13/1, S. 45-58.

Autor, David/David Dorn/Gordon H. Hanson (2013), »The China syndrome: Local labor market effects of import competition in the United States«, in: *American Economic Review* 103/6, S. 2121-2168.

Ders./David Dorn/Gordon H. Hanson/Kaveh Majlesi (2017), »A note on the effect of rising trade exposure on the 2016 presidential election«, online verfügbar unter: {https://economics.mit.edu/files/12418}.

Aytaç, Selim Erdem/Eli Rau/Susan Stokes (2018), »Beyond opportunity costs: Campaign messages, anger and turnout among the unemployed«, in: *British Journal of Political Science*, online verfügbar unter: {https://www.cambridge.org/core/services/aop-cambridge-core/content/view/444928192590BEE9B4FB47BB4B7507D9/S0007123418000248a.pdf/beyond_opportunity_costs_campaign_messages_anger_and_turnout_among_the_unemployed.pdf}.

Azari, Julia (2016), »Weak parties with strong partisanship are a bad combination« (3. November), online verfügbar unter: {https://www.vox.com/mischiefs-of-faction/2016/11/3/13512362/weak-parties-strong-partisanship-bad-combination}.

Banks, Arthur S./Kenneth A. Wilson, Cross-National Time-Series Data Archive (CNTS) (2017); online verfügbar unter: {https://www.cntsdata.com/}.

Bermeo, Nancy (2016), »On democratic backsliding«, in: *Journal of Democracy* 27/1, S. 5-19.

Bitar, Sergio/Crisostomo Pizarro (1989), *La Caida de Allende y la Huelga de el Teniente*, Santiago de Chile: Las Ediciones del Ornitorrinco.

Bobbio, Norberto (1987), *Democracy and Dictatorship*, Minneapolis: University of Minnesota Press.

Boix, Carles/Michael Miller/Sebastian Rosato (2012), »A complete data set of political regimes, 1800-2007«, in: *Comparative Political Studies* 46/12, S. 1523-1554.

Bon, Frédéric (1978), *Les élections en France*, Paris: Seuil.

Bracher, Karl Dietrich (1966), »The technique of the National Socialist seizure of power«, in: *The Path to Dictatorship 1918-1933: Ten Essays by German Scholars*, herausgegeben von Fritz Stern, Garden City: Anchor Books, S. 113-132.

Brady, David/John Ferejohn/Aldo Paparo (2017), »Political economy and immigration: A seven nation study«, Arbeitspapier, online verfügbar unter: {http://www.law.nyu.edu/sites/default/files/upload_documents/John%20Ferejohn%20Colloquium%20Paper.pdf}.

Bright Line Watch (2018), »Bright Line Watch Survey: Wave 5« (1. Mai), online verfügbar unter: {http://brightlinewatch.org/wave5/}.

Bruno, Michael/Jeffrey Sachs (1985), *Economics of Worldwide Stagflation*, Cambridge, MA: Harvard University Press.

Brynjolfsson, Erik/Daniel Rock/Chad Syverson (2017), »Artificial intelligence and the modern productivity paradox: A clash of expectations and statistics«, NBER Working Paper Nr. 24001, online verfügbar unter: {https://www.nber.org/papers/w24001.pdf}.

Buchanan, James M./Gordon Tullock (1962), *The Calculus of Consent: Logical Foundations of Constitutional Democracy*, Ann Arbor: University of Michigan Press.

Calvert, Randall (1994), »Rational actors, equilibrium, and social institutions«, in: *Explaining Social Institutions*, herausgegeben von Jack Knight und Itai Sened, Ann Arbor: University of Michigan Press, S. 57-94.

Canovan, Margaret (2002), »Taking politics to the people: Populism as the ideology of democracy«, in: *Democracies and the Populist Challenge*, herausgegeben von Yves Mény und Yves Surel, New York: Palgrave, S. 25-44.

Capoccia, Giovanni (2005), *Defending Democracy: Reactions of Extremism in Interwar Europe*, Baltimore: Johns Hopkins University Press.

Carr, William (1969), *The History of Germany 1815-1945*, New York: St. Martin's Press.

Case, Anne/Angus Deaton (2017), »Mortality and morbidity in the 21st century«, Brookings Papers on Economic Activity, online verfügbar unter: {https://www.brookings.edu/wp-content/uploads/2017/08/casetextsp17bpea.pdf}.

Cassese, Sabino (2011), *Lo Stato fascista*, Mailand: Il Mulino.

Cautres, Bruno (2018), »Le clivage gauche-droite dans les démocraties modernes«, *Cahiers français* 404 (Mai-Juni), S. 52-61.

Cheibub, Jose Antonio (2007), *Presidentialism, Parliamentarism, and Democracy*, New York: Cambridge University Press.

Ders./Jennifer Gandhi/James Raymond Vreeland (2010), »Democracy and dictatorship revisited«, in: *Public Choice* 143/1-2, S. 67-101.

Chen, M. Keith/Ryne Rohla (2018), »The effect of partisanship and political advertising on close family ties«, in: *Science* 360 (1. Juni), S. 1020-1024.

Chetty, Raj/David Grusky/Maximilian Hell/Nathaniel Hendren/Robert Manduca/Jimmy Narang (2016), »The fading American Dream: Trends in absolute income mobility since 1940«, NBER Working Paper Nr. 22910, online verfügbar unter: {https://www.nber.org/papers/w22910.pdf}.

Chiaramonte, Alessandro/Vincenzo Emanuele (2017), »Party system volatility, regeneration and de-institutionalization in Western Europe (1945-2015)«, in: *Party Politics* 23/4, S. 376-388.

Cohn-Bendit, Daniel/Gabriel Cohn-Bendit (1968), *Linksradikalismus: Gewaltkur gegen die Alterskrankheit des Kommunismus*, Reinbek: Rowohlt.

Colantone, Italo/Piero Stanig (2017), »The trade origins of economic nationalism: Import competition and voting behavior in Western Europe«, Balfi Carefin Centre Research Paper Nr. 2017-49, Università Commerciale Luigi Bocconi, Mailand.

Cornell, Agnes/Jørgen Møller/Svend-Erik Skaaning (2017), »The real lessons of the interwar years«, in: *Journal of Democracy* 28/3, S. 14-28.

Corvalan, Luis L. (2003), *El Gobierno de Salvador Allende*, Santiago: LOM Ediciones.

Coser, Lewis A. (1964), *The Functions of Social Conflict: An Examination of the Concept of Social Conflict and Its Use in Empirical Sociological Research*, New York: Free Press.

Cukierman, Alex/Sebastian Edwards/Guido Tabellini (1992) »Seigniorage and political instability«, in: *American Economic Review* 82/3, S. 537-555.

Dahl, Robert A. (1971), *Polyarchy: Participation and Opposition*, New Haven: Yale University Press.

Dancygier, Rafaela M. (2010), *Immigration and Conflict in Europe*, New York: Cambridge University Press.

Dies. (2017), *Dilemmas of Inclusion: Muslims in European Politics*, Princeton: Princeton University Press.

Dies./David D. Laitin (2014), »Immigration into Europe: Economic discrimination, violence, and public policy«, in: *Annual Review of Political Science* 17/1, S. 43-64.

Delmer, Sefton (1972), *Weimar Germany: Democracy on Trial*, London: Macdonald.

Denquin, Jean-Marie (1988), *1958: La Genèse de la Ve République*, Paris: Presses Universitaires de France.

De Vylder, Stefan (1974), *Allende's Chile: The Political Economy of the Rise and Fall of the Unidad Popular*, Cambridge: Cambridge University Press.

Diamond, Larry (2002), »Thinking about hybrid regimes«, in: *Journal of Democracy* 13/2, S. 21-35.

Dimsdale, Nicholas/Nicholas Horsewood/Allard van Riel (2004), »Unemployment and real wages in Weimar Germany«, University of Oxford Discussion Papers in Economic and Social History Nr. 56, online verfügbar unter: {https://www.economics.ox.ac.uk/materials/papers/2292/56dimsdale.pdf}.

Dixit, Avinash/Gene M. Grossman/Faruk Gul (2000), »The dynamics of political compromise«, in: *Journal of Political Economy* 108/3, S. 531-568.

Downs, Anthony (1968 [1957]), *Ökonomische Theorie der Demokratie*, Tübingen: Mohr.

Droz, Bernard/Evelyne Lever (1991), *Histoire de la Guerre d'Algérie*, Paris: Seuil.

Dunn, John (2000), *The Cunning of Unreason*, Cambridge: Cambridge University Press.

Dunn, Susan (2004), *Jefferson's Second Revolution: The Election Crisis of 1800 and the Triumph of Republicanism*, Boston: Houghton Mifflin.

Elias, Anwen/Edina Szocsik/Christina Isabel Zuber (2015), »Position, selective emphasis and framing: How parties deal with a second dimension in competition«, *Party Politics* 21/6, S. 839-850.

Elster, Jon (1998), »Deliberation and constitution making«, in: *Deliberative Democracy*, herausgegeben von Jon Elster, Cambridge: Cambridge University Press, S. 97-122.

Ermakoff, Ivan (2008), *Ruling Oneself Out: A Theory of Collective Abdications*, Durham: Duke University Press.
Esteban, Joan-María/Debraj Ray (1994), »On the measurement of polarization«, in: *Econometrica* 62/4, S. 819-851.
Evans, Richard J. (2004), *Das Dritte Reich*, Bd. 1: *Aufstieg*, München: Deutsche Verlags-Anstalt.

Fearon, James D. (2011), »Self-enforcing democracy«, in: *Quarterly Journal of Economics* 126/4, S. 1661-1708.
Ferejohn, John/Pasquale Pasquino (2003), »Rule of democracy and rule of law«, in: *Democracy and the Rule of Law*, herausgegeben von José María Maravall und Adam Przeworski, a.a.O., S. 242-260.
Flechtheim, Ossip K. (1966), »The role of the Communist Party«, in: *The Path to Dictatorship 1918-1933*, herausgegeben von Fritz Stern, a.a.O., S. 89-112.
Foa, Roberto Stefan/Yascha Mounk (2016), »The democratic disconnect«, in: *Journal of Democracy* 27/6, S. 5-17.
Fossati, Diego (2014), »Economic vulnerability and economic voting in 14 OECD countries«, in: *European Journal of Political Research* 53/1, S. 116-135.
Foucault, Martial (2018), »Les transformations de la sociologie du vote«, in: *Cahiers français* 404 (Mai/Juni), S. 42-51.
Friedman, Thomas L. (1999), *Globalisierung verstehen: Zwischen Marktplatz und Weltmarkt*, Berlin: Ullstein.

Gargarella, Roberto (2003), »The majoritarian reading of the rule of law«, in: *Democracy and the Rule of Law*, herausgegeben von José María Maravall und Adam Przeworski, a.a.O., S. 147-167.
Ginsburg, Tom/Mila Versteeg (2012), »The global spread of constitutional review: An empirical analysis«, Arbeitspapier, University of Chicago Law School, online verfügbar unter: {https://pdfs.semanticscholar.org/9905/5e4aa01a6774902185217c12af48dd8732f5.pdf}.
Ders./Aziz Z. Huq (2018a), »How to lose a constitutional democracy«, in: *UCLA Law Review* 65/1, S. 78-169.
Dies. (2018b), *How to Save a Constitutional Democracy*, Chicago: University of Chicago Press.
Golder, Matt (2016), »Far right parties in Europe«, in: *Annual Review of Political Science* 19/1, S. 477-497.
Goldsmith, Jack (2018), »Paradoxes of the deep State«, in: *Can It Happen Here?*, herausgegeben von Cass R. Sunstein, New York: HarperCollins, S. 105-134.

González Pino, Miguel/Arturo Fontaine Talavera (Hg.) (1997), *Los mil días de Allende*, Santiago de Chile: Centro de Estudios Públicos, online verfügbar unter: {www.cepchile.cl}.

Graf, Rüdiger/Konrad H. Jarausch (2017), »›Crisis‹ in contemporary history and historiography«, online verfügbar unter: {www.docupedia.de/zg/Graf_jarausch_crisis_en_2017}.

Graham, Benjamin A. T./Michael K. Miller/Kaare Strøm (2017), »Safeguarding democracy: Powersharing and democratic survival«, in: *American Political Science Review* 111/4, S. 686-704.

Graham, Matthew/Milan W. Svolik (2020), »Democracy in America? Partisanship, polarization, and the robustness of support for democracy in the United States«, in: *American Political Science Review* 114/2, S. 392-409.

Gramsci, Antonio (1991 [1930]), »Vergangenheit und Gegenwart«, in: ders., *Gefängnishefte*, Band 2: *Hefte 2-3*, herausgegeben von Wolfgang Fritz Haug, Hamburg: Argument, S. 354f.

Guiso, Luigi/Helios Herrera/Massimo Morelli/Tommaso Sonno (2017), »Demand and supply of populism«, Einaudi Institute for Economics and Finance, Working Paper Nr. 1703, online verfügbar unter: {http://www.eief.it/files/2017/02/wp-173.pdf}.

Habermas, Jürgen (2019 [1973]), *Legitimationsprobleme im Spätkapitalismus*, Frankfurt am Main: Suhrkamp.

Haffner, Sebastian (2002), *Geschichte eines Deutschen. Die Erinnerungen 1914-1933*, München: Deutscher Taschenbuch Verlag.

Hainmüller, Jens/Daniel J. Hopkins (2014), »Public attitudes toward immigration«, in: *Annual Review of Political Science* 17, S. 225-249.

Harms, Philipp/Stefan Zink (2003), »Limits to redistribution in a democracy: A survey«, in: *European Journal of Political Economy* 19/4, S. 651-668.

Hastings, Michel (2018), »Le clivage gauche-droite: disparition ou renouvellement?«, in: *Cahiers français* 404 (Mai/Juni), S. 34-41.

Helpman, Elhanan (2016), »Globalization and wage inequality«, NBER Working Paper Nr. 22944, online verfügbar unter: {https://www.nber.org/papers/w22944.pdf}.

Hofstadter, Richard (1969), *The Idea of a Party System: The Rise of Legitimate Opposition in the United States, 1780-1840*, Berkeley: University of California Press.

Huber, John/Ronald Inglehart (1995), »Expert Interpretations of Party Space and Party Locations in 42 Societies«. *Party Politics* 1: 73-111.

Hutchison, Elizabeth Quay/Thomas Miller Klubock/Nara B. Milanich/

Peter Winn (2013), »The Chilean road to socialism: Reform and revolution«, in: *The Chile Reader: History, Culture, Politics*, herausgegeben von Elizabeth Quay Hutchison/Thomas Miller Klubock/Nara B. Milanich/Peter Winn, Durham: Duke University Press, S. 343-428.

Ignazi, Piero (1992), »The silent counter-revolution: Hypotheses on the emergence of extreme right-wing parties in Europe«, in: *European Journal of Political Research* 22/1, S. 3-34.
Ders. (2003), *Extreme Right Parties in Western Europe*, Oxford: Oxford University Press.
Inglehart, Ronald/Flanagan Scott C. (1987), »Value change in industrial societies«, in: *American Political Science Review* 81/4, S. 1289-1319.
Inglehart, Ronald/Pippa Norris (2016), »Trump, Brexit, and the rise of populism: Economic have-nots and cultural backlash«, Harvard Kennedy School Working Paper Nr. RWP16-026, online verfügbar unter: {https://www.hks.harvard.edu/publications/trump-brexit-and-rise-populism-economic-have-nots-and-cultural-backlash}.
Ipsos MORI (2014), »Perceptions and reality. Public attitudes toward migration« (Januar), online verfügbar unter: {https://www.ipsos.com/sites/default/files/publication/1970-01/sri-perceptions-and-reality-immigration-report-2013.pdf}.
Ivarsflaten, Elisabeth (2008), »What unites right-wing populists in Western Europe? Re-examining grievance mobilization models in seven successful cases«, in: *Comparative Political Studies* 41/1, S. 3-23.

Jung, Florian (2011), »Income inequality, economic development, and political institutions«, Dissertation, Universität St. Gallen.

Kalecki, Michal (1972 [1932]), »Czy mozliwe jest ›kapitalistyczne‹ wyjście z kryzysu?«, in: *Kapitalizm, koniunktura i zatrudnienie*, Warschau: Państwowe Wydawnictwo Ekonomiczne, S. 75-81.
Karl, Terry Lynn (1995), »The hybrid regimes of Central America«, in: *Journal of Democracy* 6/3, S. 72-87.
Kates, Sean/Joshua Tucker (2019), »We never change, do we? Economic anxiety and the far right in a post crisis Europe«, in: *Social Science Quarterly* 100/2, S. 494-523.
Ketcham, Ralph (Hg.) (1986), *The Anti-Federalist Papers and the Constitutional Convention Debates*, New York: Mentor Books.
King, Gary/Langche Zheng (2007), »When can history be our guide?

The pitfalls of counterfactual inference«, in: *International Studies Quarterly* 51/1, S. 183-210.

Ders./Ori Rosen/Martin Tanner/Alexander F. Wagner (2008), »Ordinary economic voting behavior in the extraordinary election of Adolf Hitler«, in: *Journal of Economic History* 68/4, S. 951-996.

Kitschelt, Herbert (1994), *The Transformation of European Social Democracy*, Cambridge: Cambridge University Press.

Kleist-Schmenzin, Ewald von (1959), »Die letzte Möglichkeit. Zur Ernennung Hitlers zum Reichskanzler am 30. Januar 1933«, in: *Politische Studien* 10, S. 89-92.

Kriesi, Hanspeter/Edgar Grande/Martin Dolezal/Simon Bornschier/Timotheos Frey (2006), »Globalization and the transformation of the national political space: Six European countries compared«, in: *European Journal of Political Research* 45/6, S. 921-956.

Ders./Edgar Grande et al. (2012), *Political Conflict in Western Europe*, Cambridge: Cambridge University Press.

Lambrecht Plaza, Karen (2011), »La distribución del ingreso en Chile: 1960-2000«, Facultad de Economia y Negocios, Universidad de Chile, Santiago.

Landau, David (2013), »Abusive constitutionalism«, in: *University of California at Davis Law Review* 47, S. 189-260.

Landsberger, Henry A./Tim McDaniel (1976), »Hypermobilization in Chile, 1970-1973«, in: *World Politics* 28/4, S. 502-541.

Lee, Woojin/John E. Roemer (2006), »Race and redistribution in the United States: A solution to the problem of American exceptionalism«, in: *Journal of Public Economics* 90/6-7, S. 1027-1052.

Le Gac, Julie/Anne-Laure Olivier/Raphael Spina (2015), *La France en chiffres, de 1870 à nos jours*, unter der Leitung von Olivier Wieviorka, Paris: Perrin.

Lenin, Wladimir I. (1970 [1919]), »Brief an die Arbeiter Europas und Amerikas«, in: ders., *Werke*, Band 28, Berlin: Dietz, S. 441-449.

Lepsius, Rainer M. (1978), »From fragmented party democracy to government by emergency decree and Nationalist Socialist takeover: Germany«, in: *The Breakdown of Democratic Regimes: Europe*, herausgegeben von Juan J. Linz und Alfred Stepan, Baltimore: Johns Hopkins University Press, S. 34-79.

Levitsky, Steven/Lucan A. Way (2010), *Competitive Authoritarianism: Hybrid Regimes after the Cold War*, New York: Cambridge University Press.

Lewandowsky, Stephan/Ullrich K.H. Ecker/John Cook (2017), »Beyond misinformation: Understanding and coping with the ›posttruth‹ era«, in: *Journal of Applied Research in Memory and Cognition* 6/4, S. 353-369.

Lind, Jo T. (2005), »Why is there so little redistribution?«, in: *Nordic Journal of Political Economy* 31, S. 111-125.

Lindvall, Johannes (2014), »The Electoral Consequences of Two Great Crises«. *European Journal of Political Research* 53: 747-65.

Linz, Juan J./Alfred Stepan (Hg.) (1978), *The Breakdown of Democratic Regimes: Crisis, Breakdown, and Reequilibration*, Baltimore: Johns Hopkins University Press.

Lippmann, Walter (1956), *The Public Philosophy*, New York: Mentor Books.

Lipset, Seymour Martin (1960), *Political Man*, Garden City: Doubleday.

Luo, Zhaotian/Adam Przeworski (2018) »Subversion by stealth: Dynamics of democratic backsliding«, online verfügbar unter: {https://www.researchgate.net/publication/336832827_Subversion_by_Stealth_Dynamics_of_Democratic_Backsliding}.

Lust, Ellen/David Waldner (2015), »Unwelcome change: Understanding, evaluating and extending theories of democratic backsliding«, online verfügbar unter: {https://pdf.usaid.gov/pdf_docs/PBAAD635.pdf}.

McCarty, Nolan/Keith Poole/Howard Rosenthal (2016), *Polarized America: The Dance of Ideology and Unequal Riches*, Cambridge, MA: MIT Press.

McGann, Anthony (2006), *The Logic of Democracy: Reconciling Equality, Deliberation, and Minority Protection*, Ann Arbor: University of Michigan Press.

McKinsey Global Institute (2017), *A Future That Works: Automation, Employment, and Productivity*, online verfügbar unter: {https://www.mckinsey.com/~/media/McKinsey/Featured%20Insights/Digital%20Disruption/Harnessing%20automation%20for%20a%20future%20that%20works/MGI-A-future-that-works_Full-report.pdf}.

Macaulay, Thomas B. (1900), *Complete Writings*, Band 17, Boston: Houghton Mifflin.

Maddison, Angus, Historical Statistics of the World Economy: 1-2008 AD (2011), online verfügbar unter: {www.ggdc.net/maddison/oriindex.htm}.

Maeda, Ko (2010), »Two modes of democratic breakdown: A competing risks analysis of democratic durability«, in: *Journal of Politics* 72/4, S. 1129-1143.

Magaloni, Beatriz (2017), Vortrag auf der Konferenz »How Do Democracies Fall Apart (And Could it Happen Here)?« an der Yale University (6. Oktober), online verfügbar unter: {https://www.youtube.com/watch?v=SJldi2BlXR4&feature=youtu.be}, ab ca. Minute 43:55.

Manin, Bernard (1997), *The Principles of Representative Government*, Cambridge: Cambridge University Press.

Ders. (2017), »Les habits neufs de la représentation«, in: *Esprit* 437, S. 71-85.

Maravall, José María (2016), *Demands on Democracy*, Oxford: Oxford University Press.

Ders./Adam Przeworski (2003), *Democracy and the Rule of Law*, New York: Cambridge University Press.

Dies., (2001), »Political reactions to the economy: The Spanish experience«, in: *Public Support for Economic Reforms in New Democracies*, herausgegeben von Susan C. Stokes, New York: Cambridge University Press.

Margalit, Yotam M. (2013), »Explaining social policy preferences: Evidence from the Great Recession«, in: *The American Political Science Review* 107/1, S. 80-103.

Marks, Gary/Liesbet Hooghe/Moira Nelson/Erica Edwards (2006), »Party competition and European integration in the East and West: Different structure, same causality«, in: *Comparative Political Studies* 39/2, S. 158-159.

Martner, Gonzalo (1988), *El gobierno del presidente Salvador Allende 1970-1973*, Santiago de Chile: Editorial LAR.

Marx, Karl (1960 [1852]), »Der achtzehnte Brumaire des Louis Bonaparte«, in: Marx-Engels Werke (MEW), Band 8, Berlin: Dietz, S. 111-207.

Ders. (1960 [1851]), »Die Klassenkämpfe in Frankreich 1848-1850«, in: MEW 7, Berlin: Dietz, S. 9-107.

Ders. (1962), »Zweiter Entwurf zum ›Bürgerkrieg in Frankreich‹«, in: MEW 7, a.a.O., S. 572-610.

Ders. (1961 [1859]), »Zur Kritik der Politischen Ökonomie«, in: MEW 13, Berlin: Dietz, S. 3-160.

Medina, Lucia (2015), »Partisan supply and voters' positioning on the left-right scale in Europe«, in: *Party Politics* 21/5, S. 775-790.

Meeuwis, Maarten/Jonathan A. Parker/Antoinette Schoar/Duncan I. Simester (2018), »Belief disagreement and portfolio choice«, NBER Working Paper Nr. 25108, online verfügbar unter: {www.nber.org/papers/w25108}.

Miao, Ouyang (2016), »The pro-competitive effect of Chinese imports: Amplification through the input-output network«, Job Market Paper (8. November), Department of Economics and International Business School, Brandeis University, online verfügbar unter: {https://editorialexpress.com/cgi-bin/conference/download.cgi?db_name=MWITC2016&paper_id=77}.

Michaels, Walter Benn (2007), *The Trouble with Diversity: How We Learned to Love Identity and Ignore Inequality*, New York: Henry Holt.

Miliband, Ralph (1975 [1964]), *Parliamentary Socialism: A Study in the Politics of Labour*, London: Merlin Press.

Mill, John Stuart (1977 [1859]), *The Collected Works of John Stuart Mill*, Band XVIII: *Essays on Politics and Society*, Teil I, herausgegeben von John M. Robson, Toronto: University of Toronto Press.

Ders. (2013 [1857]), *Betrachtungen über die Repräsentativregierung*, Berlin: Suhrkamp.

Minkenberg, Michael (2000), »The renewal of the radical right: Between modernity and anti-modernity«, in: *Government and Opposition* 35/2, S. 170-188.

Minow, Martha (2018), »Could mass detentions without process happen here?«, in: *Can It Happen Here?*, herausgegeben von Cass R. Sunstein, a.a.O., S. 313-328.

Montesquieu (1994 [1748]), *Vom Geist der Gesetze*, Stuttgart: Reclam.

Moral, Mert/Robin E. Best (2018), »On the reciprocal relationship between party polarization and citizen polarization«, Vortrag, gehalten auf der 75. Jahrestagung der Midwest Political Science Association in Chicago.

Mudde, Cas (2004), »The populist Zeitgeist«, in: *Government and Opposition* 39/4, S. 541-563.

Navia, Patricio/Rodrigo Osorio (2017), »›Make the economy scream‹? Economic, ideological and social determinants of support for Salvador Allende in Chile, 1970-3«, in: *Journal of Latin American Studies* 49/4, S. 771-797.

Dies. (2018), »Attitudes toward democracy and authoritarianism before, during and after military rule: The case of Chile, 1972-2013«, in: *Contemporary Politics* (August), S. 1-23.

N.N. (2017a), »Comparez les programmes des candidats à l'élection présidentielle«, in: *Le Monde*, online verfügbar unter : {https://www.lemonde.fr/programmes/}.

N.N. (2017b), »U.S. hate crimes up 20 percent in 2016, fueled by election campaign: Report« (14. März), online verfügbar unter: {www.nbcnews.com/news/us-news/u-s-hate-crimes-20-percent-2016-fueled-election-campaign-n733306}.

N.N. (2017c), »En 2016, les actes racistes, antisémites et antimusulmans ont baissé en France, mais pas les actes antichrétiens« (2. Februar), online verfügbar unter: {www.francetvinfo.fr/societe/religion/en-2016-les-actesracistes-antisemites-et-antimusulmans-ont-baisse-en-france-maispas-les-actes-antichretiens_2044983.html}.

ODEPLAN (1971), *Plan de la Economia Nacional*, Santiago de Chile: Oficina de Planificacion Nacional.

O'Donnell, Guillermo (1994), »Delegative democracy«, in: *Journal of Democracy* 5/1, S. 55-69.

Ostrogorskij, Michael (1981 [1927]), *Democracy and the Organization of Political Parties*. Piscataway: Transaction Publishers.

Pasquino, Gianfranco (2008), »Populism and democracy«, in: *Twenty-First Century Populism*, herausgegeben von Daniele M. Albertazzi und Duncan McDonnell, New York: Palgrave Macmillan, S. 15-29.

Pew Research Center (2015), »More Mexicans leaving than coming to the U.S.« (19. November), online verfügbar unter: {https://www.pewresearch.org/hispanic/2015/11/19/more-mexicans-leaving-than-coming-to-the-u-s/}.

Dass. (2017a), »Global publics more upbeat about the economy. But many are pessimistic about children's future«, online verfügbar unter: {https://www.pewresearch.org/global/2017/06/05/global-publics-more-upbeat-about-the-economy/}.

Dass. (2017b), »The partisan divide on political values grows even wider«, online verfügbar unter: {https://www.pewresearch.org/politics/2017/10/05/the-partisan-divide-on-political-values-grows-even-wider/}.

Dass. (2019), »Public opinion on abortion« (29. August), online verfügbar unter: {www.pewforum.org/fact-sheet/public-opinion-onabortion/}.

Piketty, Thomas (2018), »Brahmin left vs merchant right: Rising inequality and the changing structure of political conflict (evidence from France, Britain and the US, 1948-2017)«, World Inequality Database Working Paper Nr. 2018/7, online verfügbar unter: {http://piketty.pse.ens.fr/files/Piketty2018.pdf}.

Pizzorno, Alessandro (1964), »The individualistic mobilization of Europe«, in: *Daedalus* (Dezember), S. 199-224.

Popper, Karl (2008 [1945]), *Die offene Gesellschaft und ihre Feinde*, Tübingen: Mohr.
Prothro, James W./Patricio E. Chaparro (1976), »Public opinion and the movement of the Chilean government to the left, 1952-73«, in: *Chile: Politics and Society*, herausgegeben von Arturo Valenzuela und J. Samuel Valenzuela, New Brunswick: Transaction Books, S. 67-114.
Przeworski, Adam (1986), *Capitalism and Social Democracy*, New York: Cambridge University Press.
Ders. (2010), *Democracy and the Limits of Self-Government*, New York: Cambridge University Press.
Ders. (2015), »Acquiring the habit of changing governments through elections«, *Comparative Political Studies* 48/1, S. 101-129.
Ders./Fernando Limongi (1997), »Modernization: Theories and facts«, in: *World Politics* 49/2, S. 155-183.
Ders./Gonzalo Rivero/Tianyang Xi (2015), »Elections as a method of processing conflicts«. *European Journal of Political Economy* 39, S. 235-248.
Putterman, Louis (1997), »Why have the rabble not redistributed the wealth? On the stability of democracy and unequal Wealth«, in: *Property Relations, Incentives, and Welfare*, herausgegeben von John E. Roemer, London: Palgrave Macmillan, S. 359-393.

Rodrik, Dani (2017), »Populism and the economics of globalization«, NBER Working Paper Nr. 23559, online verfügbar unter: {https://www.nber.org/papers/w23559.pdf}.
Roemer, John E. (1998), »Why the poor do not expropriate the rich: An old argument in new garb«, in: *Journal of Public Economics* 70/3, S. 399-424.
Rooduijn, Matthijs/Tjitske Akkerman (2017), »Flank attacks: Populism and left-right radicalism in Western Europe«, in: *Party Politics* 23/3, S. 193-204.
Rosanvallon, Pierre (2004), *Le modèle politique français: La société civile contre le jacobinisme de 1789 à nos jours*, Paris: Seuil.
Ders. (2009), »Réinventer la démocratie«, in: *Le Monde* (28. April), online verfügbar unter: {https://www.lemonde.fr/politique/article/2009/04/28/reinventer-la-democratie-par-pierre-rosanvallon_1186283_823448.html}.
Ders. (2010), *Demokratische Legitimität. Unparteilichkeit – Reflexivität – Nähe*, Hamburg: Hamburger Edition.
Rothwell, Jonathan (2017), »Cutting the losses: Reassessing the costs of import competition to workers and communities«, online verfügbar

unter: {https://papers.ssrn.com/sol3/papers.cfm?abstract_id=2920188}.

Ders./Pablo Diego-Rosell (2016), »Explaining nationalist political views: The case of Donald Trump«, online verfügbar unter: {https://papers.ssrn.com/sol3/papers.cfm?abstract_id=2822059}.

Rousseau, Jean-Jacques (1977 [1762]), *Vom Gesellschaftsvertrag oder Grundsätze des Staatsrechts*, Stuttgart: Reclam.

Sadurski, Wojciech (2018), »How democracy dies (in Poland): A case study of anti-constitutional populist backsliding«, Sydney Law School Research Paper Nr. 18/01, online verfügbar unter: {https://papers.ssrn.com/sol3/papers.cfm?abstract_id=3103491}.

Saiegh, Sebastian (2009), »Political prowess or lady luck? Evaluating chief executives' legislative success rates«, in: *Journal of Politics* 71/4, S. 1342-1356.

Sanchez-Cuenca, Ignacio (2003), »Power, rules, and compliance«, in: *Democracy and the Rule of Law*, herausgegeben von José María Maravall und Adam Przeworski, a.a.O., S. 62-93.

Schedler, Andreas (2006), *Electoral Authoritarianism: The Dynamics of Unfree Competition*, Boulder: Lynn Rienner.

Schumann, Dirk (2001), *Politische Gewalt in der Weimarer Republik: Kampf um die Straße und Furcht vor dem Bürgerkrieg*, Essen: Klartext-Verlag.

Schumpeter, Joseph A. (1987 [1942]), *Kapitalismus, Sozialismus und Demokratie*, Tübingen: Francke.

Shadmehr, Mehdi/Dan Bernhardt (2011), »Collective action with uncertain payoffs: Coordination, public signals and punishment dilemmas«, in: *American Political Science Review* 105/4, S. 829-851.

Scheppele, Kim Lane (2013), »The rule of law and the Frankenstate: Why governance checklists do not Work«, in: *Governance* 26/4, S. 559-562.

Skinner, Quentin (1973), »The empirical theorists of democracy and their critics: A plague on both their houses«, in: *Political Theory* 1/3, S. 287-306.

Smulovitz, Catalina (2003), »How can the rule of law rule? Cost Imposition through decentralized mechanisms«, in: *Democracy and the Rule of Law*, herausgegeben von José María Maravall und Adam Przeworski, a.a.O., S. 168-187.

Sontheimer, Kurt (1966), »Anti-democratic thought in the Weimar Republic«, in: *The Path to Dictatorship 1918-1933*, herausgegeben von Fritz Stern, a.a.O., S. 32-49.

Southern Poverty Law Center (2016), »Update: 1,094 bias-related incidents in the month following the election« (16. Dezember), online verfügbar unter: {www.splcenter.org/hatewatch/2016/12/16/update-1094-bias-related-incidents-month-following-election}.

Spoon, Jae-Jae/Heike Klüver (2015), »Voter polarisation and party responsiveness: Why parties emphasise divided issues, but remain silent on unified issues«, in: *European Journal of Political Research* 54/2, S. 343-362.

State Department (o.J.), »Country reports on human rights practices for 2015 (Spain)«, online verfügbar unter: {https://2009-2017.state.gov/documents/organization/253115.pdf}.

Stern, Fritz (1966), »Introduction«, in: *The Path to Dictatorship 1918-1933*, herausgegeben von ders., a.a.O.

Stokes, Susan C. (Hg.) (2001), *Public Support for Economic Reforms in New Democracies*, New York: Cambridge University Press.

Stone, Geoffrey R. (2018), *Perilous Times: Free Speech in Wartime, from the Sedition Act of 1798 to the War on Terrorism*, New York: Norton.

Strauss, David A. (2018), »Law and the slow-motion emergency«, in: *Can It Happen Here?*, herausgegeben von Cass R. Sunstein, a.a.O., S. 365-386.

Svolik, Milan W. (2015), »Which democracies will last? Coups, incumbent takeovers, and the dynamic of democratic consolidation«, in: *British Journal of Political Science* 45/4, S. 715-738.

Ders. (2018), »When polarization trumps civic virtue: Partisan conflict and the subversion of democracy by incumbents«, online verfügbar unter: {https://cpb-us-w2.wpmucdn.com/campuspress.yale.edu/dist/6/1038/files/2018/09/polarization_manuscript-2ex9y63.pdf}.

SWIID, The Standardized World Income Inequality Data Base, Version 4.0 (2014), online verfügbar unter: {https://dataverse.harvard.edu/dataset.xhtml?persistentId=hdl:1902.1/11992}.

Teinturier, Brice (2018), »Perceptions de la politique et vote: ce qui a changé«, in: *Cahiers français* 404 (Mai/Juni), S. 62-71.

Tingsten, Herbert (1973), *The Swedish Social Democrats*, Totowa: Bedminster Press.

Turner, Henry Ashby Jr. (1985), *German Big Business and the Rise of Hitler*, New York: Oxford University Press.

UNU-WIDER, World Income Inequality Database (WIID3.0A) (Juni 2014), online verfügbar unter: {www.wider.unu.edu/research/WIID-3a/en_GB/database/}.

Varol, Ozan O. (2015), »Stealth authoritarianism«, in: *Iowa Law Review* 100/4, S. 1673-1742.

Wagner, Markus (2012), »Defining and measuring niche parties«, in: *Party Politics* 18/, S. 854-864.

Weakliem, David (2016a), »Declining support for democracy?« (7. Dezember), online verfügbar unter: {https://justthesocialfacts.blogspot.com/2016/12/declining-support-for-democracy.html?m=0}.

Ders. (2016b), »Going downhill« (2. Dezember), online verfügbar unter: {https://justthesocialfacts.blogspot.com/2016/12/going-downhill.html?m=0}.

Weingast, Barry R. (1997), »Political foundations of democracy and the rule of law«, in: *American Political Science Review* 91/2, S. 245-263.

Ders. (2015), »Capitalism, democracy, and countermajoritarian institutions«, in: *Supreme Court Economic Review* 23/1, S. 255-277.

Yocelevzky, Ricardo A. (2002), *Chile: partidos politicos, democracia y dictadura, 1970-1990*, Mexico: Fondo de Cultura Economica.

Zakaria, Fareed (1997), »The rise of illiberal democracy«, in: *Foreign Affairs* 76/6, S. 22-43.